让我们

一起追寻

〔美〕帕特里克·菲利普斯 著

冯璇 译

Patrick Phillips

Blood at the Root: A Racial Cleansing in America

Copyright©2016 by Patrick Phillips

Published by agreement with Trident Media Group, LLC,

through The Grayhawk Agency Ltd.

根部 之血

BLOOD AT THE ROOT

美　国　的

A Racial Cleansing in America

一　　　　次

种　族　清　洗

社会科学文献出版社

SOCIAL SCIENCES ACADEMIC PRESS (CHINA)

本书获奖

2017 美国图书奖获奖图书

《波士顿环球报》2016 年度好书

《纽约时报》2016 年度热门图书

《纽约时报书评》2016 年度值得关注图书

《纽约时报书评》2016 年度编辑推荐书目

美国图书馆协会 2016 年度值得关注图书

《史密森尼》杂志 2016 年度十大历史类好书

《亚特兰大宪法报》2016 年度美国南方优秀图书

《出版人周刊》2016 年度好书

美国芝加哥公共图书馆 2016 年度好书

哈德逊书店 2016 年度好书

亚马逊网 2016 年度好书

《男士期刊》2016 年度好书

《图书馆杂志》2016 十大好书

美国巴诺书店 2016 年度十大好书

《卫报》2016 秋季书评美国佳作

荣获 2016 美国巴诺书店"发现杰出新作家奖"三等奖

美国图书馆协会"安德鲁·卡耐基卓越虚构与非虚构
作品奖章"提名作品

入围美国笔会"约翰·肯尼斯·加尔布雷斯奖"决选名单

入围科克斯奖初选名单

南方的树会结出奇怪的果，因为树叶和树根都染着血。

——刘易斯·艾伦（Lewis Allan），1937

目　录

引言　一地之法

　　整个晚上，梅·克罗（Mae Crow）时而清醒，时而陷入昏迷。搜救者们呼唤她名字的声音在松树林中回荡，最终渐渐飘散在树蛙的呱呱声中。在亚特兰大北部的阿巴拉契亚山脉（Appalachian）山麓地带有一条查特胡奇河（Chattahoochee River），梅·克罗就是在河流沿岸的树林中遭到殴打，然后被留在原地等死的。此时躺在血泊中的梅奄奄一息，已经无力回应那些呼喊声。直到黎明时分，当第一缕阳光照进隘谷时，一位从小看着梅长大的农民沿一条蜿蜒小路走到这里。发现梅之后他停住了脚步，紧接着一边转身往回跑，一边大声召唤其他人来帮忙。

　　到第二天，也就是 1912 年 9 月 10 日，福赛斯县（Forsyth Country）治安官已经逮捕了 3 名年轻的黑人嫌疑人，他们分别是 16 岁的欧内斯特·诺克斯（Ernest Knox）、18 岁的奥斯卡·丹尼尔（Oscar Daniel）和 24 岁的罗布·爱德华兹（Rob Edwards）。对于前两个人来说，他们会经历历时两个月的审讯、定罪、判决及最终被执行绞刑的过程，在此期间，政府三次动用佐治亚州国民警卫队（Georgia National Guard）的士兵才确保了他们的安全。对于第三位囚犯罗布·爱德华兹来说，死亡则来得更快。"大个子罗布"认罪的谣言刚一传出，一群白人农民就冲到了县监狱。据一位目击者称，他们先是朝蜷缩在牢房里的罗布开枪射击，然后用撬棍猛击他的头部。也有人说罗布

xii 被带出来时一息尚存，并乞求施暴者放过自己。但当他被拖到马车后面并被绞刑套索套紧脖子的时候，罗布已经咽气。随着众多看热闹的人涌向镇广场，有人在电话杆的横臂上搭了一根绳子，用它来将爱德华兹软绵绵的尸体吊高。人们用手枪和霰弹枪轮流向他的尸体射击，每当这具破损的尸体在大量子弹的冲击下在空中旋转起来时，数百人的人群就会爆发出欢呼声。

在1912年的佐治亚州，对黑人动用私刑是再常见不过的事。第二天早上，被放在法院大楼前面草坪上的爱德华兹尸体的惨状似乎能够让最渴望复仇的人也感到满足。不过几周后，报纸报道了年仅18岁，被认为是福赛斯县最漂亮的姑娘之一的梅·克罗因重伤不治而死的消息。在梅的葬礼当天，成群结队的白人男子聚集在全县各个交叉路口。他们站在商店的门廊上，或挤在满是尘土的谷仓门口低声交谈。他们走到坟墓旁边时，都会摘下帽子将它按在胸前；在看到梅的母亲阿齐（Azzie）对着棺材哭泣时，他们的眼睛里燃烧着怒火。据梅的一位同学描述，这些人整个下午都非常安静，表现出对受害者一家的尊重。但夜幕降临之后，用她的话说，福赛斯县就变成了"人间地狱"[1]。

当天夜里，成群结队的白人男子骑着马朝零星分布在河边林地中和草场上的一个个木屋而去。住在这里的黑人中有不少是他们从出生就认识、一辈子都在一起劳作的人。尽管如此，他们还是用告示和标语、步枪、火炬及成捆的炸药向这些黑人传达了一个信息：福赛斯县的黑人要么在第二天日落之前收拾行装，离开该县范围；要么留下来，像罗布一样受死。

到10月底，夜骑者已经成功迫使总数为1098的非洲裔美国人中的几乎全部成员背井离乡。被逃难者抛在身后的是他们

的房子、学校、店铺、牲口和田里等待收割的庄稼。一夜之间，　xiii
所有教堂都空了，黑人们曾聚集在一起吟唱《约旦河》（*River
of Jordan*）和《去吧，摩西》（*Go Down Moses*）等圣歌的地方
突然间变得诡异的安静。

这次大清洗非常成功，仅仅几周之内，这里已经没有黑人
可让暴民去威胁、恐吓了。无论是那些参加了袭击活动的人，
还是在夜骑者出动时冷眼旁观的人，至此又重新过上了平静的
乡村生活。他们把无人照管的牲口赶进自家围栏，给原来邻居
的奶牛挤奶，给快要饿死的猪喂食。到了吃饭时间，白人家庭
的成员们围坐在餐桌前，低着头祈祷，然后享用最后一批由黑
人圈养的牲畜提供的肉食。再然后，他们也不会放任田里成熟
的玉米被浪费掉，而是将丰收的果实都摘回了自己家。又过了
几年，当最后几栋"黑人木屋"也损毁倒塌了，白人们就捡走
有用的木材、拆掉破败的篱笆，彻底抹去曾经用来分隔黑人的
和白人的土地的界线。

经历了一代又一代之后，福赛斯县一直是一个"全白"
县。无论是第一次世界大战、西班牙大流感（the Spanish in-
fluenza）、第二次世界大战，还是民权运动（civil rights
movement）都没能改变这种状态，福赛斯县曾经有过黑人的印
记渐渐都被野葛覆盖了。生活在这个县里的人大多是曾经的私
刑者和夜骑者的后代，他们为围绕着自己的南方其他地区发生
的各种变化而摇头哀叹。他们在报纸上读到蒙哥马利
（Montgomery）、萨凡纳（Savannah）和塞尔马（Selma）发生的
冲突时，还会为本县保持的传统感到骄傲。他们认为这里未受
破坏的美景和平静的生活都直接得益于"将黑鬼赶走"。在整
个 20 世纪中，只要有人破坏这种种族禁令，无论是有意还是无

心，白人们都一定会采取行动，将入侵者赶走。这样的情况可能会间隔好多年才发生一次，但每次发生这种事，都是在提醒佐治亚人：尽管1912年的种族清洗运动好像已经成了遥远的历史，但实际上它一直没有真正地结束。在福赛斯县，还有很多人真心相信"种族纯洁"是他们的传承和与生俱来的权利。正如他们的曾祖父们一样，这些人依然认为哪怕是一张黑人面孔，都是对他们整个生活方式的威胁。

xiv 　　我之所以了解这些，是因为我就在福赛斯县长大，我住的地方距离梅·克罗下葬的普莱森特格罗夫教堂（Pleasant Grove Church）仅几英里远。我们一家是在1977年搬到这里的，当时我才上小学二年级。我的童年时光和青少年时期都是在佐治亚州最恶名远播的"白人县"的保护罩中度过的。起初，因为年纪还小，我并不能理解福赛斯县与美国其他地方的区别。不过，随着我渐渐长大，我意识到对于很多生活在这里的人来说，20世纪中的很多事件就像从没发生过一样——没有蒙哥马利巴士抵制运动（Montgomery Bus Boycot），没有布朗诉教育局案（Brown v. Board of Education），也没有《1964年民权法案》（Civil Rights Act of 1964）。相反，福赛斯县的白人依旧我行我素，仿佛在南部施行的民族融合政策对他们不适用似的。我认识的所有人，无论是成人还是孩子，几乎都还在用"黑鬼"这样的蔑称来指代黑人。我在那里生活的整个期间，也就是20世纪70年代和80年代，"仅限白人"还是有效的当地法律。在很久之后的今天，直到远离了这个地方，我才后知后觉地意识到自己不是在很多白人想象中的美国长大的，而是在近似于实施种族隔离的南非那样令人恐惧、与世隔绝的世界里长大的。

1987 年是那次大驱逐发生的 75 周年，一群活动家组织了一场和平游行，以抗议福赛斯县仍在执行的种族隔离制度。参加抗议活动的人被称为"兄弟会游行者"（The Brotherhood Marchers），他们租了一辆大巴，从位于亚特兰大的马丁·路德·金非暴力社会变革中心（King Center for Nonviolent Social Change）出发，沿 400 号公路驶向福赛斯县。当巴士开到福赛斯县县治卡明（Cumming）的郊区时，车上的黑人活动家和白人活动家都下了车，在一条有双车道的县大道上排好队，开始进行福赛斯县有史以来第一次民权示威活动。他们几乎是立刻就遭到了聚集在附近草场上的数百名本地人的攻击。那些本地人挥舞着南方邦联旗帜，举着写有"维持福赛斯县全白！"内容的标语牌涌上这条大道，无论男人、女人还是小孩都加入了齐声高喊"黑鬼滚回去！黑鬼滚回去！"的口号的行列。这些人还向和平示威者投掷石块、酒瓶、砖块及他们能在道路两边的杂草丛中找到的任何东西。

当县治安官韦斯利·沃尔拉夫（Wesley Walraven）发现很多"敌对游行者"都携带了大量危险武器时，他提醒兄弟会游行者说自己已经无法保证每个人的安全，并敦促他们停止示威活动。大部分活动家不情愿地返回到大巴上，当他们乘坐的车驶入匝道，返回亚特兰大时，本地白人发出了胜利的欢呼。就连游行组织者、身经百战的民权运动老兵霍齐亚·威廉姆斯（Hosea Williams）都不禁为这样的场面感到震惊。威廉姆斯在 1965 年带领了第一次塞尔马游行（Selma march），在挥舞着警棍的亚拉巴马州警察的攻击下侥幸生还。当那样的年代已经过去几十年后，他却还要再次面对另一群粗暴的白人极端主义者。距离发生在埃德蒙·佩特斯大桥（Edmund Pettus Bridge）上的

"血腥星天"已经过去了 22 年，但威廉姆斯明白自己在 1987 年看到的情况是什么：种族隔离在佐治亚州的福赛斯县依然存在且盛行。

我的父母和姐姐是当天少数几个加入兄弟会游行者队伍，与他们共同抗议示威的福赛斯县居民。当载有兄弟会游行者的大巴离开后，我的家人却发现自己要面对数百名危险的暴民，往日那些温文尔雅的乡村绅士和朴实厚道的农民眨眼之间就彻底变了样。与其他参加兄弟会游行的几乎所有人不同的是，我的家人就居住在福赛斯县。沃尔拉夫治安官意识到他们的处境，于是让我的父母和姐姐赶紧坐到警察局巡逻车的后座上。当许多人涌到警车周围，朝着车窗大喊"白人黑鬼！"时，我的家人只能弯腰躲在车窗下面。

那一年我 16 岁，因为去晚了，所以没来得及和家人一起参加游行。当我终于赶到卡明的镇广场并开始寻找他们的时候，我发现自己被卷入了向着县法院前进的成百上千名年轻人形成的人流中。直到看见人流之中有人高举着一个用绳子结成的绞刑套索时，我才意识到自己不是参加什么和平集会，而是不知怎的闯入了三 K 党（Ku Klux Klan）庆祝胜利的活动现场。当我低着头，费力地想要从人群中挤出去的时候，我听到了麦克风被打开时的嗡嗡声。接着，尖利的嘶吼声从公共扩音设备中传来："支持白人势力的举手！"作为响应，我身边的这些福赛斯县同乡也都疯狂地齐声嚎叫道："白人势力！"

当天晚上，全国的各个新闻节目里都播出了男人们声嘶力竭地大吼"黑鬼滚回去！"的画面，紧接着是杰西·杰克逊（Jesse Jackson）、加里·哈特（Gary Hart）和科雷塔·斯科特·金（Coretta Scott King）站在讲台前发表谴责暴力和偏见的讲话的镜头。他们要问的是，在马丁·路德·金遇刺近 20 年之后，在距离他的出生地仅 40 英里的地方，种族仇恨之火怎么会依旧在北佐治亚的山区里熊熊燃烧？第二天的《纽约时报》头版报道了这次事件，其中最引人注目的内容就是福赛斯县防卫联盟（Forsyth County Defense League）的领导人弗兰克·雪利（Frank Shirley）在接受采访时回答记者的原话："我们白人赢了，黑鬼跑了。"[2] 这样的说法让人觉得，佐治亚州福赛斯县的时间似乎静止在了 1912 年。

《根部之血》这本书旨在尝试理解我家乡的人们为什么会成为这个样子，以及探究他们如此迫切要保持一个"仅限白人"的世界的根源。要实现这个目的，我们必须从 1912 年 9—10 月那次充满暴力的种族清洗运动开始说起。白人男子们就是从那个秋天开始第一次在鞍袋里放上霰弹枪的子弹、绕成圈的绳子、装满汽油的小罐子和成捆的炸药，然后用这些工具威胁福赛斯县的黑人，迫使他们为了保命而逃离。

我是在黄色校车的后座上第一次听到这个故事的，当时我们正缓缓行驶在布朗桥路（Browns Bridge Road）上，路边就是放牧奶牛的草场和养鸡的鸡舍。我的父母在 20 世纪 70 年代中期买下了这里的土地，他们希望躲开亚特兰大不断扩大的城市郊区，重新发现小镇生活的乐趣，就像他们在亚拉巴马州伯明翰（Birmingham）以西不远的怀拉姆（Wylam）长大时体验过的那样。20 世纪 50 年代时，人们在查特胡奇河上修筑堤坝，拦出了一个拉尼尔湖（Lake Lanier），那之后，第一批"湖人"（lake people）就向北迁移至此。到 70 年代初期，像我父母一样的职场青年也开始把这里作为亚特兰大的"睡城"。

1987 年 1 月 17 日，佐治亚州卡明镇

　　1977 年夏天搬到这里时，我还是一个典型的郊区孩子。可是 9 月一开学，我意识到对于卡明小学的其他所有人来说，我就是一个来自亚特兰大的滑头的城里人。我从小踢足球而不是打橄榄球，我会骑自行车而不是摩托车。有一天，当我激动地指着一群满身是泥的荷兰奶牛感叹不已时，在农场长大的男孩们都突然大笑起来，然后还怜悯地摇了摇头。

　　我进入的是一个没有人喜欢外来者的世界。校车上所有坐在一起的人之间似乎都有某种亲属关系，他们身边的可能就是他们的表姐、侄子或姨妈等。我还注意到他们很多人的姓氏与自己居住的街道同名，比如皮尔克家的孩子在皮尔克渡口（Pirkle's Ferry）下车，凯恩家的孩子在凯恩湾（Cain's Cove）下车。每天早上，一个名叫约翰·布兰布利特（John Bramblett）的男孩总是拿着午餐盒，站在一个写着"布兰布利特医生路"（Doctor Bramblett Road）的牌子旁边等车。这些家庭在福赛斯县生活的时间已经长到足以像指路的路标那样界定他们，比如那些集中在一起的斯特里克兰家族（Cluster of Stricklands）、卡斯尔伯里家族（Cluster of Castleberrys）和马丁家族（Cluster of Martins）聚居区域。我至今还记得二年级开学第一天，住在霍尔茨克罗路（Holtzclaw Road）上的霍尔茨克罗老师在放学时跟我说："该走了，拿好你的书包，孩子。"（"G'won now'n'fetch yer satchel, child."）他的用词和口音让我以为父母不光是向亚特兰大以北迁移了40英里，更是穿越到了一个世纪之前的另一个世界。

其他孩子一听说我是从哪里来的，就会问无穷无尽的问题：我们在亚特兰大是不是住在摩天大楼里？我看没看过亚特兰大猎鹰队的橄榄球比赛？我见没见过成群的黑鬼？那些黑鬼有没有尝试杀死我们？

我在以前住的地方也听过其他孩子管黑人叫"黑鬼"，但我父亲绝不允许别人在他面前使用这个词。我曾多次见到他因别人使用这个词而怒发冲冠的样子。我还记得我母亲雇来打扫房间的叫罗丝（Rose）的黑人妇女。我也能隐约想起有一次家里没人，我蹭破了膝盖上的皮，于是罗丝抚着我的后背，一边把我的脸按向她那感觉凉凉的白色棉质围裙，一边安慰我说

"没事的，会没事的"。我还记得在我家附近的拐角处，总有十几个像罗丝一样的黑人妇女凑在一起结伴回家，她们会沿着山坡向下，渐渐走出我的视线。她们是回到自己的家中，回到自己年幼的孩子身边去了，我对她们居住的地方毫无了解，只知道那离我们很远很远。

xix 坐在福赛斯县的校车上，我明白对于坐在我周围的这些孩子来说，种族隔离的界线既不在富人和穷人之间，也不在白人雇主和黑人雇工之间，而是在所有美好的、值得珍视和热爱的事物与所有被他们视为邪恶、肮脏和应当被轻视的事物之间。这里总有讲不完的"黑鬼笑话"。起初我太害怕了，什么也不敢做，只能在他们笑的时候跟着笑。后来我终于鼓足勇气向我的朋友保罗（Paul）提出了疑问：为什么福赛斯县人似乎都对黑人恨之入骨，这里明明一个黑人都没有。

保罗不可置信地看着我。

"你真的什么都不知道是不是，帕特（Pat，帕特里克的昵称）？"他说着坐在了我旁边的校车座位上，"你从没听说过三K党吗？"

我说我听过，我在一次游行中看见过他们，而且……

但是保罗摇了摇头。

"很久很久很久以前，有个女孩在那边被强奸，最终丧命了。"保罗望着车窗外对我说，"当人们在树林中找到她的时候，你知道人们是怎么做的吗？"

我没有回答。保罗朝地板上吐了口唾沫，然后咧开嘴笑得很得意："白人把所有黑鬼都赶出了福赛斯县。"

在长达20多年的时间里，这就是我知道的一切：一个传说，一个神话，或者说是对于这些传说和神话的最粗略的概述。我承认在那次公车上的对话很久之后，当我已经去北方上大学的时候，我有时还会为了让人震惊而给他们讲这个故事。我其实是在吹嘘自己如何在所谓的"救赎"之地长大，那里是一个真正的"白人县"，县边界上还有人带枪巡逻，这些农民肩上搭着绞刑套索，会朝越境者投掷石块。我的同学们对此感到惊恐，同时又听得入迷，因为这个故事符合他们对于南方的所有刻板印象，也让他们确定了自己是比佐治亚州杰思罗大学和杜克大学的学生更开明、更进步的人。然而，即便是在反复讲了这个故事许多年，在这个故事成了我的招牌内容之后，我对它的了解依然不比我还是个孩子的时候多多少。至于发生在福赛斯县的真实的谜一样的过往——那些已经查不到名字、查不到影像，曾经在那个被我称为家乡的地方生活过，后来却彻底消失了的人——我对他们仍然一无所知。

2003 年，我把大部分时间都花在了到图书馆研究 17 世纪伦敦暴发的黑死病上。那时，全世界的档案馆都在忙着对馆藏实现电子化，敲几下键盘就可以查找出年代久远的手稿和文件这件事，还让我觉得无比惊讶。对历史记录研究越多，我越意识到，网络正在成为某种望向过去的哈勃望远镜。只要你足够仔细、足够长久地通过"镜头"观察，那么原本遥远、模糊的历史事件就会像明亮的星星一样开始变得清晰起来。

有一天晚上，我决定看看这个望远镜能够为我揭示关于我家乡的最初传说的哪些内容：那个关于一个女孩遇害和裹着白床单的夜骑者的古老的恐怖故事。我总想知道这一切会不会只是种族主义者们幻想出的情节，不过当我在一个老旧新闻的数据库中输入"福赛斯"和"1912"这两个关键词时，屏幕上显

xx

示出了一系列内容，而且那些文章的标题真的都在讲述一件据称被 3 名黑人男子强奸并杀死的 18 岁少女的事情。一份报纸的头版新闻的标题是"女孩在卡明被黑人谋杀"（Girl Murdered by Negro at Cumming）；另一份上则写着"他交代了自己的所作所为……会为自己的罪行而被绞死"（Confessed His Deed . . . Will Swing for Their Crime）。[3]接着，我又点击了一篇刊登在《亚特兰大宪法报》（Atlanta Constitution）上的文章的链接。当文章中的图片渐渐完整地出现在屏幕上时，我对自己看到的一切感到无比惊讶。

我一直认为梅·克罗的谋杀就是一个夸大其实的传说，甚至一度怀疑非洲裔美国人是否真的在福赛斯县居住过。然而此时，事情的真相，或者至少是某种比我以为能找到的更接近真相的内容突然摆在了我的眼前：画面中的 3 个白人士兵站在一节火车车厢前，正在看守 6 名黑人囚犯。这是我有生以来第一次看到福赛斯县的黑人，虽然我没有办法确认他们是否真的实施了那次"令人发指的袭击"，但当我放大图片仔细研究时，我几乎不敢相信自己的眼睛。图片中的囚犯们都那么年轻、那么胆怯，都是和你我一样活生生的人，他们正从这张老照片里回望着我。他们身处旧世界即将终结，而我了解的那个全白人的福赛斯县即将形成的时代。他们在火车轨道前的样子被定格在此，看着这些从近一个世纪之前看过来的人物，我忍不住感到这个展现在我眼前的画面带来的不仅仅是一个秘密，更是一种责任。

随着阅读了越来越多关于这些受到指控的人的内容，我意识到这张照片引出的疑问比它带给我的答案更多。如果图片中的人物包括"会为自己的罪行而被绞死"的"诺克斯和丹尼

xxi

TROOPS ON GUARD AS TWO RAPISTS ARE CONVICTED

Story of Revolting Assault Arouses Great Indignation in Cumming Court

KNOX AND DANIEL WILL SWING FOR THEIR CRIME

Sister of Latter Tells of Double Attack on Young White Girl and Helps Fasten Noose Around Brother's Neck. Agitators Try to Incite the Crowd.

By John Corrigan, Jr.

Cumming, Ga., October 3.—(Special.) Two convictions were secured in the Forsyth county court today and one of the most revolting rape cases in the annals of the state and of medical jurisprudence was tried.

With a military guard around the courthouse, keeping at a safe distance

MILITIA GUARDS NEGROES DURING TRIAL

1912 年 10 月 4 日，《亚特兰大宪法报》

尔"，那么他们是图中的哪两个？如果他们两个是被指控强奸和杀死梅·克罗的人，那么其余那些人都是谁？照片中戴着一顶猪肉派帽的青少年是谁？他应该还在长身体，而且因为长得太快，他的上衣显然已经小了一个码。照片最右侧，那个穿着工装的年轻男孩又是谁？他一边手肘支在身旁年纪大些、明显表露出担忧情绪的男子的大腿上。照片中唯一的黑人女子是谁？她的身材娇小、骨骼匀称，我竟觉得照片中的她似乎还隐隐露出了一个微笑——也许是我想多了。新闻标题中说她帮忙"收紧了（套在她亲弟弟脖子上的）绞刑套索"，这个说法是真的吗？照片中突出位置上这个身材魁梧的男子又是谁？他双腿分开，两手分别抓住膝盖，仿佛是在保护照片中的这一群人。

　　我就是从第一次看到这张照片后开始写作本书的，我意识到我听过的故事虽然已被无数谎言和偏见曲解了，但在它的深处，埋藏着一个几乎让人无法承受的可怕真相。真的有在这里生活过的人被推向了死亡，那个充满暴力的季节留下的可怕阴影笼罩了整个 20 世纪。在闪烁着亮光的电脑屏幕前，我还意识到，福赛斯县的黑人群体被驱逐的故事因为缺乏人物、时间和地点等信息，而被当作了某种人们永远无法真正了解的属于遥远时代的神话。但实际上，它就是一次人为的，而且至今还在持续的恐怖活动。[4]

我的一生都生活在福赛斯县种族清洗活动的余波之中，我想尽可能去了解那些从有黑人时代的福赛斯县消失的人物和地点的情况，以着手恢复被公共行为抹去的历史印记。我决心记录更多的内容，不仅是要证明大驱逐真的发生过，还包括它在哪里发生、什么时候发生、怎么发生的，以及被驱逐的人是谁。

就是从那时起，我给自己安排了这个弄清事件真相的任务。不是因为真相能有效地弥补过往，也不是因为它能够改变既成事实；而是因为我要靠更加完整地揭示福赛斯县的黑人们究竟经历了什么，以及他们和他们的后代失去了什么，来告慰那些已经逝去的人。

1. 尖叫

1912 年 9 月 5 日，星期四，埃伦·格赖斯（Ellen Grice）
发出了一声可怕的尖叫。有人说这件事发生在她父母约瑟夫和
卢娜·布鲁克斯（Joseph and Luna Brooks）的房子里，也有人
说格赖斯当时是在自己家中。她的丈夫，一位名叫约翰·格赖
斯（John Grice）的年轻农民，"在午夜前后进入房间，看到自
己的妻子，然后立刻发出了警报"[1]。事情已经过去了一个世纪，
我们没有办法确切知道究竟是什么原因导致她呼喊求救，或是
谁最先听到了她的求救声，或是在她求救后几分钟之内都发生
了什么。但当时南方各地的报纸马上就向自己的读者们报道了
埃伦·格赖斯在事后给出的解释：她是"被一个出现在她床上
的黑人男子惊醒的"[2]。

当福赛斯县的白人们听到格赖斯讲述的一名黑人强奸者
强行穿过一扇敞开的窗户进入室内的故事时，他们根本没有
花哪怕一丁点儿的时间来探讨其中的疑点。到第二天早上，
这个消息已经从一户人家传到另一户人家，从一间乡村商店
传到另一间乡村商店，福赛斯县的白人都为此群情激愤。当
消息传到县治卡明时，政府当即授权一支由白人男子组成的
武装队带着一群猎犬展开搜捕。领导这些人进行准备并和他
们一起骑马去寻找格赖斯的袭击者的是治安官威廉·里德
（William Reid），此人会在即将暴发的血腥"种族冲突"中扮
演一个核心角色。

2　　　1912 年，通常被称为比尔（Bill）的里德刚满 50 岁，当时他正处于当选福赛斯县治安官的第二个任期中。这个工作给他的家族运势带来了巨大的提升，他在获选前后和家人一起拍摄的肖像照显示了他多么迅速地成了卡明最有头有脸的人物之一。在照相馆拍照时，里德年幼的儿子们都穿着双排扣西服，系着丝绸领带；他的妻子玛莎（Martha）穿着时髦的缎子裙装；里德本人也衣冠楚楚，领带上别着别针、头发上抹着头油，西服上衣敞开着，露出了里面的金质表链。这一切让他看起来没有一点儿在地里干活的乡巴佬的样子。

　　不过在 1906 年当上治安官之前，里德确实就是村里的一个农民，从小在父亲的农场里长大，每天种地喂猪，与其他在佐治亚州山区贫瘠的红黏土上劳作的农民一样，遇上收成不好的年景，生活就会很艰辛。当选治安官之后，里德很快成了镇上的名人，每天戴着警徽、握着手枪，一副趾高气扬的样子。此时的他可不想再回到乡下的家族农场里干活了。从那一时期的报纸内容中可以看出，里德就是福赛斯县法律的代言人。除此之外，他的名字还出现在了另一份隐晦但意义同样重大的文件中，这份文件是 20 世纪 20 年代时，一位秘书用安德伍德打字机在一张泛黄的半透明纸上打出来的。文件的题目为《三 K 党肖尼克拉文骑士团》（KNIGHTS OF THE SAWNEE KLAVERN OF THE KU KLUX KLAN）[3]，在文件包含的 100 个创始成员姓名中，福赛斯县治安官威廉·W. 里德的名字赫然在列。

　　在 1912 年选举中，里德治安官的主要竞争对手是他的副治安官米切尔·盖伊·拉默斯（Mitchell Gay Lummus）。这个清瘦的年轻男子当时只有 34 岁，是南方邦联战斗英雄安德鲁·杰克逊·拉默斯（Andrew Jackson Lummus）的孙子。拉默斯从小生活在位于维克里溪（Vickery's Creek）的农场里，那周围不仅居住着不少白人邻居，还有一些长久定居且家境不错的黑人农民，比如贾斯珀·戈伯（Jasper Gober）、阿奇博尔德·纳科尔斯（Archibald Nuckolls）和艾萨克·艾伦（Isaac Allen）。[4]1912年夏天，拉默斯也看中了县治安官这个位子。他无疑也像里德一样希望提升自己的社会地位，不过更紧迫的原因是拉默斯急需升职加薪。他的妻子萨万娜（Savannah）在1909年因脑膜炎不幸离世[5]，留下了三个年幼的女儿，分别是11岁的利利（Lillie）、8岁的朱厄尔（Jewell）和3岁的格雷丝（Grace）。[6]鉴于此，拉默斯不得不雇用一个住家保姆来帮助他照顾这三个突然失去母亲的小女孩。满怀希望的拉默斯在1912年5月宣布参加竞选，但是在7月败给了里德。[7]

因此，1912年9月6日星期五早上，坐在治安官办公室里听到埃伦·格赖斯遭遇黑人强奸者"暴行"的故事的人是壮实、多话的比尔·里德，而不是高挑、安静的盖伊·拉默斯。到上午10点多钟，里德和他的武装队已经骑马抵达了卡明以南8英里、距离埃伦·格赖斯家不远的一片佃农聚居区。早在一群小男孩沿路狂奔，大喊着治安官带了一群猎犬朝这里来的时候，比格溪（Big Creek）的黑人雇农和佃农们就都知道自己最好不要出现在他们眼前。拉默斯是带队的二把手，所以他要负责下马去挨家挨户地敲门，让里面的住户逐一出来接受治安官的问话。

截至9月7日星期六日出时分，里德和拉默斯已经逮捕并囚禁了一个名叫托尼·豪厄尔（Toney Howell）的青少年嫌疑人及四个被认定为共犯的男子，他们分别是以赛亚·皮尔克（Isaiah Pirkle）、乔·罗杰斯（Joe Rogers）、费特·切斯特（Fate

**治安官比尔·里德和妻子玛莎及他们的两个儿子威廉（William）、
罗伯特（Robert）的合影，拍摄于 1908 年前后**

Chester）和约翰尼·贝茨（Johnny Bates）。[8]豪厄尔是卡明最受尊
敬的两位黑人居民——摩根和哈丽雅特·斯特里克兰（Morgan
and Harriet Strickland）[9]的外甥，他是在收获季节来到舅舅和舅妈
在比格溪的农场里提供一些他们急需的帮助的。另外几个因犯的
共同点仅在于他们都是未婚、不识字的黑人男子，并碰巧都居住

在这次"卑鄙的袭击"的发生地附近。《梅肯电讯报》（*Macon Telegraph*）的记者在报道中暗示了这种逮捕标准的武断性，称武装队骑马前往比格溪"随便搜罗了几个嫌疑人"[10]。

托尼·豪厄尔被盯上的另一个原因是他不是在福赛斯县，而是在临近的米尔顿县（Milton County）长大的。因为对于里德和拉默斯来说，豪厄尔是在比格溪的黑人中少有的一张不熟悉的面孔，所以他就成了群体中最该被怀疑的人。这与43年之后在密西西比州莫尼（Money）发生的"埃米特·蒂尔（Emmett Till）事件"非常相似。《亚特兰大佐治亚人报》（*Atlanta Georgian*）后来承认针对豪厄尔的证据全部是间接证据，而且在1912年时，"袭击"和"强奸"之类词语的定义被故意模糊化了，它们几乎可以被用来描述任何有黑人男子和白人女性牵涉其中的事件。[11]

治安官比尔·里德和副治安官盖伊·拉默斯，拍摄于1912年前后　　　5

这就意味着，一旦托尼·豪厄尔被指控进入了埃伦·格赖斯的卧室，他就会被认为实施了某种与性有关的"袭击"，无论他是不是真的进了那个房间，或者是否真的碰过格赖斯。一位记者说："如果有人实施私刑，托尼·豪厄尔很有可能会成为受害者。"[12]在执行吉姆·克罗法①的南方，这样的报道不仅是一种预测，还是对潜在的施私刑者的指令。

到星期六中午，卡明周围偏远地区的家庭也都聚集到了镇上，他们是为每周的集市而来的。此时，豪厄尔和另外四名黑人都被关在福赛斯县的监狱里，埃伦·格赖斯的事情成了所有人谈论的焦点。但是根据《亚特兰大佐治亚人报》的报道，格赖斯的父亲约瑟夫·布鲁克斯来到镇上，并带来了他女儿因为在比格溪附近遭受了所谓的袭击而"情况危急"的消息之后，"激烈的情绪"才蔓延开来。[13]这个消息对于这群人来说有一种电击似的效果，很快就有一群白人聚集到枫树街（Maple Street）上的砖砌的小监狱周围，要求把囚犯带出来。越来越多的人聚集到广场上热烈地讨论这件事，一位记者称，整个镇上萦绕在一种"坚决渴望立即复仇的氛围"[14]中。

从外表上看，在人群中穿行的格兰特·史密斯牧师（Reverend Grant Smith）与福赛斯县其他"受雇用的黑人"肯定没什么区别。当时48岁的史密斯牧师是福赛斯县贫穷黑人组成的底层阶级中的一员。虽然这个群体的人数占据了县总人口数的10%，但依据佐治亚州的吉姆·克罗法，他们几乎彻底被

---

① 吉姆·克罗法（Jim Crow laws）泛指1876—1965年美国南部各州以及边境各州对有色人种（主要针对非洲裔美国人，但同时也包含其他族群）实行种族隔离制度的法律。——译者注

剥夺了公民权。虽然1870年颁布的《宪法第十五修正案》确定获得自由的奴隶拥有选举权，但佐治亚州立法机构于1877年颁布了全国第一个累积人头税制度，接着在1898年建立了最早的"白人初选"体系之一。[15]在一个绝大多数非洲裔美国人负担不起人头税的地方，在一个初选获胜的民主党候选人几乎必然会最终当选的地方，这些做法带来的后果就是：地方政府中没有任何人负责维护像格兰特·史密斯这样的黑人的权利，黑人在占大多数的白人的意志面前没有任何抵抗力。

史密斯靠在福赛斯县连绵起伏的山地农田中采摘玉米和棉花维持生计。在那个"群情激愤"的上午，他很可能就是在帮助雇主将收获的作物送到集市上出售。然而，对于经常去教堂做礼拜的黑人教徒来说，史密斯是一位著名的传道者，也是该地区黑人牧师领袖之一赛拉斯·史密斯牧师（Reverend Silas Smith）的儿子。在重建时期，赛拉斯的花体字签名曾出现在"有色人种"结婚证书的底部。格兰特是赛拉斯和乔安娜·史密斯（Joanna Smith）的长子，出生于1863年，[16]当时美国还处于混乱的内战中，格兰特恰恰是最后一代从出生就自动成为奴隶的非洲裔美国人。虽然他那时还太小，记不得什么，但格兰特·史密斯确实是九个兄弟姐妹之中唯一一个作为白人合法财产而开始自己一生的人。

但是，出生在解放黑人奴隶前夕也意味着史密斯最早的记忆里包含了到自由人学校上学的经历。内战结束之后，佐治亚州出现了很多这样的学校，它们都是各个北方援助协会和联邦政府成功确立佐治亚州曾是奴隶的人们有受教育权利的成果。所以，格兰特成了兄弟姐妹中唯一能够读写的人，因为他的弟弟妹妹们都是在国会重建期（Congressional Reconstruction）结束之后才达到入学年龄的，而那时，北佐治亚的有色人种学校体系已经被破坏殆尽。当格兰特·史密斯从卡明广场上兜售货物的农民、小贩和商人中间穿行时，人们可能看不出他有什么外在的不同，不过就是因为 19 世纪 70 年代初那段短暂却充满希望的时期，格兰特·史密斯得以成为一个让佐治亚人像惧怕黑人强奸者一样畏惧的人———一个直言不讳、受过教育的黑人。[17]

当格兰特·史密斯听说摩根·斯特里克兰的外甥托尼被控强奸，还有成群的白人即将化身动用私刑的暴民时，史密斯牧师最终忍不住对人群中的某个人说出了自己的真实想法。他说就凭一个"可悲的白人女子"的一面之词，人们就闹出这么大动静，这真令人遗憾。[18]

史密斯的话刚一出口，他四周的白人男子就都震惊得好像无法动弹了，他们难以置信地看看彼此，然后攥紧了自己赶车到镇上来时使用的马车鞭和小皮鞭。因为所谓的对格赖斯的袭击而怒火中烧，但苦于无法接近被关在监狱中的囚犯的暴民们此时发现了一个更容易下手的对象：这个识文断字、固执己见、"傲慢自负"、竟敢质疑白人女子的可信度的黑人传道者。据一位目击者称："他说的话瞬间就被传开了……怒不可遏的暴民们都扑向了他。"[19]

皮鞭抽响的第一声把四面八方的人都吸引了过来，人们迫切地想要穿过层层围绕的人群挤到史密斯跟前。他不仅遭受了皮鞭抽打，还被身边的人拳打脚踢。据推测，当时聚集在一起的暴民约有 300 人，外围的人只能听到人群的欢呼声和喊叫声，听不到史密斯的呻吟和呼救。当一批浑身是汗的施暴者打累了之后，下一批施暴者会接替他们继续对史密斯进行殴打。目击者称这位传教者"几乎要被打死了",于是其他人就开始捡拾碎木,准备点燃篝火,打算将格兰特·史密斯活活烧死。[20]

就在人群得偿所愿之前,治安官里德和副治安官拉默斯挤进了人群,设法将史密斯拖走了。他们把传教者带到法院里,先是把他锁到了巨大的地窖中——不是怕他跑了,而是怕那些潜在的私刑者冲进来。在听到史密斯的呻吟之后,里德最终同意将"囚犯"带到楼上,并找来一名医生为他处理伤口。[21]

当浑身是血、衣衫破碎的传道者被抬着经过查利·哈里斯(Charlie Harris)的办公室门口,另有数百名暴民聚集在一起大喊着要求把史密斯交给他们的时候,这位镇长意识到自己不得不寻求帮助了。如果他想让格兰特·史密斯和另外五名被关在卡明监狱里的黑人免遭这群人数越来越多且决心越来越坚定的私刑者杀害的话,仅靠瘦弱的副治安官盖伊·拉默斯和巴不得将黑人交出去的标准的南方人比尔·里德是肯定不行的。于是,卡明镇镇长从自己的椅子上站起来,拿起办公桌上的电话,让接线员征用所有的外线,给身在亚特兰大的约瑟夫·麦基·布朗州长(Governor Joseph Mackey Brown)打了一通紧急电话。就在哈里斯将听筒按在耳边等待接通的同时,治安官里德则站在不远处观察暴民的情况——他在人群中看到的很多面孔,无疑正是那些在不久的将来会和他一样成为三K党肖尼克拉文骑士的人。

39岁的查利·哈里斯镇长本人当时也正处于在社会层级的阶梯上努力攀爬的时期。和里德一样,他是在田地里耕作的农民的儿子。19世纪90年代中期,原本帮助父亲干农活的哈里斯被北佐治亚农业大学(North Georgia Agricultural College)录取。[22]大学毕业后,他又考上了佐治亚大学(University of

9

Georgia）法律系。[23]他在那里似乎交到了一些非常了不起的朋友，所以到 1908 年 3 月，哈里斯的名字就出现在了佐治亚州颁发的一份公司营业执照上，他和合伙人由此获得了修建一条新铁路的权利。这条名叫亚特兰大东北线（Atlanta Northeastern）的铁路将以州首府亚特兰大为起点，以小镇卡明为终点。

考虑到地处山区的福赛斯县在内战结束后一直顽固地抵制发展进步的现实，这个项目的野心可以说是大得不能再大了，但它也可能真的会带来巨额利润，就像邻近的盖恩斯维尔（Gainesville）凭借其位于查特胡奇河沿岸的地理位置而发展壮大一样。相比之下，河流以西的卡明与河流之间的距离要远得多，所以无法利用河流运输的优势。已经建成的沿河谷铺设的南方铁路线（Southern Railway）和穿过坎顿（Canton）向西去的亚特兰大、诺克斯维尔和北部铁路线（Atlanta, Knoxville & Northern）也都绕过了卡明。

从镀金时代初期开始，福赛斯县的领袖们就一直在讨好铁路公司。到 1871 年，一群公民召开了一场"群众集会"，并任命一个委员会来设法说服南方铁路公司在卡明增加一站。尽管当地人预计"这将给本县带来巨大的人口和财富增长"[24]，但铁路公司的董事们并没有被这样的前景说服。1872 年时，还是之前的那个委员会又公开保证"会将道路权利授予第一个建造穿过本县的铁路的公司"[25]。然而又过了 20 年，1891 年的福赛斯县依然在费力地说服里士满和丹维尔铁路公司（Richmond and Danville Railroad）相信卡明是一条新铁路支线的理想终点站。本地商人迫切地需要铁路，他们甚至提出"向铁路公司捐款 2 万美元"[26]。在长达 50 年的时间里，这种保证的反复出现证实了很多居民对于一条铁路线的强烈渴望，以及他们因一个个铁路公司都选择绕过卡明而感到的失望和挫败。

所有这一切都意味着挂在卡明广场上的，写着"查利·L.哈里斯先生"的名牌包含了一种少见的先天优势的集合。哈里斯是一位野心勃勃的年轻律师和企业家，又有本地农民男孩衣锦还乡的身份背景。他在法学院读书的时候还结识了一些亚特兰大的大人物，那些人正是能够最终将卡明纳入南方交通运输版图中的人。

亚特兰大东北线的建造计划最终于1908年获得通过，通过销售股票筹集的5万美元都被用来购买土地和在铁路沿线建造发电厂。[27]铁路一旦建成，福赛斯县的火车站会让这里的农业经济发生转变，并让这个地区彻底脱离艰苦的重建时期。《亚特兰大宪法报》报道说："计划建造的这条打算连通亚特兰大和卡明的铁路将被证明是伟大的交通运输领域中最伟大的项目之一……届时，佐治亚州的税收基数将获得数以百万计的增加，北佐治亚的人口也将增加好几十万。"[28]

不过，这个无比乐观的估计没有提及的一个事实：尽管福赛斯县距离州首府很近，但这里依然是一个闭塞落后的地区。这里有少数几个富有的种植园主和进步领袖，绝大多数还是贫穷且没有文化的白人，他们对于有乘客乘坐火车从亚特兰大来此这件事的感觉更多是担忧而非欣喜。铁路线可以给镇上那些有钱有势的人带来商业机会，但同时也会让福赛斯县陷入各种各样的竞争，并接触到大城市里那些让人眼花缭乱的纷繁复杂。对于很多谨慎小心的山地人来说，这种根本性的变化是要被抵制，而非欢迎的。[29]

然而，在1912年夏天的时候，查利·哈里斯设想的还是一个有闪闪发光的火车驶进卡明火车站的未来，它会把财富、科

11

技和新世纪拥有的所有好处带到福赛斯县。当哈里斯和他的合伙人铺开崭新的地图，憧憬为亚特兰大东北线建造高大桥梁和宏伟隧道时，这一切似乎都是必然能够实现的目标。他们肯定觉得没有任何事能够阻止自己的计划。

查利·哈里斯，1912 年

格兰特·史密斯在卡明广场上被马鞭抽打的那个早上，福赛斯县的黑人会众们正聚集在镇外的"有色人种卫理公会会众露营地"（the Colored Methodist Campground），准备进行他们一年一度的野餐和烤肉活动。每年 9 月收割开始时，人们就会举办这项传统活动，参加者是由非洲裔美国人群体形成的各个乡村小教区的数百名信徒，这些教区包括芒廷集市教区（Mt. Fair）、夏洛浸信会教区（Shiloh Baptist）、斯托尼波因特教区（Stoney Point）、巴肯班德教区（Backband Church）和夏奇拉格教区（Shakerag Church）。这个活动能让群体中最贫困的成员也分享到农场生活最大的幸福之一：吃到烤玉米、豇豆、利马豆、饼干以及插在烤肉签上烤了一夜的整猪。

1912 年活动期间，最早抵达活动现场的那些家庭听说了比格溪有五个年轻男子被逮捕的消息。当摩根和哈丽雅特·斯特里克兰的外甥托尼·豪厄尔被指控强奸的消息传开，加上有从广场上回来的人提到白人扬言要对格兰特·史密斯实施私刑之后，聚集在一起的很多黑人感到忍无可忍。一群原本打算照管烤肉架的男子开始向镇上进发，因为他们知道史密斯牧师落在比尔·里德手里并不比落在暴民手里安全多少。

1912 年时，福赛斯县非洲裔美国人群体中的绝大部分都是不识字的佃农和雇农。不过，有一小部分受过教育的黑人与一些身份显赫的白人关系紧密，这些人之中有不少是黑人会众的领袖。参加星期六野餐活动的人里就有一个名叫约瑟夫·凯洛格（Joseph Kellogg）的，他在 1897 年帮助建立了有色人种卫理公会会众露营地，还在肖尼山（Sawnee Mountain）附近拥有一个 200 英亩的农场，那是福赛斯县归黑人所有的面积最大的地产。[30]

另一位出席活动的人是小利瓦伊·格林利（Levi Greenlee Jr.）。他的父亲老利瓦伊·格林利最近刚刚去世，生前曾常年担任夏洛浸信会教区的牧师，去世后还给子女留下了位于卡明镇内的 120 英亩土地。[31]老格林利受人爱戴，他在 19 世纪 90 年代时受邀加入了由北佐治亚各地的白人神职人员组成的高塔协会（Hightower Association），成了该群体中第一位，也是唯一一位黑人成员。[32]

根据留存下来的夏洛浸信会教区的会议纪要，我们仿佛还能听到格林利牧师在某个平常的周日向来到教堂的人表示感谢

的致辞，他感谢人们"捐献的 6.36 美元"。当格林利接过奉献
盘、望向面前的所有会众时，他看到的不仅是那些熟悉的黑人
面孔，还有不少前来听他布道的白人。格林利对所有人的慷慨
表达了感激之情："尤其要感谢我们的白人朋友们……感谢他们
奉献的每个 10 美分和 25 美分。"[33] 这意味着，当小利瓦伊·格
林利和其他黑人一起，充满担忧地从会众野餐活动现场前往镇
上时，他们还是有理由希望在县法院外大片愤怒的人群中找到
少数几个充满同情心的白人同盟者的。

约瑟夫·凯洛格，日期不明

此时同样赶往卡明的还有数百名来自周边地区的白人。他
们都带着装满子弹的步枪和霰弹枪，因为他们都听到了一个像
野火一样迅速蔓延的谣传：有人说，由于被格兰特·史密斯遭

到袭击的消息激怒，一大群黑人已经从有色人种露营地出发。谣传中甚至提到黑人暴动者装了一车炸药，打算"引爆整个镇子……连妇女和小孩也不放过"[34]。

一位目击者称白人们"骑着马、赶着马车、开着机动车，或者步行……涌向镇中，到法院四周徘徊"，广场随之变成了"带着武器的男人们的麦加……从他们臀部上方鼓起的外套就可以判断，这些人都是带着武器来的"。[35]那些没有带枪来的人，也可以到善于抓住商机的枪支商贩那里购买，后者已经在法院门口的草坪上支起了桌子，售卖各种步枪、霰弹枪、手枪和装在木箱里的子弹。

如果埃伦·格赖斯遭强奸的故事代表了南方白人最清晰的幻想之一，那么让人们相信这个新谣传的原因则是他们的幻想之二，即疯狂的黑人会奋起反抗，向他们曾经的主人复仇。这种恐惧还因为最近各种关于北佐治亚山区的大规模"种族战争"的报道而愈发强烈了。仅仅一个月前，即1912年7月，整个佐治亚州的报纸头条都是关于卡明以西60英里外的小镇普莱恩维尔（Plainville）发生的"不同种族之间的激烈战斗"[36]的警告。

普莱恩维尔事件的起因并不是什么大事。有一个黑人女孩和一个白人男孩在同一个果园里摘桃子，后来这个名叫艾维·米勒（Ivey Miller）的男孩被一块石头砸到了，他说石头就是那个黑人女孩明妮·赫德（Minnie Heard）扔的。但第二天，当明妮的父亲来到镇上，想要跟米勒家解释情况并讲和的时候，一群白人把他痛打了一顿，还警告他永远不许再到镇上来。根据《梅肯电讯报》（Macon Telegraph）的报道，明妮·赫德的父亲没有再来，但是女孩的叔叔在第二天早上出现在了普莱恩维尔。白人一看见他，就指控他和另外三名黑人男子"意图阴谋

烧毁小镇"[37]。于是人们把这几个黑人抓起来，让他们排成一排
站在墙边，然后用鞭子抽打他们。后来一名黑人看到了逃跑的
机会，当他和其他黑人一起逃跑时，他用手枪朝追赶他们的白
人开枪，于是白人也开枪回击。当时是下午，正有一趟从查塔
努加（Chattanooga）沿南方铁路线驶来的火车经过此地，所以
头等厢里的乘客们从餐车的窗口看到他们最古老、最深刻的恐
惧成了现实——白人和持有武器的黑人之间进行的激烈的
枪战。[38]

　　四名黑人都受了伤，他们躲在森林里审视自己的处境，很
快就得出了一个让他们绝望的结论。勇敢地与暴民群体对抗的
结果就是：他们要么会被抓到，然后被私刑处死；要么会经历
审判，但陪审团肯定全部由白人组成，那些人很可能还是刚刚
被他们击中的白人的亲戚朋友，所以审判的结果必定是被处以
绞刑。当这四个人从树叶间隙中看到武装队正在靠近时，他们
决定与其向那些白人投降，还不如在枪战中被打死，因为这些
白人往往会对非洲裔美国人施以酷刑、阉割、枪毙，甚至是把
他们活活烧死——即使那些受害者做的事远远不及他们四个人
做的这么不可饶恕。

　　设法逃到了一间本地黑人小木屋中之后，他们躲在里面，
将木屋作为堡垒，守住窗口的位置，以观察外面步步逼近的暴
民。有些人说枪战持续了一整夜，另一些则称整个过程不到一
小时就结束了。等到硝烟散尽，包括戈登县（Gordon County）
治安官在内的三位有头有脸的白人受了伤，另有十名黑人男子
和两名黑人女子中枪，不过他们的名字都没有被记录在案，也
没有任何报道提及他们是死是活。《梅肯电讯报》称："战斗是
在黑人用尽弹药之后才结束的，大批白人进入木屋，将他们打

到失去意识为止……后来警察不得不举着手枪站岗，才阻止了这些白人实施私刑。"[39]连远至旧金山和纽约的报纸都把这起事件描绘成了"一群黑人突袭"警察，而非黑人在私刑实施者面前自卫。[40]

1912 年 9 月，福赛斯县白人居民对于普莱恩维尔的"种族战争"的记忆还很清晰。当他们拨动柯尔特手枪的转轮，或是给温彻斯特步枪的螺栓上油，或是用拇指向放在膝盖上的霰弹枪的枪管里推子弹时，他们一定认为普莱恩维尔事件的经验教训是非常清楚明确的：那里的白人治安官都中枪了，多亏勇敢的武装队才阻止了黑人的暴动。法院门口应景地出现了一个枪支市场，在其中闲逛的白人都认定自己正面临着严峻的威胁。所有人都听说了黑人大军正顺着托尔伯特街（Tolbert Street）赶来，还带了一车炸药的传闻。白人们相信，卡明很快就会遭到围困。随着太阳在广场上方越升越高，他们已经准备好了用所有能够找到的武器来保卫自己的镇子。

2. 暴动、暴乱、骚乱

　　卡明镇镇长查利·哈里斯算是白人群体中最温和的一派，不过在发生了普莱恩维尔的"种族战争"之后，就连他也难免感到忧心忡忡，以至于他教会了妻子如何开枪，这样即使自己不在，妻子也可以保护好他们的家。哈里斯8岁的女儿伊莎贝拉（Isabella）记得在格兰特·史密斯遭到鞭打的那个上午，他的父亲给妻子迪斯（Deasie）打来一通紧急电话，告诉她是时候给步枪装上子弹了。

　　在（那个）让人激动和恐惧的时刻……镇上的男人们听说一群黑人正在肖尼山附近集结。他们的目标可能是入侵卡明镇，实施抢劫，甚至杀人或恐吓公民。我父亲已经教会了我母亲如何射击……他让她准备好步枪，装好子弹，但还不用打开保险，然后带着枪到门廊去，确保孩子们都待在她身边。如果看到一群男人靠近果园，她就可以朝天开枪，把他们吓走……

　　（但是）当我们都坐在门廊上之后，电话又响了。我
年纪最大的哥哥利昂（Leon）进屋接听了电话。他带回来的信息是无论是我们还是其他任何人都没有陷入任何危险。谣传的起源是有人在肖尼山附近看到两个黑人男孩……他们实际上只是在抓松鼠。[1]

尽管伊莎贝拉的母亲在没有开枪之前就接到了第二个电话，但是全县像她一样的白人依然处于紧张不安的状态，他们会警惕地望向远处的地平线，同时把枪支放在伸手可及的地方。这就是当时人们的臆想程度，即便像迪斯·哈里斯这样属于上层社会的白人也会把两个抓松鼠的男孩当成嗜血的黑人入侵者。他们的家人很可能又穷又饿，所以他们才不得不去抓松鼠，而白人却错误地认定他们意图"抢劫，甚至是杀人"。

当黑人们从有色人种卫理公会会众露营地向镇上走去时，这些原本是来参加教会野餐活动的人一定感受到了围绕着他们的那种被激发到极致的恐惧和歇斯底里。无论黑人们在出发时曾抱有怎样的迫切和决心，但当他们终于转过街角，到达镇中心时，他们还是因为广场上的景象而停下了脚步。一位目击者称"从周边地区赶到卡明的白人足有 500 名"[2]，而且"人们购买了大量武器和弹药，准备保卫自己的家园"[3]。另一位观察者说："老步枪、新式或旧式的霰弹枪以及所有能找到的各种手枪，都被人们装好子弹端在手里，随时可以射击。"[4]

黑人放眼望去，到处都是正在把枪套别在腰带上和向衣兜里装子弹的白人，他们已经准备好要大战一场。黑人们在这样的对手面前毫无胜算，所以他们放弃了任何营救史密斯牧师、托尼·豪厄尔及其他被关在卡明监狱里的囚犯的希望。于是，他们立即开始撤退，希望起码能提醒在有色人种卫理公会会众露营地的人们都不要到镇上去。根据一位记者的报道，"黑人逃跑了"，不过在他们脱身之前，一群白人还是发现了他们，并一路追到了教会烤肉活动举办地。"至少 100 名白人进入活动场地，命令黑人离开，"[5]另一位目击者称，"他们接受了警告……

所有冒险到镇上去的黑人都立即逃走了。"[6]

把野餐的人群都赶走，并且警告黑人不得进入卡明镇之后，暴民们就将注意力转回到格兰特·史密斯身上。当天上午，他们虽然让浑身是血的牧师逃出了自己的手掌心，但他们都清楚，牧师就被藏在福赛斯县法院里的某个地方，这种近在眼前却得不到的状态让他们非常恼火。根据查利·哈里斯的女儿伊莎贝拉的说法，尽管里德治安官和拉默斯副治安官反复提出警告，但白人们依然拒绝离开。最终，哈里斯镇长只好放下手中的笔，从办公桌前站起来，亲自到外面和这些白人对话。

伊莎贝拉·哈里斯回忆说："暴民们都聚拢过来后，我父亲站在法院的台阶上向他们发表讲话。"当人群渐渐安静下来，这位卡明镇镇长尝试和他们讲道理，并保证法律和正义会很快得到伸张，所以他们没有必要在这里采取超出法律界限的行动。伊莎贝拉说："父亲请求他们回家吃饭，冷静冷静，换换脑筋，不要使福赛斯县进一步蒙羞。"

哈里斯显然希望自己能够激发人们心中善良的一面，不过当他转身向法院大门走去时，一个农民高声喊道："我们不想吃饭，上校……我们要拿黑鬼当饭吃！"[7]

人群中爆发出一片响应的欢呼声，哈里斯能做的只有摇摇头，回到办公室中。随着暴民的声势越来越嚣张，哈里斯拿起电话，让接线员再次紧急接通亚特兰大。这一次，哈里斯告诉布朗州长，如果没有佐治亚州国民警卫队的保护，格兰特·史密斯和其他囚犯很可能活不过今晚。

接听哈里斯电话的人是约瑟夫·麦基·布朗，他是在 1908年当选佐治亚州州长的。他的父亲约瑟夫·E. 布朗（Joseph E. Brown）在内战期间也担任过佐治亚州州长。约瑟夫·麦基·布

1912 年时的佐治亚州州长约瑟夫·麦基·布朗   20

朗是在切罗基县（Cherokee County）县治坎顿长大的。切罗基县与福赛斯县相邻，布朗在此时还拥有山麓地带的一片农田。所以虽然通常被戏称为"小乔"（Little Joe）的布朗延续了自己家族的政治朝代，终日游走于亚特兰大的社会顶级阶层中，但他对于北部乡村中的贫穷白人还是非常了解的。当哈里斯说福   21
赛斯县将出现严重的"私刑狂潮"时，布朗不需要镇长做任何解释就能理解他为什么听起来那么紧张。

布朗知道一群愤怒的白人暴民能干出什么，这不仅因为他是在坎顿这样的环境中长大的，还因为每周都会有各种报告被

送到他的办公桌上。即便是当时报纸上的一篇简讯都足以让人
意识到布朗执政期间的佐治亚州官员们面临着什么样的频发状
况，这些种族恐怖主义活动通常被称为"无法无天的行为"：

> 1910 年 2 月 1 日："据说夜骑者在哥伦比亚县
> （Columbia County）杀死了一名黑人，烧毁了几栋房屋和教
> 堂。试图调查真相可能会面临生命危险。"[8]
>
> 1910 年 12 月 15 日："派克县（Pike County）的……
> 黑人们陷入了恐慌，因为夜骑者会对黑人施加鞭刑……佐
> 治亚州最大的种植园主之一已经向州长请求派遣军队。"[9]
>
> 1911 年 1 月 20 日："因为有人匿名发布了公告，扬言
> 黑人将遭遇无法预料的危险，或是被私刑处死，所以已经
> 有数百名黑人离开了特纳县（Turner County），剩下的也即
> 将离开。在这个时节发生这种情况，会给雇用黑人在自己
> 的田地上工作的农场主带来巨大的困扰。"[10]

在 20 世纪初期，政治家们已经意识到暴民日益猖獗的暴力
活动不仅扰乱法律和秩序，还会给整个州的农业经济和大型企
业的利益造成严重威胁。所以在 1912 年 8 月 16 日，也就是格
兰特·史密斯遭到袭击不到一个月之前，佐治亚州立法机构刚
刚通过一项法案，该法案授予州长一些前所未有的新权力，为
的就是让他能够应付卡明广场上出现的这种越来越不受控制的
危机。这项新法规定，如果州长有合理理由"担心可能会发生
暴动、暴乱、骚乱、叛乱、暴民围攻、非法集会，或是同时出
现以上多种情况"[11]，那么他就可以下令出动军队，军队直接听
令于州长本人，而非城镇和县市官员。

批评者们反对这种削弱地方控制权的举措，认为这相当于"免除了镇长和县级官员的权力"[12]。但该法案的初衷恰恰就是要从小镇治安官手中夺取控制权，因为这些人通常不是加入了实施私刑的暴民行列，就是与暴民的领袖同流合污。这项新法旨在保护嫌疑人的权利，不过对于撰写法案条文的那些人来说，新法更重要的目的是保障佐治亚州的种植园主和实业家们能够获得廉价的黑人劳动力。在黑人奴隶获得解放之后，这种劳动力对于雇主们来说就成了不可或缺的。[13]

哈里斯说服州长相信聚集在卡明的暴民群体规模已经超过里德和他的副手们能够控制的程度，于是布朗第一次尝试使用了自己的新权力。他给佐治亚州国民警卫队的 I. T. 卡特伦少校（Major I. T. Catron）打电话，下令让州民兵队伍中的两个精英连队——玛丽埃塔步枪队（Marietta Rifles）和坎德勒骑兵卫队（Candler Horse Guards）集合人员，向公民征用私有车辆，直接驶向卡明。

当州长派遣玛丽埃塔和盖恩斯维尔的军队前来的消息传开后，围在法院门口的暴民们开始冲撞紧锁的法院大门，要在民兵队伍抵达前最后一次尝试把格兰特·史密斯抓出来。《亚特兰大佐治亚人报》报道称："暴民中比较疯狂的那些（试图）强行冲进法院……抢走关在里面的黑人。然而，以拉默斯为首的副治安官们抵挡住了（他们的）进攻。"[14]

就在双方进行角力的时候，暴民群体中的一部分人注意到了远处道路上扬起的尘土，其他人也开始听到一种低沉的嗡嗡声，这种声音还随着车辆的接近而变得更清晰了。当越来越多的人转头看去时，一长串"大马力机动车"进入了他们的视

23

线，这些车正沿着达洛尼加街（Dahlonega Street）迅速朝法院门口的人群驶来。

当这支由福特 T 型（Model T）、万国（International）、麦金太尔（McIntyre）和阿克姆敞篷车（Acme Roadster）组成的车队停下来时，广场上的大多数人都感到难以置信，只能呆呆地看着眼前的一切。在一个几乎所有人都还以骑马、驾马车或骡子车或步行为主要交通方式的地方，这样的景象足以暂时让即使是最嗜血的私刑者也震惊得说不出话来。正如布朗州长和哈里斯镇长承诺的那样，骑兵队已经抵达，但他们却不是骑马来的，而是乘坐一长串闪闪发光、平稳行驶的漂亮机动车来到镇上的，福赛斯县人还从没有见过像这些机动车一样的东西。

坎德勒骑兵卫队和玛丽埃塔步枪队的 52 名士兵穿着带披肩的制服和齐膝高的黑色靴子，肩上背着 52 杆完全相同的斯普林菲尔德卡宾枪，他们走上街道，组成阵型，然后鞋跟一碰，立正站好。[15]对这群被太阳晒得皮肤黝黑、穿着工装裤，一整个下午都在试图冲进法院大门的暴民来说，这个景象的意义再明白不过了。卡明确实遭到了入侵，但不是被黑人叛乱分子，也不是被疯狂的黑人强奸犯，而是被代表州长和整个州经济利益的职业军人。他们来这里就是要让所有福赛斯县人，无论黑白，都回到自己该回的地方去。

新闻报道普遍宣称，尽管布朗州长犹豫过是否要干预地方事务，但当他决定派遣部队之后，他就会授权部队采取任何必要的措施。布朗说："如果民事当局申请军队协助，就理应认为当局需要的是可以动用武力的士兵。"[16]当州长在佐治亚州立法机构进行演讲时，他重申了将依照新法维护秩序的决心，即使有平民因此丧生也在所不惜。州长宣称："镇压无政府状态是所有人的权利和义务，有时他们必须像射杀外国侵略者一样射杀（暴动者）。"[17]

玛丽埃塔步枪队，"防暴连"，拍摄于 1908 年前后

面对 52 名已经被授权自行决定何时开火的"可以动用武力的士兵"，卡明的暴动者很快就意识到，如果他们像当天整个上午挑战哈里斯镇长那样公然抵抗州长的军队，那么他们很可能会落得头部中弹的下场。因此，当太阳开始落到肖尼山背后时，人群中的绝大部分都服从了哈里斯镇长在中午就下达过的命令：离开广场，回家吃已经冷掉的晚餐。只有暴民群体中那些最固执的成员还留在这里，充满厌恶地看着士兵们在格兰特·史密斯周围围成一个"中空的四边形"[18]，护送这位牧师走下法院的台阶，穿过枫树街，前往福赛斯县监狱，他将和另外五名格赖斯案嫌疑人一起被关在那里。

随着暴民群体的咆哮声被哨兵在空旷街道上来来回回巡逻的脚步声取代，囚犯们肯定已经意识到，虽说他们遭到逮捕这件事是非常不幸的，但是他们此时还活着已经是不幸中的万幸。在听了一下午私刑者的诅咒和威胁之后，看到副治安官拉默斯在漆黑的天色中提着灯笼出现在牢房门前，打开一个个沉重的铁门，命令他们走出牢房，这肯定是囚犯们经历过的最让人紧张、仿佛心脏都停止跳动的时刻。

直到此时他们才知道，民兵接到的命令是不仅要防止有人实施私刑，还要安全地护送囚犯离开福赛斯县。一名目击者描述了"士兵们如何在监狱前站成两排，让这六名黑人从他们中间走到等在那里的汽车上的情景"[19]。在卡明历史上可以说是最戏剧性的一天即将结束时，还有一些坚持到最后的本打算实施私刑的人，"尾随士兵们来到监狱外，看着囚犯们"从民兵组成的夹道中间走过。这几名黑人拖着锁链艰难迈步时还能"听到嘲笑、抱怨、咒骂和嘘声"。他们登上等在那里的机动车后，就一直蹲在机动车的地板上，悄无声息地离开了福赛斯县，直到接近亚特兰大北部郊区时才直起身，然后他们都被关在了玛丽埃塔监狱中。

黎明时，卡明广场上空无一人，只有13名士兵组成的队伍整晚都在街上巡逻，整个地方都安静得很诡异。早餐后，教堂的钟声响彻全县，那些前一天还在请求查利·哈里斯允许他们"拿黑鬼当饭吃"的男人此刻都坐在教堂里，身上穿着硬挺的白衬衫，头发梳得整整齐齐，腿上放着摊开的祈祷书和赞美诗。最后一批坎德勒骑兵卫队队员是在中午前后返回盖恩斯维尔的，亚特兰大的编辑们很快就发表文章祝贺州长成功阻止了私刑，并避免了佐治亚州山区再次爆发"种族战争"。《亚特兰大宪法报》宣称："严重的种族骚乱得以避免，卡明不会再有麻烦了。"[20]

埃伦·格赖斯的父亲约瑟夫·布鲁克斯和她的丈夫约翰·格赖斯在星期天下午与哈里斯镇长和蓝岭山脉巡回法官牛顿·A. 莫里斯（Blue Ridge Circuit Judge Newton A. Morris）进行了

一次特别的闭门会议。虽然没有他们谈话的内容或时长的记录被留存下来，但这次会议肯定涉及了一些鼓动官方展开进一步行动的问题。有一种可能是布鲁克斯和他的女婿都想要得到审判会马上进行的保证，被指控袭击了埃伦·格赖斯的嫌疑人就算逃脱了暴民们的私刑，也必须被绳之以法。

　　不过，另一种可能也是存在的，那就是格赖斯的家人想要确保有关她与托尼·豪厄尔之间接触的细节不会被公之于众。1912 年时，几乎没有人哪怕是敢于提及白人女性和黑人男子之间存在两相情愿的通奸行为的可能，不过这并不意味着没有任何人意识到这一点。早在 1892 年，一位名叫艾达·B. 韦尔斯（Ida B. Wells）的反对私刑的改革者就公开抨击了这套被她称为"黑人强奸白人妇女的俗套谎言"的说辞。韦尔斯说白人妇女心中充满了对年轻力壮的黑人男子的渴望，很多情况下，她们只有在被抓到与自己的黑人情人同在一张床上的现行后，才会宣称自己遭到了强奸。韦尔斯写道："南方有很多白人女性愿意和黑人男子结婚，她们不敢是因为这样做会遭到社会的抛弃，甚至是法律的制裁。"[21]

　　即使是到了 1912 年，这样的观点依然会被认为是极度危险且违反法律的。不过私下里，福赛斯县的很多黑人难免怀疑埃伦·格赖斯的故事会不会只是又一个套用"俗套谎言"的例子而已。如果格赖斯真的被发现和"黑人同在一张床上"，那么有没有可能是她主动邀请黑人进入她的房间的？无论约翰·格赖斯和约瑟夫·布鲁克斯与卡明的官员们谈论了什么内容，所有报纸上的报道都提到了关于他们会议的议题"没有被公之于众"[22]。

　　暴动人群都散去了，囚犯也被安全转移到了玛丽埃塔监狱，

26

埃伦·格赖斯的亲属也得到了保证，此时的查利·哈里斯镇长肯定迫切地想把这一整件事都抛到脑后，他就可以继续去规划卡明作为亚特兰大东北铁路公司终点的未来了。据说哈里斯为关于黑人家庭在格兰特·史密斯遭到袭击后弃家出逃的报道而"火冒三丈"。这位年轻的镇长在接受《亚特兰大佐治亚人报》采访时试图淡化所有这些负面的关注，他告诉记者说："镇上今天特别安静，黑人们的担忧已经被平息了。"[23]

哈里斯非常清楚，如果亚特兰大人将卡明与私刑者和暴民统治联系到一起，那么这里的财务和政治风险都会大大增加。所以，星期天晚上回家吃饭的时候，他一定是希望托尼·豪厄尔被逮捕的下场足以让福赛斯县最暴力的白人也感到满意。等豪厄尔和其他囚犯被押回福赛斯县时，他们将接受蓝岭巡回法院的审判，而不是任由野蛮的主张私刑的暴民群体处治。所以，当哈里斯说他相信福赛斯县的"种族冲突"已经差不多结束时，他肯定是真诚地这么认为的，他甚至还会高兴地认为自己就是布朗州长偏爱的那种尊重法律与秩序的人。

哈里斯不知道的是，就在他回家吃饭的同时，在卡明以东8英里外一个叫奥斯卡维尔（Oscarville）的小村庄里，一位名叫阿齐·克罗（Azzie Crow）的妇女正开始变得忧心忡忡。像其他几乎所有的福赛斯县人一样，阿齐当天上午也去了教堂，下午到她的妹妹南希（Nancy）家做客。南希的孩子们和阿齐最小的两个女儿邦妮（Bonnie）和埃斯塔（Esta）及双胞胎儿子奥比（Obie）和奥维（Ovie）年纪相仿。在离开教堂前，阿齐让自己18岁的女儿梅在当天下午到姨妈家去，因为她需要梅帮助自己带年纪最小的几个孩子回家。[24]

　　然而直到晚饭时间过了，太阳也已经落到树梢之下，梅却依然不见踪影。阿齐最终自己把孩子们送回了家，途中她还顺路去乔治·乔丹（George Jordan）家的农场打听女儿的去向。乔丹家的女儿艾丽丝（Alice）说她下午看见过梅，还和梅一起站在杜兰德路（Durand Road）向东通往沃尔德里普（Waldrip）的岔路口聊了会儿天。乔丹回忆说，梅和她道别之后就匆匆朝着姨妈家的方向去了。[25]

　　随着时间越来越晚，一家人的担忧也越来越深。巴德·克罗（Bud Crow）最终决定打着灯笼，在杜兰德路上来来回回地寻找自己的女儿。一位邻居在听到他呼唤女儿名字的声音后也出来帮忙寻找。没过多久，人们就组成了一支搜救队，然后分成小组分别到奥斯卡维尔的松树林、果园和玉米田里寻找。直到最后一丝光线也渐渐褪去，萤火虫都出来活动了，人们在各处呼喊梅名字的声音依然隐隐飘荡在空中。他们在南希姨妈家和克罗家之间的这 2 英里中找了又找，还有人到树林里或沿河边搜寻了一整夜。然而当又一支带着猎狗、灯笼和手杖的搜救队伍于黎明时分返回时，他们带来的依然是没有找到巴德·克罗家大女儿的消息。

　　第二天的报纸上刊登了对这次事件的第一手描述，文章作者都是一听到在埃伦·格赖斯宣称遭到强奸仅几天后，那个北佐治亚地区的县里又发生了貌美白人女孩失踪事件的消息就立即赶到这里来的记者们。一位记者写道，星期一早上"天亮之后，人们恢复了搜救活动，而且还加大了搜寻力度。队伍被分散开来，到更多偏远僻静的地方寻找失踪者"。这位记者还说，就是在此时，"几位搜救者……在沿着一条距离克罗家仅 1 英里的被废弃的老路艰难前行时，碰巧发现了俯卧在地上的失踪少女"。[26]

28

大家整晚都在寻找，祈祷着听到梅从树林中发出呼应的喊声，或是发现她只是没有告诉任何人就去拜访哪个朋友了，又或是遇到其他什么能够解释一切的倒霉事也好。但搜救队发现的梅的状况偏偏是阿齐·克罗最可怕的噩梦。据目击者称，梅的头部受了重伤，"她的颈部被划开了很深的口子，人倒在一大滩血泊之中"。一位记者报道说"她显然已经被丢在这里好几个小时了"，但是"她此时还活着，还有微弱的呼吸，人们以最快的速度把她抬到车上，送回了家中。约翰·霍肯赫尔医生（Dr. John Hockenhull）和 G. P. 布赖斯医生（G. P. Brice）……（在那里）展开了一场与死神的搏斗，试图挽救这个女孩的生命"。[27]

关于这次袭击的消息迅速传开了，卡明的白人听到之后都感到"痛心疾首，怒不可遏"[28]。《亚特兰大佐治亚人报》的一位记者注意到自格赖斯遇袭事件后，"公众被愤怒冲昏头脑的状态还没有来得及平复"[29]，当时数百名本地人都是迫于政府军队的武力才从本镇广场上离开的。此时，当他们听到有关梅·克罗的伤势的令人恐怖的描述后，很多人都认定福赛斯县里的黑人强奸者因为有了政府军队的保护而变得大胆起来，所以才再次袭击了一位白人女孩。

不过，这一次可没有坎德勒骑兵卫队和玛丽埃塔步枪队在这里碍事了，他们都已经遵照命令分别返回在盖恩斯维尔和亚特兰大的基地了。就这样，这波新的"种族冲突"将由县治安官和数百名愤怒的当地白人自行解决。州长、镇长和民兵指挥官们大可以谈论他们的正当程序和"法制"，不过对于福赛斯县的很多人来说，清算新仇旧恨的时机已经到来。

3. 失踪的女孩

和其他许多农民家的孩子一样，巴德和阿齐的长女每年也只有在播种和收割之间几个月的空闲时间里才去学校读书。即便是在此期间，梅还是会经常缺课，每个学期她有大约 1/4 的时间不得不留在家里帮母亲料理家务，因为这个除她之外还有八个孩子的大家庭里总是有很多活要干。[1]关于梅在遇袭之前生活的最后一点书面记录出现在 1910 年。一个名叫埃德·约翰逊（Ed Johnson）的登记员站在克罗家门口的树荫下向阿齐了解情况，然后用舌头舔了舔钢笔的笔尖，并在一个巨大的黑色封面普查登记簿上记录了相关信息。

梅·克罗，拍摄于 1912 年遇害前

LOCATION.			NAME of each person whose place of abode on April 15, 1910, was in this family. Enter surname first, then the given name and middle initial, if any. Include every person living on April 15, 1910. Omit children born since April 15, 1910.	RELATION. Relationship of this person to the head of the family.	PERSONAL DESCRIPTION.					Number of how many children.	
	1	2	3	4	5	6	7	8	9	10	11
			Fletcher	Son	M	W	1	S			
		Crow	L. B.	11	M	W	45	M	20		
			Reza	Wife	F	W	37	M	20	8	8
			Major	Son	M	W	18	S			
			May	Daughter		W					
			Ed	Son	M	W	15	S			
			Lee	Son	M	W	11	S			
			Rinta	Daughter	F	W	9	S			
			Olie	Son	M	W	6	S			
			Ova	Son	M	W	4	S			
			Bonnie	Daughter	F	W	2				

1910 年人口普查记录的克罗一家的信息

记者们很快会开始用"这片地区里最杰出的种植园主之一"[2]的说法来指代梅的父亲，这种描述会让人以为他是穿着白西服、系着蝴蝶结领结的种植园所有者。然而实际情况是，人称"巴德"的利奥尼达斯·克罗（Leonidas "Bud" Crow）在福赛斯县从不曾拥有过一块土地，他耕种的土地及他们一家居住的房屋都是租来的。克罗家祖上原本不是这样的处境。1861 年时，梅的祖父艾萨克（Isaac）前往道森维尔（Dawsonville）应征入伍，成了南方邦联军队的一员。那时他家在奥斯卡维尔附近拥有 200 英亩土地，价值超过 1000 美元。可是在经历了包括马纳萨斯战役（Manassas）、钱斯勒斯维尔战役（Chancellorsville）和葛底斯堡战役（Gettysburg）中一些最血腥的战斗之后，幸存下来的艾萨克在自己人生的最后阶段已经变得一贫如洗了。[3]

原本有财产的自耕农艾萨克·克罗在打仗回来之后发现生活全变样了。[4]1904 年时，他的女儿南希在一份养老金申请表上

写明，她的父亲"没有任何财产可供处置"，她列举的向政府 32
申请救济的理由还包括这位老人"身体……衰弱，已经耗尽了
精力"。当被问及克罗在过去几年里靠什么生活的时候，他家的
一位朋友回答说："他尝试种地……他和妻子尽己所能（养活
自己）。"被问及他们拥有什么财产时，这位朋友的回答是"一
无所有"。[5]

在整个北佐治亚，战争留下的创伤是毁灭性的。南方军队
在阿波马托克斯（Appomattox）投降之后的几十年里，这片挣
扎着想要复兴的地区一直遭受着信贷严重不足的困扰。重建时
期施行作物留置权制度，其运作方式是：像艾萨克·克罗这样
在祖先留下来的田地上耕作，但是没有资金雇用劳动力、购买
种子和工具的农民，每年春天都要以秋天的预期收获为担保借
款种地。这就意味着，一旦遇到干旱、严重的霜冻，或其他什
么坏运气，农民这一年的辛苦劳作就得不到任何回报。

当艾萨克·克罗这类农民去银行寻求帮助时，他们通常都
是以土地作为抵押的。尽管从气候和土壤条件上说，福赛斯县
的山区地形并不如佐治亚州南部地区那么适宜种植棉花，但是
很多贷方仍然不要谷物，反而要求借方用有可能更值钱的棉花
作为留置物。结果，太多人改种棉花造成的供大于求使棉花价
格下跌了不少，而小规模种植的农民受到的冲击更加严重，这
让他们几乎不可能偿还利率高达 12%—13% 的贷款。借用 1888
年时一位福赛斯县农民的话："据说 36% 的福赛斯县农民都背
负了贷款……但是 50 个借款者里面找不出一个有能力偿还本金
的人……这就是我们面临的最大危险。"[6] 所有这些因素结合在一
起的结果是，整个 19 世纪八九十年代，北佐治亚的很多家庭每
年都要抵押农田才能有钱播种，所以用不了几个糟糕的年成，

他们的土地就永远归银行所有了。[7]

33 　　就这样，仅仅用了一代人的时间，克罗家就从内战前在自己祖先拥有的土地上耕种的地主变成了只能租地耕种的佃农——他们依然要犁地、播种、收割，但是他们的收获里只有一小部分归自己所有。在黑人奴隶获得解放之后，克罗这样的佃农不仅要和其他白人竞争工作机会，还要和刚刚形成的整个自由黑人阶级竞争。更何况，很多土地拥有者都认为黑人是比贫穷的白人更有吸引力的佃农和雇工。在执行吉姆·克罗法的南方，非洲裔美国人被剥夺了选举权，在法院中也没有任何权利，所以把土地租给贫穷黑人的地主可以高枕无忧地相信，任何涉及租金、作物分享比例或工资的争议都将由白人说了算。

　　当那个名叫埃德·约翰逊的人口普查登记员和阿齐·克罗了解完情况并礼貌告别之后，他就走出了这个有很多孩子在玩耍的院子。日落之前的几个小时他都在继续调查，先后敲开了奥斯卡维尔这个小村庄另外几户人家的家门，包括比伊斯家（Buices）、格拉韦家（Gravitts）、达纳韦家（Dunaways）和亨普希尔家（Hemphills）等。最终的普查结果是这里总共有居民63人，[8]而且这些在厨房或谷仓里忙碌，或是在约翰逊走过田间一排排玉米时和他打招呼的人无一例外全是白人。直到他走到杜兰德路尽头，在刚刚过了沃尔德里普家的地方敲开村子里少数几个黑人家庭的房门时，他才总算遇到了第一个黑人。接受他询问的人是58岁的巴克·丹尼尔（Buck Daniel），约翰逊站在门口，一边频频点头，一边在他的登记簿上记录下了他当天调查的最后一户人家的情况。

　　丹尼尔出生于1852年，在获得自由之前，只有一条记录证明了他的存在：1860 年时，他还是用某种计数符号代表的属于佐治亚州奴隶主的财产。但到 1875 年，有证据证明丹尼尔一家具有不错的适应力，或者至少是具有吃苦耐劳的品德和一点儿运气，所以他们在成了自由人之后过得还不错。根据 1875 年的税收记录判断，丹尼尔和他的父亲亚当（Adam）已经积攒了价值 100 美元的私人财产。[9]对于两个曾经是奴隶的人来说，这个数目算得上一笔小小的财富了。

无论这些钱是靠挣工资攒下来的，还是因为某一年的好收成得来的，或者是从前的主人赠予的，又或者是以上三种情况兼而有之，反正到了 1890 年，这些财产全都化为乌有了。税务官的报告上说巴克·丹尼尔的"总资产"是 5 美元。[10]能够暗示他在战后那些年里兴旺和衰败的仅剩的一点记录是他多次迁居的事实。他曾反复跨越查特胡奇河两岸，有时在福赛斯县境内，有时在临近的霍尔县（Hall）境内。在一个黑人劳动者会受到欺凌和欺诈，而白人雇主却不会受到惩罚的年代，丹尼尔在河流两岸来来回回的踪迹显示了他很可能是哪儿有工作就去哪儿，以及他为找到能够养活人口越来越多的家庭的工作而经历的艰辛。

19 世纪和 20 世纪之交，丹尼尔还在河流另一边的霍尔县境内为一位名叫卡尔文·温戈（Calvin Wingo）的白人工作，后者是当地最富有的地主之一。当时 48 岁的丹尼尔和第二任妻子卡蒂·马尔（Catie Marr）生活在一起，他们共育有六个孩子，其中包括简·丹尼尔（Jane Daniel）和她的弟弟奥斯卡。好像养活这么多孩子的负担还不够沉重似的，19 世纪 90 年代晚期时，巴克和卡蒂又收留了四个亲戚。一个名叫妮蒂（Nettie）的妹妹在 22 岁时成了寡妇，她还有三个年幼的孩子：查利

（Charlie）、埃尔马（Erma）和欧内斯特·诺克斯。[11]

在 1900 年至 1910 年间的某个时候，巴克和卡蒂带着一大家子人来到了位于福赛斯县东部边沿的奥斯卡维尔，那里有一小片集中的农田。虽然奥斯卡维尔是一个白人占压倒性数量的村庄，但是他们在这里可以租到不错的田地，还能在那些拥有最多土地的地主的农场里找到各种受雇的机会。巴克和卡蒂年纪最大的两个儿子，19 岁的哈利（Harley）和 17 岁的西塞罗（Cicero）都受雇于一个名叫威廉·巴格比（William Bagby）的白人，剩下的家庭成员在奥斯卡维尔十字路口以北 1 英里外，也就是杜兰德路尽头的地方租了一片田地。他们租的这片地的主人是马库斯·沃尔德里普（Marcus Waldrip），沃尔德里普的一名雇工就住在丹尼尔一家隔壁，他也是福赛斯县这个区域里少有的几户黑人之一。这个 20 多岁的雇工名叫罗布·爱德华兹，他身材魁梧，体格健硕。丹尼尔一家搬来之后没多久，绰号"大罗布"的爱德华兹就开始追求巴克十几岁的漂亮女儿简，到 1912 年时，简已经成了他的普通法妻子。[12]①

像巴德·克罗这样还在重建时期的经济困境中艰难挣扎的白人农民，对像罗布·爱德华兹和巴克·丹尼尔这样的黑人邻居总是充满警惕之心。克罗家在奥斯卡维尔居住的时间非常长，长到人们提到奥斯卡维尔时会称它为"克罗镇"。爱德华兹、丹尼尔以及丹尼尔那些高大健壮、年富力强的儿子的到来意味着有更多人来争抢本就稀少的工作机会，而白人土地所有者们在选择下一年的雇工和佃农时却可以有更多选择了。完成普查

① 普通法婚姻（common - law marriage）指没有在民政或宗教机构正式登记婚姻关系，是一种习俗上或实质上的婚姻关系，在法律上也被认定为夫妻关系成立。——译者注。

登记的埃德·约翰逊与巴克·丹尼尔道了晚安，然后沿着来路向山坡下返回。他应该会经过汤姆·克罗（Tom Crow）的杂货店、宰恩山学校（Mt. Zion School）、秘密共济会会员礼堂（Oddfellows Hall），以及普莱森特格罗夫教堂的洁净的白色尖塔。1910 年 5 月，当约翰逊解开系马的绳子，启程返回卡明的时候，奥斯卡维尔看上去肯定还和北佐治亚其他以农耕为主的古雅小村庄没有任何区别。

妮蒂·诺克斯应该是在丹尼尔一家搬来福赛斯县后不久就出了什么事，因为她从档案记录里彻底消失了，只留下她的三个孩子，15 岁的查利、14 岁的欧内斯特和 12 岁的埃尔马自力更生。1912 年时，乔治·乔丹的女儿露丝（Ruth）14 岁，她回忆说妮蒂的孩子们在搬来福赛斯县后不久就"变得无家可归了"，虽然他们的亲戚巴克和卡蒂已经尽己所能地救济他们，但这三个孩子还是几乎活不下去了。乔丹说：

> 我记得有一次自己从他们三人面前路过，当时天气非 36
> 常冷，我看到这几个可怜的小孩躲在（一个）废弃的
> （鸡）笼外面，抱成一团取暖……他们用两三段旧炉子上
> 的烟管做烟囱，在上面烤土豆片和一种红色的蠕虫……我
> 们管那叫鱼虫。这些孩子经常帮我父亲摘棉花。[13]

查利、欧内斯特和埃尔马肯定处于随时可能被饿死的边缘，尤其是在艰苦的冬季月份里，他们既没有摘棉花的工作可做，也没有什么捡拾野果或猎取小动物的机会。巴克曾让自己的儿子哈利和西塞罗向他们的雇主威廉·巴格比打听打听有没有工

作机会给欧内斯特。到 1910 年时，巴格比的儿子吉尔福德
（Gilford）招收诺克斯为自己的"雇工"[14]。说雇工其实是有些
夸张的，因为当巴克·丹尼尔告诉欧内斯特·诺克斯说他以后
可以在巴格比先生家居住和工作的时候，这个孩子才 14 岁。不
过，巴格比的提议对他来说已经是最好的机会，他至少将拥有
一张能睡觉的温暖的床，一个能遮风挡雨的住处，还有比烤
"鱼虫"好一些的伙食。

欧内斯特·诺克斯，1912 年 10 月 2 日

37 　　1912 年 9 月 9 日星期一，露丝·乔丹一醒来就听到了姐姐
艾丽丝的好朋友梅·克罗在奥斯卡维尔外面的森林中失踪的消
息。乔丹回忆说：

　　　　当天早上我（去）学校上课，但是学校里没有一个学

生，只有老师还在。所以我们俩一起离开教室，加入寻找（梅）的行动中。不过我们还没走多远就看到一群人朝这边走来。我们停下脚步，看着载着梅的车通过。当时的车大多是福特 T 型。人们把一个担架似的东西搭在前后车座的顶端。我们县里没有什么医院，所以人们就把她送回了家。[15]

加入跟随在车后人群中的乔丹发现，奥斯卡维尔的十字路口突然变成了犯罪现场，这里不仅出现了大批记者，还有像比尔·里德和霍尔县的威廉·克罗治安官（Sheriff William Crow）这样的执法人员，更有来自河流两岸的数百名白人。[16]

乔丹说，当这么多人在小村子里漫无目的地闲逛时，他们的注意力很快就转移到了几个坐在普莱森特格罗夫教堂院子里看热闹的黑人男孩身上。鉴于格兰特·史密斯在仅仅两天前还差点儿被暴民群体实施私刑，这些男孩完全有理由关注这些越聚越多的为这次袭击而"精神紧张"的白人的动向。露丝·乔丹说：

> 住在距此 100 英里内的人几乎全都来了，那些黑人男孩当时就躺在教堂的草地上……本县重要人物之一……走过去问了他们一会儿话。他们都喜欢这个人，因为他对所有人都很和善。过了一会儿，这个人准备离开，但是随即又转回来对男孩们说："我捡到了这面镜子，是你们谁的吗？"然后他就把镜子拿给他们看，欧内斯特·诺克斯说："是的，先生，是我的。"

38

根据《亚特兰大宪法报》的报道，这里说的"镜子"也是在树林中找到的，而且就在梅·克罗身边不远处。镜子后面还有一个标签，标签"显示它是沙克尔福德商店（Shackelford's store）出售的，沙克尔福德先生本人也指认购买这面镜子的人就是（欧内斯特·诺克斯）"。[17]在现场发现的这面手持样式的镜子被很多白人看作案件中最确凿的证据，他们认为这足以证明欧内斯特·诺克斯就是袭击梅·克罗的人。不过，无论是报纸还是公诉人都没有提道，当吉尔福德·巴格比的年轻"雇工"第一次受到询问时，他直截了当地承认了这是他的镜子，也没有试图掩盖自己是从沙克尔福德先生那里购买这面镜子的事实。诺克斯似乎完全不知道承认拥有这面镜子会把自己卷入一起罪案。

这位"重要人物"一听到镜子属于欧内斯特·诺克斯，就决定和他进行单独对话。乔丹说：

> 这个人问欧内斯特是否愿意坐车到附近的一栋房子里喝点水，等他们远离人群之后，这个人就停住车，让欧内斯特下车。然后这位重要人物告诉欧内斯特说自己知道是他犯的罪，不过他必须说出共犯是谁。起初，黑人男孩否认自己知道任何事。
>
> 接下来，这个人解下水井上的绳子，把它缠在欧内斯特的脖子上。在黑人男孩看来，如果他不说出所有事，就会被吊死。[18]

很快，整个州的报纸都开始宣称欧内斯特·诺克斯爽快承认是他袭击了梅·克罗，不过记者们都没有提到这个所谓的认罪是在他遭受一种被称为模拟私刑的逼供手段时做出的。[19]

39　　在 20 世纪最初的几十年里，报纸在报道执法者对黑人嫌疑人采取的各种通过恐吓逼迫他们认罪的手段时，总是带着一种觉得这种事很有意思的口吻。比如说，就在诺克斯被引诱到奥斯卡维尔的水井边的同月份，一份明尼苏达州的报纸上就刊登了一篇标题为《模拟私刑逼出真相》（Mock Lynching Extorts Truth）的文章，讲的是威斯康星州基诺沙（Kenosha）的安德鲁·斯塔尔治安官（Sheriff Andrew Stahl）如何使用"新颖的方法吓唬（一个）黑人"。根据报道的内容，当一名黑人被指控涉嫌盗窃高额财物时，"斯塔尔治安官召集了一群表演逼真的'暴民'，黑人寡不敌众，在几乎马上要被吊死的时候放弃了抵抗，供述了罪行"。

对于此类逼供手段的受害者来说，真实的和"模拟的"暴力之间并没有什么差别，因为一场安排来哄骗嫌疑人的表演也可能——而且几乎是经常会——进行到一半就变成了当场处决，尤其是当受害者拒绝屈服的时候，这种可能性就更高了。袭击受害者的白人们很快会从扮演暴民变成真正的暴民，在基诺沙的那个非洲裔美国人只是做了唯一能保住自己性命的事，那就是供认任何白人袭击者要求他供认的罪行。

露丝·乔丹的书信是唯一留存下来的关于欧内斯特·诺克斯如何被一步步引导至"认罪"的过程的叙述。她讲的故事说明了诺克斯当时无疑也和基诺沙的那名男子一样，面临绝望的选择。当一个男人"用水井上的绳子缠住（他的）脖子时"，诺克斯完全有理由认为自己即将性命不保，因为他知道白人男子可以对贫困的黑人青少年为所欲为——尤其是在自己正被怀疑袭击了一个白人女孩的情况下。当绳子在他的脖子上收紧的时候，不难想象呼吸困难的欧内斯特·诺克斯最终是怎样张开嘴，承担下了那个男人说的任何罪名。当这位"重要人物"告

40 诉奥斯卡维尔的其他人说欧内斯特·诺克斯在井边认罪了的时候，记者们都飞快地跑去寻找离自己最近的电话。第二天上午，凶手已经"供认了自己的罪行"的消息就占满了《亚特兰大宪法报》和《亚特兰大佐治亚人报》的头版。

　　然而，考虑到被指控强奸的嫌疑人在执行吉姆·克罗法的南方通常会遭到酷刑折磨、阉割，最终被活活烧死的对待，一个强奸并重击了一名白人女性的黑人青少年在实施犯罪行为后，不趁夜逃到尽可能远的地方，反而选择在第二天上午观看几百人聚集到奥斯卡维尔的热闹，这种做法合乎情理吗？如果诺克斯有罪，他还会回到自己在吉尔福德·巴格比家的床位睡大觉，然后在第二天上午看着治安官和副治安官们在整片地区寻找线索吗？

　　所有描述都说，最初的调查一无所获，直到一位富有的白人男子揽着诺克斯的肩膀，带他去附近的井边喝水，案件才有了突破性进展。当他们返回时，治安官里德、镇长哈里斯及其他福赛斯县的白人都得到了他们最需要的："一个光着脚、样貌凶恶"，而且承认自己实施了"卑鄙的袭击"的黑人强奸者。[20]

　　即便是过了几十年之后，露丝·乔丹在1980年时依然小心地没有透露那个在井边对诺克斯用刑的人的身份，不过我们几乎可以确认他的名字是马文·贝尔（Marvin Bell）。《亚特兰大佐治亚人报》报道说贝尔是驱车前往奥斯卡维尔，"迫切地想要解开案件谜团"[21]的一大群卡明男子中的一员。《盖恩斯维尔新闻》（*Gainesville News*）报道说没过多久，"诺克斯就坦白了，马文·贝尔先生驾驶机动车迅速把他带到了这里"[22]作为福赛斯县历史最悠久、家境最富裕的家族之一的后代，当时35岁的贝尔显然符合露丝·乔丹给出的受所有人爱戴的"重要人物"的描述。

马文·贝尔曾经是卡明棒球队里的明星，他另外一个广为人知的身份是福赛斯县的建立者之一、福赛斯县最受尊敬的政治家海勒姆·帕克斯·贝尔（Hiram Parks Bell）的亲戚。[23] 19世纪30年代时，还处于童年时代的海勒姆·帕克斯·贝尔就开始承担协助清理家族田产和修建栅栏之类的工作，这样的经历塑造了他坚毅的性格。后来他成了自己所处时代中的一位重要的政治家，体现着许多南方白人的理念。1861年，他当选为佐治亚州参议员，但是他辞去职务，应征加入了南方邦联军队，从一名列兵一路晋升为佐治亚第43军团上校。后来一直被称为"贝尔上校"[24] 的他在1864年和1865年担任过南方邦联国会代表，此后又分别在1873—1875年和1877—1879年两次在美国众议院担任代表佐治亚州第九区的议员。

美国众议院议员海勒姆·帕克斯·贝尔

贝尔还是一个顽固不化的白人至上主义者，在华盛顿任职期间，他强烈反对授予黑人公民身份的《1866年民权法案》（Civil Rights Act of 1866），还将之称为"愚蠢的立法……目的是骚扰和羞辱白人"。贝尔认为自己"有能力且爱国"，因为他参与了19世纪70年代迫使黑人官员无法就职的活动，并"制定了确保白人统治黑人的宪法"。[25]

42　　当大名鼎鼎的海勒姆·帕克斯·贝尔的亲戚马文·贝尔抵达奥斯卡维尔时，他肯定会表现出一副让人不可错认的拥有势力、财富和权威的姿态。当贝尔把水桶上的绳子草草系成绞刑套索套在诺克斯脖子上时，处于福赛斯县社会阶层两个极端的两人在这一刻被命运禁锢在了一次可怕的接触中：贝尔站在白人势力结构的最顶部，诺克斯处于黑人下层社会的最底部。所以当马文·贝尔贴着诺克斯的耳边说让他认罪时，诺克斯必然会遵从他的要求。

贝尔出身自卡明最有实力的家族之一，其身份能够解释为什么虽然他差点儿亲手把诺克斯勒死，但是他却没有把诺克斯交给奥斯卡维尔的农民们组成的暴民群体。贝尔认为那些人属于远比自己低下的阶层，而且他们已经开始点燃篝火，渴望有机会把欧内斯特·诺克斯绑在柱子上烧死。所以，马文·贝尔很快就从逼迫诺克斯认罪的人变成了救他一命的人。

《亚特兰大宪法报》的一位记者称："如果囚犯没有被偷偷带走，那么除非出动军队，否则什么也阻止不了他被烧死的命运。"[26]《盖恩斯维尔新闻》强调了这次新的私刑热潮如此狂猛不仅是因为克罗遭受的袭击，还因为人们仍为自己在两天前刚被政府军队赶出卡明，所以无法对格兰特·史密斯和托尼·豪厄尔动用私刑的事而耿耿于怀。一位目击者说："因为上个星期四在福赛斯县……积攒的强烈情绪，我们几乎可以肯定地说，如果这个黑人（诺克斯）没有被带到卡明去，那么他一定会被私刑处死。"[27] 但是，几分钟前还威胁要结果了他的小命的马文·贝尔此时已经把吓得不轻的男孩推进车里，然后发动了福特 T 型车的引擎。

贝尔向东一直开出了福赛斯县的边界，然后从布朗桥上横穿查特胡奇河，进入了临近的霍尔县县治盖恩斯维尔。他将诺克斯交给了这里的治安官威廉·克罗。根据《盖恩斯维尔新闻》的报道，"当人们得知那个黑人被关在（霍尔县的）监狱里，并且已经认罪之后，关于要实施私刑的流言就传开了"。[28] 很快，盖恩斯维尔监狱就被包围了，他们之中不仅有听说黑人强奸者被关在这里的霍尔县男子，还有赶着车或骑着马，一路追随诺克斯和贝尔前来的福赛斯县人，他们是在夜色降临之后才抵达的。一位《亚特兰大宪法报》的记者描述了"将执行私刑的谣言（如何）被随意传播"，以至于 J. B. 琼斯法官（Judge J. B. Jones）出于对囚犯人身安全的考虑，下令将他转移至亚特兰大。[29]

就欧内斯特·诺克斯还不长的一生来说，这个星期一绝对是他经历过的最漫长的一天。晚上 7 点 15 分的时候，他发现自己再一次被一个白人紧紧地抓住了手腕。当他听到副治安官亨利·沃德（Henry Ward）的钥匙在锁眼里转动的咔哒声时，他一定在担忧自己是不是要被从前门扔出去，任由那些主张实施私刑的暴民处治。然而，与他想的正相反，沃德把囚犯从后门悄悄带了出去。在那天之前很可能还没坐过一回汽车的诺克斯再次被推到了一辆已经启动引擎的汽车后座上。诺克斯能听到引擎的轰鸣声，以及轮胎压过碎石路时发出的嘎吱声，甚至还

43

有黑暗中渐渐被抛在身后的叫喊声。第二天的报纸向自己的读者们介绍了副治安官沃德因为担心有人追踪，"仅用了几乎破纪录的三个小时就从盖恩斯维尔开到了亚特兰大"的事，这意味着副治安官车的时速几乎达到了惊人的每小时 40 英里。[30]

诺克斯当晚是在富尔顿县监狱（Fulton County Jail）过夜的，那里被所有佐治亚人称为"塔楼"，这座威风壮观的石砌堡垒就是被设计用来将亚特兰大最危险的入侵者和最坚定的私刑者阻挡在外的。当从盖恩斯维尔返回的人群带来诺克斯已经被转移到塔楼的消息时，福赛斯县的人们意识到自己又被要了。不过这并不意味着他们会就此放弃。午夜之后，一位《亚特兰大宪法报》的记者还在忙着用打字机记录下这一天发生的所有情况。他写道："从盖恩斯维尔和福赛斯县周围山区来的白人们都被气疯了，尽管犯罪的黑人已经被关到了 53 英里之外的地方……但这里恐怕还会出现更多种族冲突。"[31]当 16 岁的欧内斯特·诺克斯在城市发出的嗡嗡声中辗转反侧时，很多福赛斯县人同样彻夜未眠，他们还在为一周之内出现两起白人女子遇袭事件而震惊，更为法律程序的烦琐和拖沓而愤愤不平。

4. 暴民群体乘胜追击

星期二早上，比尔·里德是带着一肚子怨气去上班的。他
先是被马文·贝尔抢走了风头，接着又因为"认罪的强奸者"
被送到了盖恩斯维尔警方而不是他这个卡明治安官手中而颜面
尽失。特别是当并不是欧内斯特·诺克斯一个人袭击梅·克罗
的说法流传开来之后，里德也面临逮捕更多嫌疑人的压力。仅
仅一夜之间，关于克罗伤势的初步诊断报告就被发展成一个详
细的恐怖故事。很多年后，露丝·乔丹说："那些人（对梅）
实施了多次强奸，他们还咬了她的腿……分别割下和咬下了她
的乳头。在一个小时之内，整个县的人都准备好了武器，他们
只是在等待时机。"[1]

里德和拉默斯星期二一早就骑马来到奥斯卡维尔，发现一
群白人已经将马库斯·沃尔德里普的田地围了起来，还抓住了
沃尔德里普的一名雇工——被称作"大罗布"的年轻黑人爱德
华兹，据说袭击发生当天，有人曾看到他和诺克斯在一起。虽
然在亚特兰大的所有报纸上，诺克斯才是"认罪的强奸者"，
但是他被关在遥远的富尔顿塔楼里，有亚特兰大市警方的保护。
因为不可能接触到诺克斯，奥斯卡维尔的白人此时将注意力全
都转移到了罗布·爱德华兹身上。像托尼·豪厄尔一样，爱德
华兹最容易成为人们注意的对象，这是因为他是在南卡罗来纳
州长大的，所以被规模不大、与世隔绝的奥斯卡维尔本地人群
体视为外来者。

《亚特兰大佐治亚人报》的报道称，当里德和拉默斯赶到现场时，他们"立即上前，把这个黑人从抓住他的那些人手中带走了"[2]，后者本打算就在沃尔德里普的田地里实施私刑，将他烧死。以有强奸嫌疑为理由将爱德华兹逮捕之后，里德和他的副治安官迅速赶回卡明，跟在他们后面的是人数不断增长，而且都带着霰弹枪或手枪的白人。在过去几天里亲眼看着格兰特·史密斯、托尼·豪厄尔和欧内斯特·诺克斯先后逃出他们的绞刑套索之后，人群中的大部分暴民已经对法律失去了耐心。此时，他们以防止县里的白人女性再遭受攻击为己任。人们一路追捕爱德华兹直到卡明，一位记者这样描述当时的气氛：

> 所有乡村道路上都有骑着马、带着武器的男人，他们都是朝县治去的……（爱德华兹）被捕的消息仿佛是通过某种无线电报传遍了所有地方。福赛斯县的男人们……已经集结一整天了，他们胳膊下面夹着步枪和猎枪，还有些人的裤子后兜里插着威力强劲的转轮手枪，这一点可以从被顶得翘起来的外衣上看出来。人们大部分时间里都很安静，但是他们会集结在街角处……等待时机。[3]

《亚特兰大报》（*Atlanta Journal*）认为当里德和拉默斯终于把爱德华兹带回卡明广场，并费力地从人群中穿过，最终将他锁进带铁栅栏的牢房时，"暴民的情绪（变得）极度兴奋"[4]。从监狱的窗口向外望去，他们可以看到超过 2000 人围绕在这个砖砌的小监狱周围。[5]

当卡明的律师、商人和乡绅从自己的写字台或柜台前抬起头，探看是什么引发了外面的骚动时，他们看到了和上一个星期六"种族冲突"开始发生时同样的混乱场面。此时和那时一样，又有成百上千的白人男子在广场上大吼大叫，喊得声音都嘶哑了，他们提出的要求正是让官员交出那个受到指控的黑人男子。与之前的史密斯、豪厄尔和诺克斯一样，罗布·爱德华兹大概也能从人群的喊叫中辨认出几个熟悉的声音——他很清楚那些人的名字和长相，因为他们曾一起在福赛斯县的果园、棉花田和玉米地里干活。当这些人扬言要划开他的喉咙、对他实施阉割，然后把他当成猪一样放在火上烤的时候，爱德华兹知道他们并不是说着玩的。当拉默斯带着一大串哗啦啦响的钥匙走进来又走出去的时候，这个高大、笨拙的24岁青年除了默默地看着之外，什么也做不了。

就是在此时，比尔·里德做出了一个在他作为福赛斯县治安官的整个任期内最应当被视为犯罪的行为——他干脆消失不见了。一位记者在写到治安官的擅离职守时，把它说成了一件似乎不值一提的小事："（治安官）一把囚犯关进牢房就马上离开了，留下拉默斯副治安官全权负责。"[6]

不过，考虑到当时正在上演的福赛斯县治安官和副治安官之间的政治角力——虽然里德在1912年选举中战胜了拉默斯，但是他在1914年还要再次面对后者的挑战——我们几乎可以肯定地说，里德此时的消失不见其实是一种精明的政治计算。州长已经下令要求地方执法者制止在福赛斯县蔓延的暴民群体实施的暴力行为，然而未来将成为三K党成员的里德（他的名字会出现在20世纪20年代的一份当地三K党成员名单里）[7]无疑是支持外面那些呼喊着要求警方把爱德华兹交给他们的暴民的，他也和那些人一样迫切想看到有黑人因为梅·克罗遭受的袭击而受到惩罚。要帮助那些人得偿所愿，里德只需要不作为就可以了。因此，当外面的暴民越聚越多，私刑的威胁越来越严峻的时候，里德却将拉默斯叫来，跟他说这个小监狱就交给他负责了。然后里德就从办公桌前起身，正正帽子，没做任何解释就从广场上的人群中挤了出去。他向外走时肯定会在人群中看到自己的朋友、亲属，他无疑还会向他们点头示意。

通过让拉默斯负责应对这个巨大的危机，里德不仅轻巧地避开了一个可能给他造成严重政治后果的烫手山芋，而且还顺势把自己的竞争对手直接推进了火坑。如果年轻的副治安官无法抵挡住私刑者，那么当州长从亚特兰大打来电话的时候，要承担责任的就是他了；如果拉默斯用什么办法成功阻止了渴望实施私刑的人群，那么到了选举治安官的时候，人们不会忘记他是一个"维护黑鬼的人"，因为他阻碍了福赛斯县白人为一个奄奄一息的女孩报仇。

当里德骑着马，缓缓地沿卡斯尔伯里路（Castleberry Road）往家走的时候，他肯定十分清楚自己让盖伊·拉默斯和罗布·爱德华兹陷入了一个多么可怕的处境。在1912年的佐治亚州，暴民群体冲入县监狱，抢走黑人囚犯并不是什么稀奇的事——卡明此前就多次出现过这种情况。50年前的1862年，《宪政主义者日报》（*Daily Constitutionalist*）曾报道一个由 E. 刘易斯法官（Judge E. Lewis）审理的案件，此案涉及一个"福赛斯县黑人男孩在上星期六夜里被四个男人从卡明监狱里劫走并吊死了。这个男孩被指控的罪名是涉嫌非礼一位女士，这几个男人就是这位女士的亲戚，他们实施这个行为时都处于暂时休假期间"。这种简单直白、毫无感情的描述显示了被警察羁押的黑人囚犯会被私刑者劫走，并被在公共广场上随意处决的情况有多么寻常："人们对于这种事（已经）司空见惯了。"[8]

1870 年时，《芝加哥论坛报》（*Chicago Tribune*）报道了另外三个福赛斯县黑人居民，"于某天早上在自家门前被就地吊死在路边……老哈钦斯（Hutchins）被用一条旧的拴牛链吊在一棵树的枝丫上……他的两个儿子则是被从灌木丛里砍下的柔韧绿枝条吊死的"。[9]16 年后的 1886 年，一个名叫皮特·霍姆斯（Pete Holmes）的福赛斯县男子，因被指控强奸一个 10 岁的白人女孩而被关在卡明监狱里。《亚特兰大宪法报》称霍姆斯是一个"肤色深黑、油嘴滑舌的 15 岁男孩"。报道还称："当案件的信息被传开后，（女孩）家的朋友们都被激怒了，天黑之前，就有一大群暴民聚集起来要私刑处死霍姆斯。"第二天，霍姆斯被判处 15 年监禁，但是"人们认为这样的刑罚还不够"，要不是县治安官偷偷把他从监狱后门带出去，并尽快送到了富尔顿塔楼，霍姆斯肯定逃不过被暴民群体痛下杀手的结局。[10]

这样的场景在黑人奴隶获得解放后的福赛斯县依然常见，以至于在 1897 年时，乔治·戈伯法官（Judge George Gober）专程从亚特兰大来到卡明，对一位名叫查利·沃德（Charley Ward）的人进行审判。这个人被指控强奸了一位显赫农场主的 15 岁女儿。《梅肯电讯报》报道说："戈伯依据法定最高刑判处他 20 年监禁。法官之所以快速审判，就是为了避免私刑，因为人们已经计划在圣诞节当天处死沃德。"[11]

早些时候的这些私刑或几乎被实施的私刑可以说明，1912年 9 月 10 日星期二这天捶打卡明监狱大门的男人们并不是难以抵挡一时的激情，尽管这是最常见的对私刑者的解读；相反，他们是在亲身参与一种历史悠久的惯例。很多人都从自己的父亲和祖父那里听到过人们以前实施私刑的故事，所以当罗布·爱德华兹因涉嫌强奸而被捕的时候，这些人发现自己终于有机会延续这一重要的传统了：他们要证明自己也都是看重名誉的人，也一样决心保卫白人女子。

如果里德应对暴民实施私刑问题的方式就是假装没有问题，那么他的策略还真起了作用，至少在短时间内是这样的。根据一位目击者的说法，拉默斯"勇敢地坚持自己的立场，但袭击者们警告他如果不让开可能会自身难保"。在外面这几百人眼中，拉默斯不过是一个需要克服或通过的障碍，拉默斯可以听到这些人的喊叫和咒骂，据说他"锁上了监狱的大门，还放下了最重的门闩"。[12] 他挡在囚犯和外面的暴民中间，隔着别住的大门请求领头的暴民们冷静下来，回家去，让蓝岭山脉巡回法院审理罗布·爱德华兹的案件。

不过外面的人悄悄嘀咕起来，很快，一个被派到临近的铁匠铺里找工具的人被领到人群最前面，此人一手紧攥着一根长撬棍，另一手拿着一个大锤。撬门的人只砸了一下，监狱前门就嘎吱嘎吱地掉下了一些碎片。此时拉默斯拔出手枪，张开手臂，退向后面的一排牢房。当撬门的人又砸了第二下之后，日光就通过木板门上的裂缝照了进来。根据《亚特兰大佐治亚人报》的报道，就这样，"暴民群体乘胜追击"[13]。一位记者是这样说的：

> 人群最前面的是一些所有人都认识的农民，他们在光天化日之下公然暴动，甚至没有人尝试遮挡自己的面部来隐藏身份，他们根本不担心自己的行为会有什么后果。别

着门闩的大门……在几下重击之后就轰然倒塌，暴民的领头者先冲了进去，紧接着所有挤得进过道的人也都挤了进去。[14]

冒着生命危险保护爱德华兹的拉默斯被推到了一边，与此同时，几十个人踩着大门的碎片冲进监狱，直奔位于建筑后方的一排牢房。爱德华兹就被关在其中的一间，这个站在牢房里、后背抵着红色砖墙的囚犯已经无路可退。

当暴民的领头者抓着一个黑人从监狱里出来的时候，数千名赶到镇上的白人爆发出欢呼声，他们来这里就是为了亲眼见证这样的景象的。《亚特兰大佐治亚人报》报道称："那个黑人被带到室外，已经吓得面如死灰，眼里充满了绝望的恐惧。"还有一位记者注意到：

　　爱德华兹低声祈祷，向暴民乞求仁慈，不过他的声音很快就被雨点一般降临到他身上的拳打脚踢盖住了。人们从临近商店里拿来的一条长绳，并把一个绞刑套索套在了这个黑人的脖子上。暴民相互争抢对爱德华兹施暴的机会。他们还没有开枪的唯一原因是担心在这么混乱的情况下，必然会误伤，甚至打死身边的朋友。

　　暴民群体迅速穿过街道，朝公共广场走去，用绳子拉着此时已经无力行走的爱德华兹的人走在最前面，任凭被拖拽的身体在石板路上磕磕碰碰。广场一角的带横臂的电话杆成了现成的绞刑架。人们把绳子的尽头从横臂上搭过来，然后十几个人一起拉，就把吊在绳子另一头，此时很

51

可能已经咽气的黑人拉到了半空中。[15]

经过一周的挫败和失望，这次成功抢夺和杀死黑人的过程仅用了几分钟。我们已经不可能确认爱德华兹是被枪打死的，或是被撬棍击碎了头骨，还是在被用绳子拖到卡明广场的过程中窒息而死。但是当他那血淋淋、软绵绵的身体最终被高高地吊在人群上方时，数千人都端起了上膛的枪支，瞄准尸体射击。疯狂的嚎叫声和庆祝的欢呼声在人群中爆发。一位目击者称："到处都是手枪和步枪的射击声，尸体已经被破坏得不成人形。"[16]

《玛丽埃塔报》（*Marietta Journal*）宣称"暴民群体射尽了子弹之后就静静地散去，返回到各自的日常工作中了"[17]，不过也有其他描述说，人群中有不少人抬头看着爱德华兹的尸体时不仅没有感到满足，反而比之前更加充满渴望。他们终于杀死了强奸嫌疑人之一，现在他们的心思又转到了与格赖斯遇袭案相关的五个被逮捕的年轻人身上，后者都被关在向南仅仅40英里的玛丽埃塔。当其他人还站在这里呆呆地看着爱德华兹尸体的时候，暴民群体的领头者已经开始招呼同伴登上驶向玛丽埃塔监狱的车——他们希望在格兰特·史密斯和托尼·豪厄尔身上重复他们刚刚对罗布·爱德华兹所做的一切。

里德治安官是在这些"激情时刻"全都平息之后才露面的——这样他就可以宣称自己以为罗布·爱德华兹一直在他的牢房里睡大觉。让拉默斯掌管监狱的结果是，里德治安官可以一边摇头一边告诉记者，自己不知道是谁破坏了监狱大门，谁开了第一枪，以及年轻的副治安官是怎么没能保护好囚犯的。

查利·黑尔（Charlie Hale），佐治亚州劳伦斯维尔
（Lawrenceville），1911 年。黑尔像罗布·爱德华兹
一样是被从当地监狱里劫走，然后被吊在镇广场的电话
杆上的。劳伦斯维尔位于卡明以南 20 英里处

听说有一些私刑者急速朝镇外去了之后，里德给在玛丽埃塔的莫里斯法官打了个电话，提醒他"一些山地人扬言要到那里去……冲进当地的监狱"。[18] 为应对这样的情况，莫里斯命令科布县（Cobb County）的 J. H. 金凯德治安官（Sheriff J. H.

Kincaid）再次转移格赖斯案的囚犯。这一次他们将被送到本地区中那个能够抵挡任何暴民群体的监狱——亚特兰大的富尔顿塔。欧内斯特·诺克斯就是在前一晚被送到那里以确保其安全的。

最终，从福赛斯县出发的汽车在快到达玛丽埃塔之前就掉头返回了，因为一个当地农民告诉他们格赖斯案的囚犯们已经被转移至塔楼了。这些暴民是在天黑之后才回到卡明广场的，他们驾车缓缓经过被大锤和撬棍弄成碎片的监狱大门，也经过了被破坏得几乎不成人形的罗布·爱德华兹的尸体。直到此时，他还被吊在法院附近街角的电话杆横臂上。一位《亚特兰大佐治亚人报》的记者在向南返回亚特兰大之前最后看了一眼这个景象，他写道："（爱德华兹的）尸体到现在还被吊在那里，其上有很多弹孔，被风吹得摇来晃去，像是一个对被吓坏的、正匆匆逃出小镇的黑人们的警告。"[19]

直到最后一批人也开始往家走，里德才下令让拉默斯把爱德华兹的尸体取下来，拖回福赛斯县法院前的草坪上。《北佐治亚人报》（*North Georgian*）报道说："他的尸体整晚都在（外面），没有人看管，也没有人碰过。"[20]第二天上午，福赛斯县的验尸官 W. R. 巴尼特（W. R. Barnett）跪在已经僵硬的尸体旁，检查了爱德华兹肿胀的脖子上的撕裂伤、他身上数百个被子弹或大号铅弹打出的弹孔以及头骨上的伤口。巴尼特的报告结论是这个 24 岁的黑人男子身上有多处枪伤，外加头部受到钝器重击。虽然多位目击者描述了"所有人都认识的村民"来到这里，而且"没有人尝试遮挡自己的面部来隐藏身份"，[21]但巴尼特的报告上写的依然是罗布·爱德华兹死于"未知之人"[22]手中。

卡明的西坎顿街（West Canton Street），拍摄于 1912 年前后

在接下来的几天里，佐治亚州的报纸都迫不及待地宣称这次血腥仪式是福赛斯县"种族冲突"的终结而非开始。《切罗基进步报》（*Cherokee Advance*）称"福赛斯县人的怒火是极大的，他们只是做了盎格鲁－撒克逊人会做的事……如果黑人欺侮了白人女性，无论是在东边、西边、南边还是北边，盎格鲁－撒克逊人都会组成暴民群体，亲自上阵"。[23]

《亚特兰大报》也认为，虽然这样的杀人方式令人毛骨悚然，但是如今白人已经出气了，卡明"不会再有冲突了"[24]。《盖恩斯维尔时报》（*Gainesville Times*）的一位记者甚至认为福赛斯县的白人暴民群体没有做出更糟糕的行为、没有私自处死更多人是值得庆祝的。这份报纸的编辑称："一周之内发生两起袭击案件让人们的精神都绷紧了，（但）他们还是凭借惊人的自制力控制住了自己。"[25]

5. 旋风中的一根稻草

　　格兰特·史密斯当众受鞭刑的事已经让整个黑人群体战战兢兢，而罗布·爱德华兹的尸体被吊在镇广场上的景象则直接将不少人送上了逃离福赛斯县的旅程。避难者们赶着货车排成长队，有的向南逃往亚特兰大，有的向东逃往盖恩斯维尔，还有的向西逃往坎顿。福赛斯县的非洲裔美国人知道，自己无论说什么或做什么，都不可能让比尔·里德追究那些谋杀了罗布·爱德华兹的凶手的责任。如果还有人寄希望于白人在这次杀人事件之后不会继续骚扰其余的黑人邻居的话，那么他们在第二天一早就意识到自己错了。因为卡明附近的一栋建筑起火，紧张情绪又迅速升温了。

　　当人们听说一个名叫威尔·比伊斯（Will Buice）的白人的店铺，在夜间不知什么缘故突然起火之后，他们就认定这是黑人纵火犯在为之前的私刑实施报复。《亚特兰大佐治亚人报》报道说："种族战争的阴云还笼罩在福赛斯县的上空……今天它可能会化作血雨腥风降临到这片土地上。"[1]这场火灾被认定为卡明此时也像普莱恩维尔一样，处于发生黑人暴动的边缘的证据。一位观察者还写道：

　　　　有传闻称黑人们……已经带着武器行动起来了，这让小镇中的妇女们感到非常恐慌，就连最保守的男人也担心昨天的私刑和今天的火烧商店只是一场可能席卷整个福赛斯县的种族战争的开端，这场战争可能造成很多伤亡，公民们要做好防范灾难的准备。[2]

不过传闻是一码事，实际情况又是另一码事。绝大部分黑人居民此时只顾得上尽力保护家人，哪有工夫组织什么报复行动。像执行吉姆·克罗法的南方其他非洲裔美国人一样，福赛斯县的黑人们明白，即便是最温和的抵抗或最微弱的抗议也足以招致新一波的白人暴力。很多人都听说过一位俄克拉何马州奥基马（Okemah）的黑人女子在 1911 年时，因在私刑暴民面前维护 15 岁的儿子而被杀死的事，尽管这位黑人母亲本身并没有实施过任何犯罪行为。报纸曾报道，劳拉·纳尔逊（Laura Nelson）与一位指控她儿子偷盗的白人对质，结果纳尔逊被从自己家中拖出来，在遭到反复强奸之后，她和她试图保护的儿子一起被并排吊死在一座横跨加拿大河（Canadian River）的桥的桥边。[3]

如果福赛斯县黑人群体中有谁想要公开指认杀死爱德华兹的暴民群体的领导者，他们肯定已经意识到这种举动会给自己带来多么大的风险。仅仅几年后的 1918 年，佐治亚州朗兹县（Lowndes County）一位名叫玛丽·特纳（Mary Turner）的孕妇就因为公开哀悼自己的丈夫海斯（Hayes）而被杀死。当玛丽威胁要通过宣誓控告使法院发出对绑架并私刑处死她丈夫的人的逮捕令时，白人立即做出了回应，即便以执行吉姆·克罗法的佐治亚州的标准来衡量，其迅速和野蛮的程度也是十分罕见的。根据历史学家菲利普·德雷（Philip Dray）的说法，"在包括妇女和孩子的围观人群面前，玛丽被扒光衣服，系着脚踝倒吊起来，全身洒满汽油后活活烧死了。这样的酷刑过程中，一个白

57　人男子还用一把猎刀划开了她的肚子，胎儿掉到地上，哭了一
　　声就被踩死了"[4]。

被私刑处死的劳拉·纳尔逊，1911 年

　　与玛丽·特纳一样，简·丹尼尔肯定也感受到了几乎无法
忍受的哀痛、愤怒和恐惧——在得知表亲欧内斯特被捕不到一
天后，其丈夫罗布那布满数百个弹孔的尸体就被吊在卡明广场
上，任由白人观看。但是简知道，如果她想到县官员那里寻求
正义，或是发表一句谴责，那么可能连她自己也要面对死亡的
58　结果。这样的事情在佐治亚州已经发生过无数次，以后也还会
继续发生：私刑处死一个黑人之后，暴民们通常会将注意力转
移到受害者还在世的家庭成员身上——可能是因为他们悲痛欲
绝，可能是因为他们要求警察逮捕凶手，还可能只是因为他们

知道究竟是谁扣动了扳机或把绳子搭上了树木的枝丫。与其他成千上万被私刑处死的黑人的遗孀一样，简·丹尼尔知道自己想要平安无事的唯一办法就是一声不吭。

最终，即使一声不吭也不足以自保了，因为9月11日星期三，报纸报道了简·丹尼尔、她的弟弟奥斯卡和他们的邻居埃德·柯林斯（Ed Collins）都以与克罗遇袭案有关为由遭到逮捕。《亚特兰大宪法报》称"卡明差一点点儿就要再次发生实施私刑的情况了"，当时"一群暴民聚集起来要带走……这几个黑人……还要把他们吊在前一天吊过他们同伙的那根电话杆上"。不过这一次查利·哈里斯镇长已经有所准备，在暴民们能够组织起第二次对县监狱的围攻前，他和里德及他的副治安官们就"悄悄地（把囚犯们）带出了监狱……并用机动车把他们送到了亚特兰大"。[5]

把简、奥斯卡和埃德·柯林斯安全地送进富尔顿塔之后，那里的福赛斯县黑人囚犯总数达到了11人。比尔·里德在星期三上午接受了亚特兰大记者的采访。《亚特兰大佐治亚人报》上题为"恐怖当道的鲜活故事"（Graphic Story of Terror Reign）的文章以里德为核心人物，向读者介绍了这位带着一车黑人囚犯来到亚特兰大的"很上相的福赛斯县治安官"，以及在佐治亚州的山麓地区发生的暴民失控的传闻。眯着眼看了看大片聚集在自己面前、举着铅笔准备记录的记者们，里德迅速找到了自己角色的定位，即留着大胡子，带着六发式转轮手枪在北佐治亚的边界地区打一场"种族战争"的乡村警察。里德开口说道：

卡明的人民连睡觉都要睁着一只眼，夜色降临会给本镇和临近县市的居民带来恐惧和担忧，因为没有人知道接 59

下来会发生什么——人们担心背叛、担心纵火、担心有人从背后捅自己一刀。白天的时候我们可以应付任何紧急情况，白人都准备好了，能够迅速粉碎黑人的任何暴动。人们情绪激动，白人群体中普遍存在着一种不安感。[6]

考虑到对黑人教堂和房屋的突袭已经迫使很多黑人家庭从福赛斯县边界逃离，里德对于福赛斯县情况的描述不仅是一种歪曲，更是一种妄想。他提到了白人惧怕"黑人的暴动"，以及可能被"从背后捅一刀"的担忧，然而事实却是，仅有的真正的"暴动"都是由白人义警和纵火犯发起的。就在黑人家庭不得不时刻守卫自己的房屋，仔细聆听是否有马蹄声，或是小树枝被踩断的不详声音靠近的时候，白人却一直处在一种偏执的被害妄想里，他们始终无法抛开自己最深刻、最古老的恐惧，那就是奴隶的子孙后代终将就白人的祖先犯下的罪行报仇雪恨。

当记者将话题转向罗布·爱德华兹被私刑处死时，里德更是使出浑身解数，把自己塑造成小报八卦中的明星。私刑发生当天，这位治安官煞费苦心地把抵挡包括自己的亲戚、朋友和政治支持者在内的暴民群体的烫手山芋丢了出去。不过一来到亚特兰大，他立刻抓住机会，把自己重新描绘成试图挽救罗布·爱德华兹，但最终没能成功的英雄。

里德说："暴民开始聚集时，我正在家中，针对这个黑人的怒火已经彻底爆发。"尽管报纸上的报道都说是拉默斯"锁上了监狱的大门，还放下了最重的门闩"[7]，但里德此时却声称自己才是真正勇敢地尝试阻挡私刑者的人：

我意识到试图将（爱德华兹）带出监狱送到别处已经

来不及了。当时只有一件事可做——我藏起了监狱的钥匙。我这么做是因为我知道我肯定抵挡不住暴民群体，但是我可以让他们无计可施。[8]

只靠这一招，这个经过里德改编的故事版本就解决了两个问题。他不仅抹杀了拉默斯副治安官坚守阵地的英勇行为，还宣称自己——狡猾的福赛斯县老治安官——才是那个延缓暴民行动的人。里德还暗示，他的灵机一动最终没能救下罗布·爱德华兹，但这并不是因为他没有尽全力。里德告诉记者，就在他把监狱钥匙藏起来"几分钟后"，

> 一群人数过百的暴民来到我家让我交出钥匙。我对他们说他们拿不到钥匙，并请求他们不要采取暴力……后来有人打了个信号，这群人就都（返回）监狱去了。那里已经没有守卫了，所以我不得不亲自照管监狱并看管囚犯。

里德不仅把拉默斯完全排除在了叙述之外，还省掉了自己当时擅离职守的事实，里德暗示他是监狱的最后一道防线。"暴民们疯狂地冲进监狱，看到锁就敲碎"，里德这样描述，还增添了足够多的细节，好让读者忽略他当时其实并不在场的事实。

> 愤怒的人群冲破了关押罗布·爱德华兹牢房的大门，把这个胆怯畏缩的黑人拖拽到走廊里……有人用大锤敲碎了他的头骨，之后还有人朝他开枪射击。

作为最后的修饰和升华，里德说当监狱遭到袭击时，他的

61 　"几个朋友把（他）拦在了家里"。之后他还不忘提醒读者，即
便他当时在监狱里，他这个"人高马大的治安官"也没办法救
下爱德华兹：

　　　　当然，就算我当时在场也没用……虽然我体格非常强
　　　壮，但面对人数众多的暴民，我也会像旋风中的一根稻草
　　　一样。

　　治安官还没讲完他的故事，《亚特兰大佐治亚人报》的一
位记者就意识到这是个大新闻，于是迅速跑回报社提交了自己
的报道。就这样，通过一次东拉西扯甚至是法斯塔夫式
（Falstaffian）① 的采访，里德宣称自己机智地藏起了监狱的钥
匙；他被暴民限制了行动自由；虽然他体格强壮、力大无比，
但是就算他凭借某种超人的努力摆脱了限制他自由的人，他也
不可能阻止这场私刑。这位未来的三K党成员，自比为私刑暴
民形成的"旋风中的一根稻草"的治安官在说完这些之后，就
坐车离开了，末了他还透过车窗说了一句他为"黑暗来临时自
己将身处其中"感到忧虑。[9]

　　这场福赛斯县的"种族暴动"获得佐治亚州报纸关注的时
间并不长。在短短一周时间内，卡明见证了从格兰特·史密斯
几乎遭遇私刑，到玛丽埃塔步枪队抵达准备镇压一场想象中的
种族战争，再到浑身是血的梅·克罗被找到，最终到罗布·爱
德华兹被杀死，以及十几个年轻黑人嫌疑人被囚禁在富尔顿塔

_____

　　① 约翰·法斯塔夫爵士（Sir John Falstaff）是莎士比亚创作的艺术形象。他
的名字法斯塔夫已成了体型臃肿的牛皮大王的同义词。——译者注

中等待审判的全过程。9 月 12 日下午，当里德开车向北返回卡明时，亚特兰大的编辑们正忙着校对此后将近一个月内最后一篇关于福赛斯县的文章。他们向读者保证："平静重新成了卡明的主流，没有任何形式的骚乱出现。"[10]

第二天早上里德去上班时，他发现镇广场在多日的风波之后第一次重新热闹了起来。县里有钱人家的妻子们又敢上街了，关于黑人革命的幻想也随着卡明几乎完全恢复正常而被人们抛到了脑后。 62

所有人都知道囚犯会被从亚特兰大送回福赛斯县接受审判，他们的返回必将让县里的"暴力因素"再次激增，尤其是如果有证人被要求出庭就梅·克罗的伤情提供证词的话——实际上也确实有人就此作证了。不过这些都是后话，为了缓和情绪，莫里斯法官已经宣布格赖斯案和克罗案都被推迟到蓝岭山脉巡回法庭下次开庭时再审理，也就是要等到 10 月底。这让县里的白人有一种不确定感，特别是奥斯卡维尔的巴德和阿齐·克罗的女儿此时仍然处于昏迷状态——因头部伤势很重，伤者的情况依旧危急。哈里斯镇长和拉默斯副治安官并不是唯一对未来充满警惕的卡明居民，他们都想知道一旦梅·克罗的死讯传来，卡明又将陷入怎样的混乱。

对于成百上千生活在福赛斯县的黑人来说，最可怕的危险已经降临，只不过这样的消息要在很多个星期之后才能传到亚特兰大。在克罗被袭击后的几天里，福赛斯县白人自发组织了一种夜间仪式，每到黄昏时分，他们就会聚集在县里各个岔路口。这些人随身携带的东西包括装在挎包里的铜质子弹、霰弹、装满煤油的用塞子封口的玻璃瓶，还有从鞍袋顶端露出来的一捆捆"红十字"牌炸药。夜幕降临后，这些夜骑者就会抱着同一个目标出发：让私刑处死爱德华兹带来的恐怖情绪不断升级，以此将福赛斯县的黑人永久地赶出去。

1907 年，W. E. B. 杜波依斯（W. E. B. Du Bois）把佐治亚州每个"有色"人种都亲身体验过的感受写成了文字，那就是"南方的警察体系主要是为控制奴隶而设置的……实质上，每一个白人都可以心照不宣地被认定为是这个体系中的一员"[11]。就 20 世纪最初的十年来说，任何白人男子都有权依法追赶和逮捕逃跑的奴隶的日子才过去仅仅 50 年，本地不少人的父亲或祖父在奴隶制废除前就曾经是那些武装队中的一员。

因此，在很多白人看来，每天晚上日落前后，每家的成年男子都被招呼着加入朝着分散在奥斯卡维尔外查特胡奇河沿岸、卡明北部的肖尼山山脚下，或南边的夏奇拉格和比格溪的黑人聚居区而去的队伍这件事，在很多白人看来完全是理所应当的。至于那些生活在卡明镇中的黑人，将他们都赶走的过程则要花几个月的时间，个别情况甚至花了几年的时间，因为他们大多受到了富有的白人的保护，他们在这些富裕人家做厨子或仆役。鉴于此，夜骑者们最先袭击的目标都是摘棉花的雇工、佃农以及拥有小面积农田的土地所有者，而加入最初一波逃亡大军的往往也是这些最无力抵抗的家庭。

关于突袭活动的书面记录非常少，文字记录出现的时间间隔也很长，而且往往只是一些模糊的对夜色降临后的"无法无天的行为"的报道。[12]因为记者们都是在驾车逃难的难民数量扩大到实在无法被忽视之后才开始写这些文章的，所以我们很难确定在这种恐怖行动最开始出现的那些夜晚里究竟发生了什么。有些袭击后来成了亚特兰大的报纸上的头条新闻 [比如 "黑人逃离福赛斯县"（Negroes Flee from Forsyth）、"愤怒的白人把黑人赶出福赛斯县"（Enraged White People Are Driving Blacks from County）[13]]，但类似的袭击很可能在梅·克罗于 9 月初被发现之后就开始了。夜骑者会朝房屋的前门开枪，向窗户里扔石头，同时大喊黑人家庭"滚出去"的时候到了之类的警告。不过在所有的恐怖措施中，火把和煤油的效果是最好的，因为火光是对所有看到它的人的警告，烧毁房屋也可以确保受害者无法再返回这里。10 月中旬，《奥古斯塔纪事报》（Augusta Chronicle）报道"在过去几个星期里，至少有 20 栋房屋……以及 5 间黑人教堂被烧毁"[14]。

　　纵火犯走到哪里，哪里就会被恐惧氛围笼罩。不过对于福赛斯县的穷苦黑人农民来说，焚烧教堂带来的打击才是真正灾难性的，因为它不仅破坏了黑人群体的精神家园，还破坏了杜波依斯所说的"黑人生活的社交中心"。1903 年，坐在位于福赛斯县以南仅 40 英里之外的亚特兰大大学（Atlanta University）办公室里的杜波依斯，把佐治亚州农村里的黑人会众描述为整个黑人群体的"非洲裔族群特征的最独特表现形式"。杜波依斯这样写道：

　　　　以一间典型的教堂为例，（它是）用佐治亚州的松木建造的，教堂里铺着一块地毯，有一个不大的管风琴和几排座椅。这个建筑就是一个黑人群体的核心俱乐部。礼拜仪式、主日学校、两三个乐器社团、女子社团、秘密社团以及各种群众集会等不同的组织都在这个教堂里活动。所有娱乐、宴会和讲座也都在这里举办……教堂收集的数目可观的善款都被用来维护教堂的运作，这里能够为无业者提供就业机会，能把陌生人介绍给群体中的其他成员。消息都是由教堂发布的，慈善援助也是由教堂分配的。这个社交、教育和经济中心同时也是蕴含着巨大能量的精神中心。收割结束后，教堂在每个周日都会举办两场传教活动，向人们宣讲关于堕落、罪孽、救赎、天堂、地狱及诅咒惩罚的内容。[15]

65　　从福赛斯县的地图上将这样的地方抹除的行动进行得非常彻底。时至今日，留存下来的只有很少一些信息，都是关于教堂的建立日期，教堂用地的地段编号，以及少数曾经在这里做礼拜的牧师和会众的名字之类的。巴克和卡蒂·丹尼尔每周日上午前往的就是奥斯卡维尔外不远的巴肯班德教堂，他们的儿子西塞罗、哈利和年纪最小的奥斯卡，还有女儿简也会一同前往，坐在父母身边聆听一位名叫伯德·奥利弗（Byrd Oliver）的本地农民兼牧师的布道。比格溪附近的斯托尼波因特教堂是哈丽雅特和摩根·斯特里克兰常去的教堂。1912 年 8 月的某个周日，他们肯定带着前来探望他们的外甥托尼·豪厄尔去过这里。托尼被介绍给其他会众，并受到了和舅舅、舅妈同属一个教堂的会众的欢迎。位于卡明镇外不远的凯莉·米尔路（Kelly Mill Road）上的夏洛浸信会教堂是由老利瓦伊·格林利牧师创建的，这座教堂是很多在卡明工作的女仆、厨师、杂役和男管家的精神家园。

　　其他黑人教堂的模糊印记都被隐藏在位于莫罗（Morrow）的国家档案馆留存的手写账目中，在位于阿森斯（Athens）的佐治亚大学收集的藏品中，甚至是在福赛斯县法院地下室里堆积的文件中。[16]法院地下室里的一个金属档案柜顶上有一个纸板箱，里面还装着曾经由黑人居民建立的芒廷集市教堂、夏奇拉格教堂和斯托尼波因特教堂所占地块的地契——除了名字和大致位置，关于这些教堂的情况已经不得而知。但可以确定的是，1912 年秋天，白人在教堂的长椅和木质地板上洒满了汽油和煤油，然后躲到外面的夜色中，并在离开之前，抛下点着的火柴。在整个福赛斯县，那些曾经矗立着黑人教堂的地块的土壤中肯定都含有大量的灰烬。

为了赶在其他人之前，也为了让报道更加耸人听闻，记者们几乎是从梅·克罗在树林中被发现那天起，就开始发布她的死讯。《奥古斯塔纪事报》在 9 月 9 日的头版上就宣布"女孩在卡明被黑人谋杀"（GIRL MURDERED BY NEGRO AT CUMMING），文章告知读者，"黑人的受害者已于今晚在她位于卡明附近的家中去世"。[17]《梅肯电讯报》的报道更加夸张，宣称当欧内斯特·诺克斯袭击克罗时，他"把她打昏，然后扔下了（一个）悬崖"[18]。只要有一份关于克罗死讯的虚假报道出现在报纸上，其他编辑就会觉得自己的报纸也不得不有样学样。《亚特兰大宪法报》上一篇典型的跟风文章就在结尾处向读者通报了一个令人悲伤的消息："尽管人们竭尽全力抢救她的性命，（克罗）还是在周一下午不幸逝世。"[19] 10 月初，人们对这件事的关注度越来越高，以至于《亚特兰大佐治亚人报》变本加厉，发文章称卡明因为"两位白人女子死于黑人之手"[20]而爆发了骚乱。

然而事实是，这段时间埃伦·格赖斯一直在比格溪活得好好的，她无疑正和丈夫约翰一起忙着料理家务，打理规模不大的农场。在她的指控引发了这么多混乱之后，格赖斯选择尽量

66

保持低调。与此同时，梅·克罗仍躺在奥斯卡维尔家中的病床上，根本没有去世，她的父母巴德和阿齐一直在照料她并为她祈祷。在梅被发现几天之后，约翰·霍肯赫尔医生甚至告诉记者说"她很有可能恢复健康"[21]。

对于许多当地人来说，养伤中的梅成了某种让他们着迷的对象，至少有两个男人为了看一眼病榻上的美丽姑娘而在醉酒的情况下前往克罗家。据阿齐·克罗说："当我们的宝贝女儿躺在那里生死未卜的时候……某个星期天，惠勒·希尔（Wheeler Hill）和另一个男人竟然在喝得醉醺醺之后靠近了我们的房子。"克罗说：

> 希尔和他的朋友想要看看黑人对她做了什么……他们逗留了一会儿，趁我们不注意，绕到房子后面……然后推开后门爬上楼，进入了我们宝贝女儿卧床养伤的房间。

尽管克罗一家因为希尔的擅闯民宅而感觉受到冒犯，但巴德和阿齐在给《北佐治亚人报》的信中明确表示，他们不反对以他们女儿的名义进行的突袭行动，他们也像其他人一样迫切地渴望摆脱"那些地狱的恶魔，也就是那些黑人"。[22]

随着 9 月一天天过去，第一缕凉风在查特胡奇河上吹起了阵阵涟漪。尽管县里的医生们已经尝试了各种办法，梅还是因伤势过重而越来越虚弱，无论她母亲怎么祈祷也不能发挥任何作用。她陷入昏迷的第二周的某个时间里，乔治·布赖斯医生（Dr. George Brice）告诉巴德和阿齐说梅感染了肺炎。1912 年 9 月 23 日，也就是在被从森林中找到两周之后，梅·克罗去世了。

梅的葬礼是在普莱森特格罗夫教堂举办的，那里距离她从小到大生活的房子只有几步之遥，同时也处于所有姓克罗的人家聚居的区域的中心。据她的同学露丝·乔丹说，梅的棺材被放入地下的场景几乎让奥斯卡维尔的白人无法承受。乔丹回忆说："她被安葬之后，这里似乎就变成了人间地狱。一入夜，到处都是枪声，（还有）小木屋和教堂被点燃。"[23] 乔丹还说她听到有白人在大喊："朝所有能找到的黑人开枪。"[24]

与奥斯卡维尔的大多数白人一样，乔治·乔丹和他的妻子玛蒂（Mattie）也是贫穷的佃农，不过露丝·乔丹听了一辈子关于她母亲年纪很小就失去母亲时，"一位住在附近的黑人妇女……如何成了一个（对玛蒂来说像）母亲一样的存在，并教会玛蒂做饭、做家务、照顾年幼的弟妹"的故事。因此，当他们听到枪声、闻到远处的火场飘来的烟味时，乔治和玛蒂都为他们的黑人邻居感到揪心。

后来，露丝的父亲在某个时间里决定出去看看一对名叫加勒特和乔茜·库克（Garrett and Josie Cook）的非洲裔美国人夫妇是否安好。这对夫妇在乔治·乔丹作为佃农耕种的土地附近拥有 27 英亩农田。[25] 乔治告诉妻子说他要出去"看看究竟发生了什么"，不过考虑到成群的夜行者正在活动，福赛斯县对于乔丹这样的 47 岁白人农民来说也已经不安全了。"那天夜里，当他沿着道路前行时，"露丝回忆说，"一群带着武器的白人男子朝他逼近，吓得他返回了家中。"[26]

天一亮，乔治·乔丹就朝加勒特·库克家去了。露丝·乔丹说"爸爸去看看他们是否安好"，结果发现他们的房子上"布满了弹孔，连屋内的桌腿、椅子和床都被打烂了"。乔治呼喊库克一家的名字，最终他们从躲藏了一夜的树林中走了出来：

68

爸爸告诉这个男人说自己愿意和他一起到属于他的田地中守卫，防止别人将他的地抢走……但是这个男人回答说："乔治，那样我们两个人都会死的。"然后他就永远地离开了福赛斯县。[27]

之后的几天里，乔丹一家每到日落时分就能听到夜骑者出动的声音，露丝·乔丹说这样的情况"天天"上演，"直到一个黑人也没有了为止"。[28]当被问到她的父亲是否因为试图帮助黑人邻居而受到本地人质疑时，乔丹回答说据她所知"没有任何参与这些事件的白人再提起过这个问题"[29]。

卡明镇镇长的女儿伊莎贝拉·哈里斯当时才 8 岁，她也记得那个可怕的 9 月，尤其是在得知夜行者并不是什么来自福赛斯县外的"山地人"，而是由所有人都认识的普通白人组成的之后，她觉得更加害怕了。哈里斯回忆说，有一天她从卡明的学校走回家，"属于暴民群体中的几个男人从我旁边的土路人行道上超了过去"。哈里斯说，当这些人匆匆而过时，

他们目视前方，眼里充满了怒火，他们的面部表情因为气愤和决心而变得冷漠。我感到非常害怕……所以我爬到了路旁的栅栏顶上，待在那里，直到这些表情吓人的人都走远了才下来。[30]

这样的暴民可能就是处在杜波依斯所谓的"种族隔离界限"另一边的人，但是这些人和在梅·克罗去世后的几周内受到他们恐吓的黑人绝非互不相识。当像加勒特和乔茜·库克这

样的黑人居民被石块砸碎玻璃的声音或是门外马缰甩动的噪音惊醒后，他们听到要求他们离开的警告通常来自他们再熟悉不过的声音：这些声音可能属于曾雇用他们去犁地或摘棉花的雇主和地主；也可能属于和他们做过交易的商人；还可能属于常年和他们一起工作或住得很近的白人邻居。

尽管 9 月初，参加教会野餐的黑人还有胆量试图抗议白人迫害格兰特·史密斯，但是在爱德华兹被私刑处死及梅·克罗去世之后，把为数不多还留在县里的黑人居民都"赶走"的工作并没有花费太长时间。1912 年，23 岁的乔尔·惠特（Joel Whitt）是福赛斯县本地的一个农民。他说最初的时候，夜骑者们就像露丝·乔丹记得的那样使用枪支和火把。但是后来，惠特回忆说："有些人开始把树枝和木棍捆成小捆放到黑人的房子门口。"[31] 10 月底时，如果你在一个黑人家门口放上这样一捆东西，那么哪怕是坚持最久、最骄傲的黑人农民也会在天亮之前举家迁离。

6. 撒旦的骑兵

在大批难民涌入临近各县的同时，不少福赛斯县居民却为别人批评福赛斯县感到不满，还就这些已经登上全州各大报刊头版头条的"无法无天的行为"给出了一个简单的解释。他们告诉记者说，这些"暴力因素"都来自外面，"只有极少数本地居民……参与了示威活动"。[1]在被问及把罗布·爱德华兹拖出县监狱，然后实施了私刑的团体的人员组成时，一位卡明男子宣称"那些暴民都是生活在"福赛斯县以北"丘陵地带或来自临近各县及山区里的人"。[2]

在 20 世纪接下来的几十年里，一代又一代的白人继续将福赛斯县反复发生的种族暴力归咎于"外来者"。比如 1987 年时，福赛斯县的县委员会委员戴维·吉尔伯特（David Gilbert）就宣称攻击非洲裔美国人和平游行者的人都不是本县的人，然而事实是，八名被逮捕的人员中有七人的固定住址是在福赛斯县。吉尔伯特还对记者说："真正让我不安的是这整件事都是由外来者搞出来的。这不过是一群外来者想在福赛斯县惹出点儿麻烦。"[3]

距离 1912 年越远，白人就越频繁地试图将人们对于福赛斯县延续已久的偏见问题的关注转移到一个特定的人群上，那就是三 K 党。不难理解，他们之所以选择以此为借口，是因为它不仅免除了普通的"本县居民"在驱逐时期犯下的罪过，还暗示着本县人也是这群戴着兜帽、会点燃十字架的白人至上主义者入侵的受害者。这个论点唯一的不合理之处在于，1912 年时，美国根本没有三 K 党。

今天的人们在听到三 K 党这个名字时，想到的其实是这个组织第二次出现时的样子。三 K 党的第一次存在是被 1871 年通过的《三 K 党法案》(Ku Klux Klan Act) 终结的。该法案不仅授予种族暴力的受害者在联邦法院提起诉讼的权利，也让美国总统尤利西斯·S. 格兰特拥有了在查处种族恐怖主义者罪行时暂停遵循人身保护令①的权力。在重建时期，得到国会授权打击三 K 党活动的美国司法部逮捕并定罪了许多该组织内最早加入、最暴力的成员。结果就是，三 K 党的第一位大巫师，曾任南方邦联将军的内森·贝德福德·福里斯特 (Nathan Bedford Forrest) 于 19 世纪 70 年代初号召这个组织自行解散。到 1872 年时，联邦检察机构认定原本的三 K 党已经不复存在。[4]

在最初的那些起诉活动结束后的 40 多年里，我们现在所知道的那个三 K 党根本不存在。它的重生也不是出现在南方乡村地区的农田里，而是出现在 D. W. 格里菲思 (D. W. Griffith) 于 1915 年拍摄的好莱坞电影《一个国家的诞生》(*The Birth of a Nation*) 中。电影中塑造的穿着戏服的"白色骑士"是白人女性的守护者，也是理想化的内战前世界的拯救者。格里菲思塑造夜骑者的灵感不仅来源于重建时期的"三 K 党成员"，还来自沃尔特·司各特爵士 (Sir Walter Scott) 创作的浪漫小说。其小说中英勇的苏格兰高地人会采用点燃十字架的方式召唤族

---

① 人身保护令 (habeas corpus) 是指法院根据被军警机关非法拘留的人的申请，对军警机关发出的应将该人即送法院处理，以决定对该人的拘押是否合法的命令，是通过法律程序保障基本人权及个人自由的重要手段。——译者注

人参加战斗。[5]

72　　格里菲思这部突破性的电影改编自小托马斯·迪克逊
（Thomas Dixon Jr.）的戏剧《族人》（*The Clansman*）。电影中
的情节完全是虚构的，但是数以百万计的白人观影者却把它当
作"用画面记录的历史"。有人说该评价是美国总统伍德罗·
威尔逊（Woodrow Wilson）在白宫观看这部电影时做出的，但
这个说法不可信。[6]随着《一个国家的诞生》在全国掀起热潮，
一些人就开始在现实生活中模仿艺术作品中的内容。1915 年，
当电影第一次在亚特兰大的福克斯剧院上映时，电影院附近的
街道上满是裹着白色床单、戴着尖顶兜帽的男人，很多人甚至
骑在用白布盖住的马上，这些装扮和电影中英雄的造型一模一
样。一进入电影院，观影者就被电影讲述的一位贞洁的白人妇
女遭野蛮的黑人强奸者跟踪的内容迷住了。《一个国家的诞生》
用南方白人最鲜活的幻想点亮了影院的屏幕，这个幻想就是黑
人的反抗。在格里菲思的电影中，黑人的反抗既有政治上的，
也有性方面的。如电影中的反派角色黑白混血儿赛拉斯·林奇
（Silas Lynch）一边指着窗外狂暴的黑人士兵，一边对他的白人
受害者之一说的那样："看到了吧！我的人已经占满了街道。我
要用他们打造一个黑人帝国，到时候你会成为站在我身边的
王后！"[7]

　　鉴于无论是格里菲思的电影还是三 K 党的第二波复兴都还
要再等三年才发生，称 1912 年时福赛斯县黑人是被裹着白床单
的三 K 党成员"赶出去"的说法根本就是天方夜谭。1912 年时
的确有一群人骑着马在夜色中出动，前去恐吓黑人家庭，不过
他们并不是穿着长袍的"白人骑士"，他们也没戴着尖顶兜帽。
相反，福赛斯县的夜骑者们可以是农场主、雇农、铁匠、小商

店的店员等从事各种工作的人，其中甚至不乏一些像比尔·里德一样通过竞选获得职位的官员。1912年秋天，福赛斯县白人并不需要三K党的地方支部、支部官员或燃烧的十字架来召集他们实施私刑。正如露丝·乔丹所说，在那个时候，仅靠"本县居民"就足够了。[8]

如果暴民群体不是由戴着面具的三K党成员，而是由大家都认识的"表情吓人的"[9]本地人组成的，那么人们自然会问，这些普通人最开始是如何集结起来成为夜骑者的？也就是说，一群农民是怎么决定去点燃以小利瓦伊·格林利和伯德·奥利弗这样受尊敬的人为领袖的教堂，以及用霰弹枪朝约瑟夫和伊丽莎·凯洛格（Eliza Kellogg）这样平和的地主家的房子不停射击的？他们又是怎么鼓足勇气，去威胁卡明最有钱有势的白人家里的厨师和女佣的？试想进行这些活动需要多少组织工作，而且这样的活动并不是几个月就结束了，而是一直持续了数年；再想想要维持种族禁令长达几代人的时间需要多少努力？这么大的精力是从哪里来的？这些人又是如何看待自己最终参与的这场惊人事件的？

如今被称为佐治亚州福赛斯县的这个地方曾经是切罗基印第安人的家园。早在詹姆斯·奥格尔索普（James Oglethorpe）和第一批佐治亚殖民者于1773年从英格兰来到这里前，印第安人就已经在这里居住几个世纪了。18世纪晚期，当白人定居者不断将他们赶到越来越向西的地方时，原住民领地和美国领地之间的界线也随着一个又一个条约被打破，而不得不一次又一次重新被划定。[10]到19世纪初，佐治亚州的原住民都被限制在了该州西北角的一小片区域中，那里被称为切罗基领地，今天的福赛斯县就坐落在该范围之内。

联邦政府一直试图"教化"切罗基人。在19世纪最初的十年里，生活在北佐治亚的这些原住民依然抱着能够和新的白人邻居和平共处的希望。1809年前后，一个名叫塞阔雅（Sequoyah）的切罗基人开始创造用于记录本民族语言的最早的可书写的字母表。到19世纪20年代，切罗基人在佐治亚州西北部的定居点里已经有了自己建造的学校，归他们所有的锯木厂和铁匠铺，还有报社之类活跃的文化机构，比如部落报纸《切罗基凤凰报》（*Cherokee Phoenix*）就是其中之一。好莱坞文化中可能充满了白人关于印第安人住在圆锥形帐篷里、用弓箭打猎的想象，不过在19世纪20年代晚期，生活在佐治亚州山麓地带的切罗基人已经和他们的白人邻居一起生活了很多年，他们也是这个多种族杂居且融合度不断提高的边疆社区中的一个组成部分。[11]

然而到了1828年，人们在达洛尼加（Dahlonega）发现了黄金，这引发了对切罗基人领地的新一轮侵占。据说第一个发现佐治亚州山区有金子的人叫本杰明·帕克斯（Benjamin Parks），他是在猎鹿时发现了天然金块。帕克斯告诉《亚特兰大宪法报》的记者：

> 消息一传开，人们的兴奋之情超出了以往任何时候。好像没用几天的时间，全世界就都知道了，因为每个州的人都赶来了……有人步行前来，有人骑马或赶车前来，他们看起来完全像疯了一样。[12]

切罗基人在努力容忍白人蚕食他们领地的行为的同时，还被剥夺了在法庭上的一切公民权利，就算白人在光天化日之下偷盗他们的财物，他们也无法获得任何法律上的救济。《切罗基凤凰报》的编辑在 1829 年时这样写道：

> 我们的（白人）邻居完全不把法律放在眼里，也不尊重人性的原则，如今他们根据佐治亚州的法律收割了大量庄稼。该州法律还宣称，根据该州法律和宪法设立的任何法院，不会受理印第安人作为诉讼参与方的案件。这些邻居跨过了（佐治亚州和我们领地之间的）界线，抢走了属于切罗基人的牲口。切罗基人想去追回财产，结果却只能眼睁睁地看着自己的牲口被舒服地圈养在那些强盗的地盘里。我们是受到欺凌的人。（就算）我们无权得到任何补偿，我们仍然能够深刻感受到我们的权利受到了践踏。[13]

白人探矿者很快还从偷盗牲口发展到强占切罗基人的整个农场——虚假索赔能够获得州政府土地管理机构的官方核准，这使他们的胆子变大了。美国国会通过 1830 年《印第安人迁移法案》（Indian Removal Act）之后，佐治亚州的官员就开始打起切罗基人领地的主意，盼望着某一天政府军队能够前来强迫所有原住民迁移到密西西比河以西去。1832 年，佐治亚州针对原本属于切罗基人的土地进行了两次抽签分配，最终这些土地都被分给了佐治亚州的白人定居者。

理论上，参加抽签的人只有在被抽到的土地原本无人占有时，才能获得对该土地的所有权，然而现实却是，无数的白人将这些幸运签视为赶走切罗基居民的许可证，就连很多原本拥有兴旺农场的居民都难逃厄运。1833 年 5 月，《切罗基凤凰报》

75

的编辑向读者介绍了这样的情况：

> 一个勤劳的印第安人通过多年的持续耕作、苦心经营，把自己的土地变成了宝贵的财富，然而一群佐治亚州的赌徒抽中了奖券。赢得这个幸运签的人可以向州长申请（土地）授权，只要他单方面保证这片土地不归印第安人所有，政府就会批准他获得授权的要求。然后，这个幸运的中签人……就带着上了膛的手枪，进入属于乌托仑萨（Ootawlunsta）的地产，用（枪）指着他，将无辜的切罗基人从他精心耕耘的田地上赶走……切罗基人注定要遭受损失。[14]

随着这些白人"先锋"变得越来越肆无忌惮，再加上佐治亚州官员不愿遵守最高法院先后做出的两个支持切罗基人作为一个主权国家的权利的决定，签订《新埃科塔条约》（Treaty of New Echota）的时机最终到来了。一小部分切罗基人在违背部落酋长约翰·罗斯（John Ross）意愿的情况下，于1835年签订了这份条约。条约规定切罗基人将全部领地割让给美国，以换取在俄克拉何马的一块保留地。《新埃科塔条约》签订后，北佐治亚的切罗基人从1838年春天开始被州民兵集合起来并关进临时搭建的围栏中，在那里等待开启被迫向西迁移的旅程。规模最大的切罗基人迁移堡垒之一就是位于今天的福赛斯县境内的坎贝尔堡（Fort Campbell）。[15]

卡明镇镇长查利·哈里斯的外祖父阿伦·史密斯（Aaron Smith）曾在坎贝尔堡的温菲尔德·斯科特将军（General Winfield Scott）麾下服役。这位上将是负责切罗基人迁移的指挥官，他带领的队伍被称为佐治亚卫队（Georgia Guard）。这些卫兵的残忍程度是出了名的。他们中有很多人原本是来北佐治亚淘金的，还有很多人希望通过赶走切罗基人来实现个人私利。

查利·哈里斯就是听着他的外祖父曾经如何用枪逼迫切罗基人家庭离开自己家园的故事长大的。根据哈里斯的儿子戴维（David）所说，1838 年整个秋天，阿伦·史密斯和其他民兵都在福赛斯县的松树林深处搜寻切罗基人抵抗者，直到最后一个据点也被击破才罢休。史密斯下令"找出……在树林中忍饥挨饿地躲避起来的可怜的老印第安人……这些人都是不愿意前往为迁移而设置的集中营的人"[16]。约翰·G. 伯内特（John G. Burnett）也是一位在切罗基人迁移期间服役的陆军列兵，他说在 1838 年时自己目睹了"美国战争史上最冷酷无情的行动……我看到他们像牛羊一样被赶上 645 驾向西迁移的马车。迁移的路程就是一条死亡之路"[17]。

1839 年，当北佐治亚最后一个切罗基人也被迫踏上前往800 英里以外的俄克拉何马的旅程后，刚刚被清除了人口的切罗基人领地就这么落到了白人土地投机者、淘金者、律师和农民的手中，他们要么是在 1832 年的抽签分配中抽到了 40 英亩的分配指标，要么是花钱购买了别人抽中的指标。

这就是福赛斯县的真正起源。虽然该县一些最古老家族的后人们一直在纪念他们那些被称为"先锋"的祖先，但事实真相是早期的白人定居者不顾部落首领和最高法院的反对，无情地霸占了切罗基人的领地，他们所谓的土地"无人占有"是因为民兵把 16000 名原住民集中囚禁到迁移堡垒里，然后像赶牲口一样把切罗基人赶出了佐治亚州。[18]

1912 年，当一种新的"种族冲突"爆发时，福赛斯县已经

是一个亲身体验过一次快速驱逐一整个族群的行动的地方。像
查利·哈里斯一样，很多居民都是从参加过切罗基人迁移活动
的亲戚口中听过关于那件事的第一手叙述的人。所以无论什么
时候，当有人提议县里的黑人不仅要为谋杀梅·克罗而受惩罚，
还应当被彻底赶出本县时，福赛斯县的白人打心眼儿里清楚，
这样的事是完全有可能实现的。毕竟，很多家族拥有的土地还
有他们的生计，就是通过 19 世纪 30 年代那场种族清洗得来的。

本地作家唐·沙德伯恩（Don Shadburn）写了很多关于福
赛斯县历史的书。他在书中宣称其祖先在最初进入切罗基人领
地时，不得不亲自开垦崎岖不平的山麓上的荒地。沙德伯恩写
道："（19 世纪福赛斯县的）庄稼都由农民家庭亲手耕种，完全
没有奴隶的参与——无论是在当时还是现在，这些本地群体都
被认为是一群天性骄傲、多疑、敬畏上帝且有些古怪的人。"[19]

然而，沙德伯恩对这些辛勤耕作、敬畏上帝的白人山地人
"本地群体"的赞美之所以能成为长期存在的谎言之一，是因
为这个说法中包含了一个真实的核心。许多只拥有少量土地的
福赛斯县农民确实没有依靠奴隶的劳动来耕作他们的红土地；
奴隶在山麓地带也确实不像他们在更靠南的大种植园中的那样
随处可见，因为那里的占全球统治地位的棉花经济的存在基础
正是奴隶制度。尽管福赛斯县绝大多数早期定居者不曾拥有奴
隶，不过还是有比例上占少数但数量很可观的一部分人是拥有
奴隶的。当他们在 1839 跨过查特胡奇河，进入曾经的切罗基人
领地时，他们带来的大量受他们奴役的黑人男女也为在这片蛮
荒、偏僻的山区里谋求生存做出了至关重要的贡献。

斯特里克兰家族是拥有最多奴隶的家族，这个家族的大家

长是老哈迪（Hardy Sr.）。他在 1832 年跟随第一波中签者一起来到福赛斯县，并且很快就建起了几个全县最多产的金矿。1840 年时，他拥有 7 名奴隶，过了十年，这个数字上升到了 17 名。到 1860 年，哈迪的四个儿子，小哈迪（Hardy Jr.）、托尔伯特（Tolbert）、乔尔（Joel）和雅各布（Jacob）共同拥有的奴隶总数已经猛增到 113 名。他们依靠这么大规模的免费劳动力经营着斯特里克兰矿场和斯特里克兰种植园，后者是福赛斯县最大的玉米、小麦和燕麦生产地之一，斯特里克兰一家也因为这些产业而变得非常富有。[20]

黑人获得解放之前的最后一次奴隶普查结果显示，福赛斯县的奴隶总数是 890 名，他们分属于近 200 个奴隶主家庭，拥有奴隶的家庭数量占全县家庭总数的 15%。[21] 虽然没有哪个家庭拥有和斯特里克兰家族一样多的奴隶，但是不少其他白人男子也会依靠奴隶在自己的农场和矿场里劳动，以及在家里做家务。他们之中最突出的是戴维和马丁·格雷厄姆（David and Martin Graham），S. W. 克莱门特（S. W. Clement）及约翰·贝利（John Baily），他们各自拥有的奴隶数量也超过了 30 名。[22]

被老哈迪带到山区来的男男女女在 1840 年和 1850 年的奴隶情况编目里都被列为"黑人"，但 1860 年的普查结果显示，斯特里克兰家族拥有的 113 名奴隶中有超过 21 人被人口普查登记员列为"黑白混血儿"。这样只是根据奴隶肤色做出的区分当然并不科学，但登记员在如何看待斯特里克兰家族奴隶人口增长上的变化显示了一种可能，即奴隶群体迅速扩大的部分原因在于家族中的白人家长们强奸了非洲裔黑人妇女。即便是在今天，斯特里克兰家族奴隶的后代还会讲述一个故事，那就是他们肤色略浅的祖先曾公开承认自己的父亲就是自己的白人主人。[23]

79

至少有一个曾经在佐治亚州当过奴隶的人明确告诉一个听其倾诉的白人，像斯特里克兰家族农场这样的地方会出现很多"黑白混血"婴儿绝非偶然。1937 年，卡丽·梅森（Carrie Mason）在接受联邦作家项目（Federal Writers' Project）成员采访时提了一个问题："为什么（我丈夫）乔治的肤色那么白？"然后她自己给出了答案：

> 因为他的主人是一个名叫吉米·邓恩先生（Mister Jimmie Dunn）的白人绅士。他的母亲是一个名叫弗朗西斯·梅森（Frances Mason）的黑人女子。没错，女士，他的主人就是他的父亲。我看出你很惊讶，不过那时候这种事一点儿也不稀罕。我就听过一个白人男子对他儿子们说"到黑鬼的住处去，给我多造一些奴隶出来"的故事。[24]

老哈迪·斯特里克兰的四个成年儿子就像卡丽·梅森故事中的年轻人一样，他们可能获得了越来越多的"黑白混血儿"奴隶，因为他们自己就是很多归其所有的混血奴隶的父亲。海勒姆·帕克斯·贝尔议员还是个小男孩时就随全家搬到了新开放的切罗基人领地，他宣称在他的童年时代，福赛斯县的居民"通过辛勤的劳动养活自己……根本不关心奴隶制的形成或废除"[25]。不过人口普查显示的结果却完全是另一种状况：数据显示福赛斯县人对奴隶的劳动以及整个奴隶制文化的熟悉程度并不亚于 19 世纪佐治亚州的其他地方。

佐治亚州殖民地立法机构最早在 1757 年建立了"奴隶巡逻"制度，原因是人们对于奴隶起义的广泛担忧。《建立和规

范巡逻活动法案》（Act for Establishing and Regulating of Patrols）
要求所有奴隶主在天黑之后安排人手在他们的种植园边界巡逻，
任何走出种植园的奴隶身上必须有书面许可文件。起初，这样
的工作是由种植园主自己负责的，不过很快，他们之中大部分
人开始雇人代为巡逻。这些被整个南方的黑人称为"肉饼滚
子"［pattyrollers，与巡逻员（patrollers）拼写近似］的巡逻员
通常是贫穷的白人，他们的简陋房屋就在奴隶劳作的土地旁边，
他们领受薪水要做的工作就是抓捕任何出现在种植园范围之外
的奴隶，然后对其施以鞭刑。这最早一批的"夜骑者"既对富
有的白人邻居心存妒恨，又迫切想要证明自己并不是社会中的
最底层，所以他们之中很多人对于自己的工作充满了冷酷的狂
热。[26]

　　关于奴隶巡逻的书面记录很少，而关于曾经在福赛斯县
活动的这些巡逻员的记录更是完全不存在。所以，大部分已
知的信息都来自口述历史，比如一个叫爱德华·格伦
（Edward Glenn）的人就讲过这样一个故事。格伦曾经是一个
奴隶，19世纪50年代，他在奥斯卡维尔附近的克林顿·布朗
（Clinton Brown）的种植园劳动。1937年，他回忆自己作为奴
隶的日子时确认了战前的福赛斯县实行过严格的巡逻体系。
格伦说：

　　　　当逃跑的奴隶（在布朗的种植园外被抓到后），他们
　　会受到惩罚……我看到过一个妇女被扒光衣服，按倒在田
　　地里的一根树桩上，头悬在一边，脚悬在另一边。人们把
　　她绑在那里，用鞭子狠狠地抽她，在很远之外都能听到她
　　的惨叫声。

格伦描述了白人巡逻员还会使用一种叫"盖默伦棍"（Gameron Stick）的惩罚工具：他们让"奴隶双臂抱着曲起的膝盖，然后把他的手臂绑在一根从腿下面穿过的木棍上。这个捆法（也）被称作'西班牙雄鹿'……奴隶站不起来，但是会被扒光衣服，并被推得倒向一边，然后（巡逻员）就开始用鞭子抽他，直到见血为止"。威廉·麦克沃特（William McWhorther）是邻近的克拉克县（Clarke County）的一个奴隶，他说"巡逻员就是撒旦的骑兵。如果他们在主人的领地外抓到一个黑奴，而这个黑奴身上又没有主人提供的通行证的话，那么黑奴就要倒大霉了；他们很可能会杀了他"。[27]

这样的情节在那些被赶出福赛斯县的家庭内部一代代流传下来的故事中也很常见。安东尼·尼尔（Anthony Neal）就讲过这样一个故事。他的祖先约瑟夫和伊丽莎·凯洛格在19世纪80年代时成了福赛斯县拥有最多地产的黑人，不过他们的人生也是从做奴隶开始的。尼尔说，伊丽莎还是奴隶的时候曾经反复尝试逃跑，就在南方邦联军队于1865年投降、佐治亚州的奴隶终于获得自由的时候，伊丽莎已经再次逃跑了。据家族传说称，人们不得不先把为躲避巡逻员而躲藏起来的伊丽莎·凯洛格哄骗出来，才能够告诉她，她已经自由了。[28]

1912年的报纸将福赛斯县的"冲突"描述为一种由所谓的埃伦·格赖斯和梅·克罗的强奸案引起的突然爆发的种族暴力。但是，对于许多福赛斯县的白人来说，他们认为骑马出去，通过暴力方式惩罚被他们视为罪犯的黑人并没有什么大不了的。这样的夜间活动在很多家庭中都是延续已久的传统，最早可以追溯到那些被称为"撒旦的骑兵"的贫穷白人男子受雇到县里的道路上巡逻的时候。

不过在奴隶获得解放之后，这种由社会底层白人充当实质上的义警的做法就不再执行了。1912 年 8 月，州立法委员会重新将义警暴力定义为"暴动、暴乱（和）骚乱"，这给了州长的军队使用致命武器镇压这些情况的权力。对于像查利·哈里斯和他在亚特兰大东北铁路公司的合伙人之类的新一代白人来说，这样"无法无天的行为"已经不再被视为为管理黑人劳动者而必须采取的暴力。对于他们来说，那些一直以来负责约束黑人劳动者的暴民都是不道德的、粗野的，更糟糕的是，他们会影响公司的生意。

在这样的大环境下，过去南方的富有白人和贫穷白人之间 82 的权力模式已经发生改变，这种改变可能不易被发现，但的确是根本性的。像哈里斯一样的人们此时迫切地想要融入本县以南仅仅 40 英里处的亚特兰大出现的经济发展热潮，所以他们有一种保证黑人劳动力供应的内在动因，还有消除新南方生意人对于福赛斯县是那种"无法无天的定居点"的担忧的需求。像欧内斯特·诺克斯和奥斯卡·丹尼尔这样两个一贫如洗、目不识丁的黑人被告在执行吉姆·克罗法的佐治亚州几乎必然"要因为他们的罪行而被吊死"，但对于哈里斯来说至关重要的是，他们不能是被吊死在某棵树的树枝上，而是要在法律批准的前提下，被吊死在依法搭建的绞刑架上。为了让亚特兰大东北铁路公司的股东们放心，卡明的年轻镇长必须安排一场审判，一场至少从表面上看是公平正义的审判。

7. 法律的威严

　　当梅·克罗的死讯传到亚特兰大时，针对欧内斯特·诺克斯的正式起诉书上又多了谋杀这项罪名。欧内斯特·诺克斯和奥斯卡·丹尼尔强奸并杀害梅·克罗，简·丹尼尔作为强奸和谋杀的共犯，托尼·豪厄尔强奸埃伦·格赖斯这几个案件被于10月3日星期四在福赛斯县法院开庭审理。美国最高法院最终将判决在任何将非洲裔美国人系统性地排除在陪审团之外的地方审判非洲裔美国人的行为违宪，因为这样的做法违反了《宪法第十四修正案》中关于同等保护的条款。不过这个判决是在20多年后的1935年才做出的。[1]所以在1912年时，格赖斯案和克罗案的囚犯们将在卡明由一个全白人的陪审团决定他们的命运。而且他们接受判决的地点就在卡明的镇广场上，也就是罗布·爱德华兹的尸体被子弹打成筛子，然后作为一个对本地黑人的无声警告留在原处展示给公众的那个广场上。

　　鉴于被指控为强奸者的囚犯们要被送回"种族冲突"的中心，莫里斯法官在9月27日星期五这天开车前往亚特兰大，就自己担忧的问题与州长当面沟通。他要求约瑟夫·麦基·布朗州长在审判进行期间实施军事管制，并再次派遣州军队前往以

避免私刑的出现。布朗州长对此的回应是在一个月之内第二次宣布福赛斯县进入"暴动状态"[2]，并下令派遣三个连的佐治亚州国民警卫队护送囚犯向北而去。

　　确保了有军队的保护之后，莫里斯就将自己的注意力转移

到了第二个令人烦恼的问题上：寻找足够勇敢，或者说足够愚蠢到愿意为这些囚犯辩护的人。莫里斯明白，要求任何白人男子来承担这个任务都是非常困难的。本州大部分律师已经根据以往的经验意识到，为黑人客户辩护最好的结果是很快败诉，最坏的结果则是为自己招来那些追着罗布·爱德华兹不放并最终将其杀死的人们的骚扰。

根据《亚特兰大佐治亚人报》的报道，在10月1日，也就是距离开庭仅剩两天的时候，莫里斯召集了8名律师来到自己面前，他严厉地盯着每个人的眼睛，要求他们履行参与公益诉讼的义务。针对这样的要求，"每个人都提出了自己不能为黑人辩护的理由"，而且其中四人准备好了应对法官要求的完美托词——他们已经"受雇于控方"。[3]

这四位经验丰富的律师都来自玛丽埃塔，他们迫切想要借这个案件增加自己的受关注度，更不用说确保被告被定罪将为他们赢得多少人的感激之情。领导这个律师团队的人是副检察长 J. P. 布鲁克（J. P. Brooke）。布鲁克是查利·哈里斯的朋友，也是亚特兰大东北铁路公司的合伙人之一。[4]同样加入控方团队的还有玛丽埃塔镇镇长尤金·赫伯特·克莱（Eugene Herbert Clay）。他是美国参议员亚历山大·克莱（Alexander Clay）的儿子，也是一位年仅31岁的政治新星。在看过控方团队律师名单之后，很多卡明人肯定都在点头窃笑；眼见着自己的名声和自己的铁路受到了这些负面关注的影响，查利·哈里斯几乎动用了全部的政治关系，召集了一群极有势力的朋友。

与此相反，组成辩方团队的律师都是卡明和附近的坎顿的小镇律师。[5]莫里斯在这些人表示了拒绝之后依然指定他们担任辩方律师。亚玛谢·费希尔（Amaziah Fisher）、艾萨克·格兰特（Isaac Grant）和约翰·柯林斯（John Collins）都是土地买卖、合同纠纷和租赁协议方面的律师，对于参与如此轰动且受到南方所有报纸高度关注的强奸和谋杀案件的辩护毫无经验。领导辩方团队的人是玛丽埃塔的弗雷德·莫里斯（Fred Morris，与莫里斯法官无亲属关系）。人们都知道他与控方律师团队中的很多人是密友。另外一位豪厄尔·布鲁克（Howell Brooke）则是控方律师团队中副检察长布鲁克的儿子。至于最后一名成员，一位年仅21岁的律师，他甚至比被指定由他做辩护人的两个青少年被告大不了几岁。

莫里斯法官已经准备好正式开启蓝岭山脉巡回法院的秋季审判活动了。律师们被分成了两队，一队是有才华、有势力、有经验的大律师们，在镇上众多摄影师和记者面前夸夸其谈，充满野心的尤金·赫伯特·克莱就是成员之一；另一队则是极不情愿地接受了法官指派的对此类案件毫无胜算的法学院学生和小镇律师们。时至此时，除了被告还没有抵达之外，一切都已准备就绪。

10月2日星期三上午11点，佐治亚州国民警卫队的拉克·麦卡蒂中尉（Lieutenant Rucker McCarty）来到富尔顿塔，签署了确认接管四名囚犯（克罗案的欧内斯特·诺克斯、奥斯卡·丹尼尔和简·丹尼尔；格赖斯案的托尼·豪厄尔）及两位重要证人（埃德·柯林斯和以赛亚·皮尔克）的文件。柯林斯是奥斯卡维尔的一个农民，据说他在梅·克罗遭到袭击的当天曾经和罗布·爱德华兹及奥斯卡·丹尼尔在一起；皮尔克是在9月的第一波逮捕活动中和托尼·豪厄尔一起被逮捕的，当时一起被逮捕的另外五名黑人男子很可能在富尔顿塔直接被释放了，不过文件上完全没有提及他们的情况。

　　一张当天早上拍摄的照片显示了麦卡蒂的军队沿亚特兰大的街道上向火车终点站行进的情形，简·丹尼尔和她的弟弟奥斯卡就走在军人组成的队形中心。在过去的一个月里，各份报纸将奥斯卡·丹尼尔描述为"光着脚、样貌凶恶"[6]，但读者在照片上看到的只是一个十几岁男孩，与周围行进的民兵对比下显得格外瘦小。在成百上千的亚特兰大市民震惊的围观下，简一手提着长裙的裙摆与弟弟并肩而行。他们两人的手腕被同一个手铐铐在了一起。在奥斯卡后面的是戴着猪肉派帽、穿着白衬衣的托尼·豪厄尔。这个同样纤瘦的男孩已经有近一个月没有走出过亚特兰大的监狱了。

86

1912 年 10 月 2 日，简·丹尼尔、奥斯卡·丹尼尔和托尼·豪厄尔
（照片中央，从左至右）被押送到亚特兰大火车终点站

到了火车终点站，囚犯们被安排登上了一趟专列，火车向着北边的山麓地带行驶了一个多小时之后，他们在位于卡明以东，距离卡明还有13英里的比福德（Buford）下车，这里是一个火车只做短暂停留的小镇。下车的总人数超过了200人，包括167名押送囚犯的民兵，以及囚犯、新闻媒体人员和要参与审判的律师们。民兵队伍的指挥官卡特伦少校安排了一个由"六人组成的贴身守卫小队"[7]，他们在任何时候都要围绕在囚犯身边，防止有私刑者和暗杀者偷袭。南方火车公司的火车头在火车道上喷吐着蒸汽，军队人员陆续下到面积狭小的月台上。卡特伦少校抬起手臂，下令队伍在此短暂停留，开始吃午饭。[8]

随着正午的太阳经过最高点，民兵们都用完了本地旅店提供的热饭热菜。囚犯们吃了饭并获得了一小段休息时间，然后就坐在同行的大批人员中央的几根铁路轨枕上等待。就在卡特伦命令他们起身，开始进行当天的漫长行军之前，一位摄影师拉长了相机的伸缩皮腔，眯眼看着相机的取景器。当快门被按下时，摄影师捕捉到了这次福赛斯县大驱逐中最难以磨灭的一个景象，这张照片很快就被刊登在了《亚特兰大宪法报》上。

当天下午，军队走过了绵延数英里的松树林和河谷地区，途中有成百上千好奇的本地人从家中走出来，迫切地想看看军队和那些臭名昭著的囚犯。跨过查特胡奇河，进入福赛斯县之后，队伍在日落时分抵达了镇外的郊区。卡特伦下令停止前进，随着他的声音传到队尾，所有民兵都卸下了背包和铺盖卷，在据卡特伦所知是由本地治安官自愿提供的一片空地上支起了白色帆布小帐篷、建起了营地。[9]

1912 年 10 月 2 日，福赛斯县的囚犯们在佐治亚州比福德

（从左至右）：简·丹尼尔、奥斯卡·丹尼尔、托尼·

豪厄尔、埃德·柯林斯、以赛亚·皮尔克和欧内斯特·诺克斯

很多传言称"北佐治亚的山地人"为了这场审判又一次涌入了卡明，还说其中很多人"携带了武器，打算制造麻烦"。[10]所以天黑之后，当一队平民出现在营地边缘时，紧张的哨兵大喊道："谁在那儿？"然而令他惊讶的是，举起双手回应他的并不是一群穿着工装裤的农民，而是一群戴着眼镜、穿着上好羊毛西装的律师。一位记者写道："今天晚上，莫里斯法官，里德治安官，玛丽埃塔的弗雷德·莫里斯、约翰·柯林斯和坎顿的豪厄尔·布鲁克（从卡明）来到了营地。"[11]被认出来之后，他们就提出要和六名囚犯单独谈话。

关于这些人究竟为什么到访、他们和囚犯们谈了什么以及谈了多长时间，没有任何记录留存下来。不过，莫里斯法官和辩方律师弗雷德·莫里斯在营火前私下会面这件事不免让人产生疑虑。法官或律师在庭审前会见被告自然没什么可奇怪的，但具体到这位法官和这位律师，如今的人们都知道他们在美国历史上最厚颜无耻的由暴民群体做出的暴力行为之一中扮演了什么角色：1915 年，暴民们绑架并杀死了利奥·弗兰克（Leo Frank），因为这个犹太男子被判定强奸并谋杀了一个名叫玛丽·帕甘（Mary Phagan）的白人女孩。

89　　牛顿·莫里斯法官、前州长约瑟夫·麦基·布朗、尤金·赫伯特·克莱检察官和辩方律师弗雷德·莫里斯都参与了那个案子。牛顿·莫里斯实际上就是将弗兰克从州监狱里绑架走的幕后主使，不过他假装在私刑结束几分钟后才赶到现场，成功地骗过了包括一位《纽约时报》记者在内的很多记者，让他们相信是他的出现才阻止了暴民们焚烧弗兰克的尸体。就这样，在福赛斯县的审判过去短短三年之后，莫里斯法官就在设法确保了一个男人被私刑处死的同时，让自己获得了英勇抵抗暴民的美名。哈罗德·威林厄姆（Harold Willingham）是一位非常了解莫里斯法官的本地律师，他说莫里斯一辈子有权有势、受人尊敬，不过在玛丽埃塔，不少私下里认识莫里斯的人都说他与人们以为的大不相同。威林厄姆说："他纯粹就是个表里不一的杂种。"[12]

　　简、奥斯卡和欧内斯特不可能知道审理他们案子的法官在不久的将来会在玛丽埃塔外的树林里主导一场私刑，但是他们肯定已经意识到要指望完全由福赛斯县白人组成的陪审团主持公道有多么不可能。就算法官不判处他们死刑，他们也都明白那些涌入卡明的农民是抱着什么目的来的。一个卡明男人的话诠释了这种不言而喻的威胁：一旦有囚犯被免于一死，"人们的意志"会确保他们不能活着走出福赛斯县。[13]在庭审前夕，《盖恩斯维尔时报》的编辑表达了绝大多数白人持有的观点，那就是诺克斯和丹尼尔的庭审可以而且应该以唯一的判决告终。一位记者写道："这些畜生一定会很快被认定罪名成立。"[14]

考虑到被宣告无罪的可能性几乎为零，囚犯们唯一的出路只剩下与莫里斯合作，寄希望于他们之中至少某些人能够逃过一劫。简·丹尼尔、埃德·柯林斯、以赛亚·皮尔克和托尼·豪厄尔从重新进入福赛斯县境内开始就陷入了巨大的危险之中。不过，他们肯定都想知道，欧内斯特·诺克斯和奥斯卡·丹尼尔的死会不会就可以让福赛斯县的白人们满足了，绞死两个人是不是就足够了。

得到卡特伦少校点头许可后，莫里斯法官穿过民兵在归比尔·里德所有的草场上设立的哨岗。然后他和律师们一起跟随一名士兵，走过两堆燃烧着的营火，最终来到了简·丹尼尔和其他囚犯所在的一小片帐篷中。囚犯们试图在这里获得一些休息，但此时的他们肯定都难以入眠。

在营火边与简及其他受到指控的男子进行了简短的谈话之后，莫里斯和律师们再次穿过哨岗，然后在里德治安官的护送下返回了卡明。他们来这里提出了什么样的谈判条件，又要求了什么样的回报都没有被报道给公众。不过第二天的晚报读者都惊奇地发现，被指控男子之一的姐姐突然地，而且据称是自愿地"充当了州政府的证人"[15]，并同意为控方提供证词。出于一些没人能够或者说没人愿意解释的原因，年轻的简·丹尼尔的命运在那个夜晚突然发生了改变。

10月3日星期四上午吃过早饭后，士兵们收起帐篷，做好了护送囚犯们走过卡明尘土飞扬的街道，完成最后一英里行军

1915 年，利奥·弗兰克在佐治亚州的玛丽埃塔外被私刑处死。
牛顿·A. 莫里斯法官（最右，系着领结，戴着草帽）
站在围观人群之中

路程的准备。据一位观察者说，北佐治亚各地的人都被这热闹的景象吸引来了，这个小镇"从来没有这么拥挤过"[16]。在士兵的围绕下，囚犯们沿着卡斯尔伯里路前进，他们看到的是嘲讽的表情，听到的是"山地人"发出的嚎叫。据一位记者说，那些人"（之前）一直在准备武器，他们威胁说不会让黑人被告活着走到监狱"。[17]

为了保护囚犯的安全，州长早已下令让卫队士兵武装到牙齿，并展示出压倒性的军事力量。据《亚特兰大佐治亚人报》报道，第五团的士兵们不仅肩上背着斯普林菲尔德卡宾枪，还"被下令不使用普通的转轮手枪，改为配备陆军的大口径短筒手枪……这种枪能够自动射出 11 枚重型子弹，而且重新装弹需要的时间也很短"。[18]针对为这次审判而聚集到卡明的人，布朗州长在公布的戒严令结尾做出严正警告："虽然政府希望温和地实行戒严，但不要认为政府不会采取严厉、坚定的手段来确保戒严得以实施。"莫里斯法官在走向法院的途中被问到发生冲突的可能性有多大，他提醒这位记者注意，军队已经获得了可以随时开火的命令。莫里斯说："任何扰乱秩序的行为（都会）面临严重的，甚至是致命的后果。"[19]

里德治安官召集了 84 名男子履行陪审员的义务，所以当莫里斯法官敲响他的小木槌，宣布佐治亚州政府诉欧内斯特·诺克斯案开庭后，选择陪审员就是第一项程序。上午 11 点，在询问了 56 名陪审员候选人之后，控辩双方选出了 12 名双方都接受的陪审员。落选者中有 5 人是因为年龄超过了 60 岁。至于另外 39 人为什么不适宜作为陪审团成员，一位特别擅长轻描淡写的亚特兰大记者描述道："他们对控辩双方的看法不是完全公正。"[20]

就这样，法官将 12 名当选的白人男性陪审团成员记录在案，他们之中有 11 人是雇农，剩余的一人是"本地磨坊的看门人"。[21]这群在其他时候可能并不起眼的"本县居民"中还包括两个在 20 世纪 20 年代初会成为"三 K 党肖尼克拉文骑士"的

92

人，他们分别是 E. S. 加勒特（E. S. Garrett）和威廉·哈蒙德（William Hammond）。[22] 负责守卫法庭大门的是里德治安官，之后他会与另外两个人一样穿上白色的袍子，戴上兜帽，成为三 K 党成员。坐在律师团队中间的弗雷德·莫里斯和豪厄尔·布鲁克之后会参与私刑处死利奥·弗兰克的活动。坐在法庭正中间的，则是将会导演弗兰克的私刑的牛顿·A. 莫里斯法官。

　　法官无疑意识到了庭上有许多记者，他要求窃窃私语的旁观者们保持肃静，然后声如洪钟地宣布自己会"采取各种可能的方式加快审判速度"，与此同时确保审判的"公平和公正"。莫里斯法官严肃、专横地扫视了一下整个法庭后说，整个过程的目的是"维护法律的威严"。[23]

93　　　　　　　　　卡明法院，拍摄于 1912 年前后

　　如果说莫里斯的讲话让欧内斯特·诺克斯看到了哪怕一丁点儿希望的话，那么这种希望在控方开始传唤当天第一位证人时就破灭了。梅的父亲，通常被称为巴德的 L. A. 克罗先生被

列为本案的正式原告，他的样子很值得同情。克罗先生坐在庭上，手里抓着帽子，向人们讲述他疼爱的女儿，以及那个他第一次看到她满身是血的早晨。他还讲了他的妻子阿齐在那两周的时间里如何在梅的病床前祈祷，也讲了女儿在不久前去世和被安葬的情况，这个法庭上的很多人都出席了那场葬礼。一位记者写道：巴德·克罗"被迫重复了一遍女儿遭受侮辱的悲惨故事，他的陈述让（哪怕是）最铁石心肠的旁观者也深受触动"。[24]

接下来的两名证人是乔治·布赖斯医生和约翰·霍肯赫尔医生。我们由此可以清楚地看出控方的诉讼策略。他们会要求一个接一个目击者反复描述梅受的重伤，从而激发当初导致人们对罗布·爱德华兹实施私刑的那种恐惧和愤怒的情绪。他们知道，光是梅·克罗破损、受辱的身体的画面就足以确保欧内斯特·诺克斯被判有罪。

去世女孩的父亲让法庭上的人全都热泪盈眶，医生们对梅被敲碎的头骨和被划破的喉咙的描述让人们震惊不已。接下来出庭作证的是从富尔顿塔返回北边受审的囚犯之一，在奥斯卡维尔种地的黑人农民埃德·柯林斯。没有人知道柯林斯的妻子朱莉娅（Julia）在丈夫被囚禁的这段时间里是否知道他的情况，但是如果她有胆量到卡明来旁听审判的话，这将是她从9月中旬到此时为止第一次看见自己的丈夫。他们分开的这段时间中至少有两天，记者们错将挂在卡明广场电话杆上的尸体当成了柯林斯的。当柯林斯站起来走向证人席的时候，他之所以会被错认的原因在所有人看来都很清楚了：和人称"大罗布"的爱德华兹一样，埃德·柯林斯也是一个又高又壮的年轻黑人男子。

柯林斯此时不是被辩方而是被控方传唤作证的，因为他讲的故事能够作为指控诺克斯和丹尼尔的间接证据。他说，在梅·克罗失踪的当天，诺克斯和爱德华兹到他位于奥斯卡维尔的家中待到了晚上 10 点左右。对于控方最重要的一点是，柯林斯作证说"他们借走了一个灯笼……还（说）他们要朝克罗家的方向去，那里距离柯林斯家大约有 2 英里"[25]。

仅凭这些，控方就试图证明过去一整个月里传遍了家家户户的毫无根据的指控：故事的情节是欧内斯特·诺克斯在杜兰德路遇到了梅·克罗，他用石块击打了梅的头部，然后将失去意识的梅拖进树林中，再然后他就去找罗布·爱德华兹以及他的亲戚简和奥斯卡，把他们领回了犯罪现场；当晚这三名男子在那里反复强奸了梅。

这样的叙述让起诉丹尼尔和诺克斯的行为获得了正当性，它还表明了埃德·柯林斯和简·丹尼尔为何会被逮捕，最重要的是，它把人们私刑处死罗布·爱德华兹的行为重新定义为对他犯下令人发指的罪恶的公平惩罚。一位控方律师转身背对着埃德·柯林斯，给陪审团的成员们讲了这样一个故事：诺克斯、丹尼尔和爱德华兹向柯林斯借了一个灯笼，但那不是因为他们待得太晚了，也不是因为外面太黑了，更不是因为回家的路太远了，而是因为一位美丽的白人女孩当时失去意识地躺在树林里，他们需要灯笼的亮光找到她。

如果法庭上的任何人对此有所怀疑的话，控方律师的下一位证人则提供了看起来不容辩驳的证据，欧内斯特·诺克斯曾亲口认罪。马文·贝尔在证人席上的时候什么都说了，可就是没说诺克斯之所以认罪是因为他当时经历了模拟私刑的逼供。贝尔重复了一遍此时已经被广泛接受的故事版本：9 月 8 日星

埃德·柯林斯，1912 年 10 月

期天，欧内斯特·诺克斯在梅·克罗从她父母家走到姨妈家的途中遇到她，他难以抵制自己的性冲动，猛击后者的头部导致其失去意识。诺克斯将梅拖进树林里后，又找来了爱德华兹及自己的亲戚简和奥斯卡。贝尔说简是被弟弟、表亲和丈夫强迫前往的，为的是让她在三个男人轮流强奸克罗的时候"提着灯笼"。

当马文·贝尔返回自己的座位时，旁听席上的绝大多数白人都在点头对这个显然毫无说服力的故事表示认可。第二天的《亚特兰大宪法报》将之称为"本州历史上最令人厌恶的强奸案之一"[26]。欧内斯特·诺克斯只是一言不发地坐在几位不太情愿的辩方律师身边，直到莫里斯法官从椅子上站起身，敲了一下小木槌，宣布午间休庭。

96

8. 系紧套索

在休庭期间，里德治安官又抓住机会扮演了一个勇敢的县级执法人员的角色。在某一时刻，里德从围在法庭周围的密集人群中挤出来，靠近一群围上来的记者，低声地告诉他们自己刚刚接到了来自亚特兰大的紧急消息。一位记者说，治安官提醒大家"有 1000 发子弹正在被送到卡明的路上……（不过）他不肯说出消息的来源"。

如果说写下这些话的人对治安官讲的故事持怀疑态度，那可能是因为这不过是治安官里德的一面之词，没有其他资料可以佐证这样的运输活动确实发生了，也没有证据证明这样的威胁真实存在。不过这个举动清晰地反映了里德在审判当天的状态：他迫切地想要哗众取宠，想方设法地把自己推到舞台中央，尤其是当摄影师们的镜头都被穿着富尔顿蓝色制服的帅气士兵们吸引走之后。当一位记者要求里德说一下消息的详细内容时，治安官承认"他并不认为这个说法属实"，但是他马上又加了一句，说自己"正在安排拦截的行动，以防真有此类货物在运送途中"。[1]

无论里德如何夸大自己作为福赛斯县守卫者的角色，莫里斯法官才是审判当天的真正主导者，而卡特伦的士兵们则是这场大戏中的明星。一位记者注意到，虽然"当天在卡明有不少男人打定主意……要制服治安官的武装队，把囚犯吊死在最近的树枝上"，但那些"认为这两名强奸犯应当被立即处死的人们，都被举着军队的步枪、看起来说一不二的人（吓住了）"。[2]

对于成百上千在法院周围闲逛，总想找机会看看里面囚犯的白人来说，戒严标志随处可见。据《亚特兰大宪法报》报道，军队守卫把"人群控制在安全距离之外，否则他们可能会找机会迅速干掉那些受指控的黑人"[3]。《亚特兰大佐治亚人报》报道："卡特伦少校安排了 24 名士兵在法庭内站岗，同时在走廊中、楼梯上、院子里和围绕着建筑的篱笆旁边也都安排了小分队。其他士兵则到镇子的街道上巡逻，如果出现了任何示威行动，还有一队随时待命的后备力量可以即刻出动。"[4] 这篇文章被刊登出来时还附上了一张照片，照片中的士兵端着随时准备射击的步枪，高高地站在法院墙壁突出的平台上，以防有人试图朝窗子里射击。

重新开庭之后，第五团的哨兵只允许"法庭警卫、律师、报社通讯员、被要求履行陪审员义务的候补陪审员、证人……及少数几名身份显赫的公民"[5] 进入法庭。这几位身份显赫的公民包括查利·哈里斯镇长、贝尔家族成员、霍肯赫尔家族成员、斯特里克兰家族成员和来自卡明其他富有家族的成员。这些人就是最初说服布朗州长派遣军队的人，也是能够从迅速且让人信服的审判中获得最好处的人。

10 月的第一周，全县的玉米、棉花、烟草都到了收获时节，在田里一排一排地等待着劳动者去采摘。换作以往，这正是农民们最忙碌的时候，然而此时的情况却是，所有的田地里都没有人在劳作。对于那些在下午再次开庭前向法院栅栏处的哨卡出示入场许可，然后进入法庭就座的商人、种植园主和大地主来说，收割工作被搁置的原因究竟是黑人家庭都被赶走，

99

还是贫穷的白人都到卡明来看穿着富尔顿蓝色军装的士兵并不重要。对于这些"身份显赫的公民"来说，比任何事都重要的是让这次审判快点结束以及让全县的雇工回到田地里干活。

就连曾经站在法院的台阶上看着那些想要实施私刑的暴民群体的查利·哈里斯，也与这次审判有着紧密的私利关联。因为他此时已经售出了价值 120 万美元的亚特兰大东北铁路公司股票。[6] 在过去的一个月里，亚特兰大的报纸上全是福赛斯县发生强奸、谋杀、私刑和纵火案的新闻。哈里斯和他的合伙人 J. P. 布鲁克，也就是控方团队的首席律师，都迫切地想要向投资者、潜在客户和政府监管机构证明山麓地带已经不再是过去那些无法无天之人的天下，而是一片宁静祥和、能够进行利益丰厚的商业活动的地方。与执行吉姆·克罗法的南方很多属于上流社会的白人一样，他们似乎都认定如果获得平静的代价是用为期仅一天的审判把几个黑人青少年送上绞刑架，那为什么不这么做呢？当下午的庭审重新开始后，这个案件继续以前所未有的速度推进着。囚犯们此时肯定已经明白，这些衣着光鲜的白人其实与外面广场上那些疯狂的南方白人穷鬼和"山地人"一样危险，而且他们也以自己的方式迫切地渴望在日落之前就把绞刑套索系紧。

莫里斯法官原本打算一天审结诺克斯、丹尼尔和豪厄尔的所有案件，但是午间休庭结束，当所有人重新回到自己的位子上之后，他们可以感觉到这样的诉讼程序还是不能满足聚集在法院窗外的暴民群体。《亚特兰大报》的安格斯·珀克森（Angus Perkerson）写道，如果"不是所有的黑人都被判处绞刑，市政官员和军队指挥官都担心外面人群的愤怒情绪会被刺激到危险的程度"。珀克森说问题在于如果诺克斯、丹尼尔和豪厄尔被认定犯有强奸罪和谋杀罪,他们当然可以被判处死刑,但是简·丹尼尔的罪名是从犯,她面临的法定最高刑是监禁。至于埃德·柯林斯和以赛亚·皮尔克,更是仅仅作为证人被控制起来而已。

当卡特伦坐到自己紧挨着法官席的座位上时,他扫视了一圈陆续返回座位的人群。他已经在脑海中预演了一遍最糟糕的情况:暴民群体不肯接受除全部六名囚犯都被判处死刑以外的结果,否则就会武力抢夺囚犯。珀克森写道:"如果这六个人中的任何一个(落入)暴民群体手中,所有人都承认……那意味着这个人立即会被私刑处死。"[7]随着庭审恢复进行,卡特伦下令让自己的民兵给步枪上膛,并安装刺刀。

佐治亚州政府诉欧内斯特·诺克斯一案被传唤人员名单中的一些证人,原本要在下午的庭审中出庭作证,其中包括里德治安官和克罗家的四位白人邻居——约瑟夫·麦克卢尔(Joseph McClure)、W. R. 斯托瓦尔(W. R. Stovall)、罗伊斯顿·史密斯(Roysten Smith)和 C. O. 沃利斯(C. O. Wallis)。[8]这些人将描述他们整夜寻找梅,以及在奥斯卡维尔外的树林中发现她的情况。通过传唤这些证人,控方的目的无非是坚持自己的策略:让证人们一遍一遍重复描述梅身上恐怖的伤势,以及让人们确信欧内斯特·诺克斯在梅被发现的那个早上"供认了自己的罪行"。

不过,控方并没有执行这个罗列间接证据的计划,因为莫里斯法官刚一就座,副检察长 J. P. 布鲁克就起身宣布控方不打算传唤原本计划出庭的多名白人农民,而是改为传唤福赛斯县黑人简·丹尼尔。当这位身材瘦小的年轻女子朝法庭前部走去时，下面的人群都在议论纷纷。《亚特兰大宪法报》报道：
"简·丹尼尔的出庭让人们非常意外，这连她的律师都不知道。
前一天下午律师和简像往常一样会面时，简什么也没告诉他。
然而到了今天早上，她却向里德治安官及控方助理律师赫伯
特·克莱讲述了这次令人发指的犯罪行为的整个经过。"9

　　不过，如果像报纸上报道的那样，简·丹尼尔是自愿选择
作证指控她的弟弟和表亲，那么她选择向比尔·里德和尤金·
赫伯特·克莱坦白这件事真的合乎情理吗？一个月前，当暴民
群体扬言要私刑处死简的丈夫罗布时，里德故意擅离职守；而
克莱则是控方律师。这样的两个人是简·丹尼尔最该惧怕的，
她怎么会主动向他们坦白呢？远比这个说法更合理的解释是，
在归里德所有的草场上扎营的那天深夜，法官和律师们向简·
丹尼尔提出了让她无法回绝的交换条件：如果她愿意出庭作证，
愿意看着那些杀死她丈夫的凶手的眼睛，说出他们最想听到的
内容，她也许还可以让自己和其他一些囚犯免于一死。

　　根据《亚特兰大宪法报》的报道，简宣誓将如实作证之
后，就向被要求安静下来的在场人员讲述了她的表亲欧内斯
特·诺克斯如何"在那个星期天从教堂做完礼拜返回的路上遇
到了一群黑人朋友，（然后）和他们一起回家去了"。她还确认
了之前的证词，即诺克斯9月8日晚上去了埃德·柯林斯家，
他和罗布·爱德华兹离开时借了一个灯笼，然后"朝克罗家的
方向去了"。

　　然而从这个时间节点之后，简的证词就和在场人员已经听
过的情节不同了，她似乎是至此为止第一个提供了某种目击者
证言的人。根据报纸报道的内容，简告诉控方律师说当晚早些

时候，欧内斯特"在（梅）后来被拖进树林的（那条）路上和她搭讪，借机用石头将其打昏……她被拖进树林 120 码深处，在遭受了残忍的对待后，被留在那里等死"。[10]

简接下来还讲了当天深夜，奥斯卡、欧内斯特和她的丈夫 102 罗布如何打着灯笼出现在她面前。她说这几个人强迫她来到树林中的一片僻静处，他们在那里看到了已经失去意识的克罗。简说"那些黑人在毫无知觉的受害人身上一逞兽欲"[11]时，自己被迫举着灯笼，否则这三个男人就要连她也杀了。不难想象当时的法庭上会爆发出怎样的愤怒嚎叫——莫里斯法官敲着木槌要求旁听者保持肃静，记者们飞快地记录着一切，警卫们则围绕在简就座的椅子周围，一边抓紧枪托，一边紧张地看了看卡特伦。

简讲的故事让白人感到毛骨悚然，但肯定还有很多人听后是松了一口气的，因为她的讲述会让那些参与杀死罗布·爱德华兹私刑的人彻底认定这次私刑不是骇人听闻的共同谋杀，而是传统的法外惩罚。任何人都能看到年轻的欧内斯特坐在那里听着表亲给出这些证言时的样子，不过无论他看起来有多么人畜无害，简的证言都足以让在场人员相信诺克斯就是福赛斯县的嗜血黑人强奸者之一，也是很快就要"从卡明前往地狱"[12]的杀人犯。

没有记录显示法庭为诺克斯指定的律师对简进行了交叉质证或以任何方式质疑了她的证言。然而，一个辩方律师本应该就此提出很多问题：如果诺克斯真的是在路上遇到梅·克罗，并且出于某种原因袭击了她，那么在执行吉姆·克罗法的南方，他该做的难道不是逃命吗？说他走了几英里去找罗布·爱德华兹、奥斯卡·丹尼尔和简·丹尼尔，然后再把他们都领回犯罪现场，为的就是对失去意识的克罗进行轮奸，这样的事有哪怕一丁点儿可能性吗？如果他告诉罗布·爱德华兹和简·丹尼尔自己袭击了一个白人，他们的第一反应肯定是让欧内斯特·诺克斯有多远逃多远，这样才能躲过福赛斯县的暴民。相反，案发的第二天早上，人们却看到欧内斯特在普莱森特格罗夫教堂的草坪上看热闹——恐怕在全世界人看来，这都应当是一个心里没有鬼的男孩才有的表现吧。

陪审团的讨论只持续了 19 分钟。在下午 4 点 8 分的时候，法院的大门打开了，陪审团的 12 名白人男子走回到自己的座位上。当莫里斯法官询问他们是否得出结论时，陪审团主席汤姆·普尔（Tom Pool）起身回答道："本陪审团认定被告罪名成立。"[13]莫里斯法官让喧闹的旁听人员安静下来，然后告诉诺克斯说明天早上，他将就强奸和谋杀梅·克罗的罪行接受宣判。

让法庭上的人全都震惊了一次之后，简·丹尼尔又被迫在当天第二场审判中再次登场，不过这次观看她"表演"的不再是坐满所有座位的旁听人员，而是只有控辩双方的律师团队、仅剩一排的记者和一些疲倦的民兵。在终于听到他们期盼已久的恐怖故事，并为欧内斯特·诺克斯被定罪而欢呼庆贺之后，成百上千名来看审判的白人就都开始朝镇外走了，为的是赶在天黑之前回到家。与此同时，对奥斯卡·丹尼尔的审判也正朝着不可避免的结局推进。到太阳落山时，卡明的广场上已经变得非常安静，一位记者甚至听到了从法院开着的窗子里传来的第五团就地扎营后点燃的营火燃烧的噼啪声和士兵吃饭时勺子碰到锡碗的叮当声，他还听到"兵团里出色的男高音们……充满感情地温柔吟唱"。[14]

听了长达 8 个小时庭审的记者们也都累了，可是出庭作证的简又被迫完整重复了一遍那个可怕的故事：三个黑人男子强奸并谋杀了梅·克罗；她的弟弟奥斯卡在这次袭击中扮演了什么角色；以及当奥斯卡、欧内斯特和她的丈夫罗布·爱德华兹轮奸克罗时，自己如何站在一旁举着灯笼。那些仅剩的旁听者肯定也对奥斯卡发出了嘲笑和嘘声，就如他们之前对他的表亲欧内斯特的态度一样。最近乎同情的一个表述是某位记者在描述 18 岁的奥斯卡·丹尼尔时写道，"他的样貌比诺克斯更接近人类"[15]。

与向马文·贝尔"供认罪行"的表亲不同，奥斯卡·丹尼尔在整个审判过程中一直坚称自己是清白的，直到被处死时也没有改变过立场。而且在简讲的故事里，奥斯卡也是被迫牵扯进诺克斯和爱德华兹发起的阴谋中的。即便是在那些迫切期待绞刑的白人看来，奥斯卡似乎也是三个人里危害最小的。当他戴着手铐坐在那里，借着蜡烛的光亮看着姐姐，听她用低声的叙述把自己送上死路时，起码有几位陪审员肯定觉得自己眼前的并不是什么罪大恶极的黑人强奸犯，而是一个被吓坏的十几岁男孩。

陪审团对这第二个案子的讨论持续了近一个小时，当莫里斯法官最终询问陪审团的决定时，陪审团主席埃德·约翰逊宣布："本陪审团认定被告罪名成立。"[16]当时已经是晚上 9 点 20 分，就连帐篷里民兵的低语也停止了。嗓音嘶哑的莫里斯法官起身宣布奥斯卡·丹尼尔犯强奸罪，同时是故意杀人罪的共犯，将在第二天一早接受宣判。

经过 12 个多小时的审判，两个案子都审结了。当法官和律师们收拾东西走出法院，来到卡明广场上时，最后一批围观者也开始往家走了，只有卡特伦少校的一些哨兵还在没有行人的街道上巡逻。为保证欧内斯特、奥斯卡、简和其他囚犯的安全，他们没有被移送到简陋的老旧监狱去，而是在被第五团层层包围、谨慎保卫的法院里过了一夜。莫里斯法官曾向一位记者抱怨自己上午打个盹的习惯都被案件打破了，此时他终于可以回到他在本地旅馆的房间休息了。

住在法官隔壁的是另一个将会参与处死利奥·弗兰克的私刑的人——尤金·赫伯特·克莱。后者一定为这一天发生的惊奇反转感到满意。两名罪犯毫无意外地被判定有罪，但更重要的是，简的证言让镇上所有人听到了他们期盼一个多月的目击者描述。亚特兰大的政治家们嘴上怎么批评福赛斯县人处死罗布·爱德华兹的行为都可以，但是克莱知道，如果简讲述的那种耸人听闻的情节发生在任何政治家的女儿身上，他们自己大概也会抄起撬棍泄恨。

105

审判结束几个小时之后，卡明下了一场大暴雨。据一位记者说："午夜时分天气突变……雨水在（民兵的）帐篷下面汇聚成细流，站岗的哨兵都被淋了个透湿。"[17]第二天早上，前往法庭的莫里斯法官发现，前一天还挤满数千人的广场上此时只有几处泥泞的水坑，以及几个被雨水淋透、疲惫不堪的哨兵。法官经过他们身边时，哨兵会立正敬礼。莫里斯本人曾经是玛丽埃塔步枪队中的一名上尉，他对民兵的表现非常满意，所以决定将上午庭审的大部分时间用来赞扬这些人"充满勇气和绅士风度"的表现。

不过，法官要做的第一件事是判处两名黑人罪犯死刑。莫里斯非常迅速地完成了这个任务。上午 9 点，他坐到法官的席位上之后，就命令欧内斯特·诺克斯起立，然后宣布诺克斯"将被套住脖子吊死，愿上帝宽恕他的灵魂"。接着，莫里斯又以同样的方式判处奥斯卡·丹尼尔死刑。佐治亚州法律规定定罪和处决之间的间隔是至少 20 天，莫里斯判给了两名罪犯多活一天的时间，所以他们被一起处决的日子就定在了 10 月 25 日。

法官接下来将注意力转移到了他当天最主要的话题上：第五团的杰出表现。诺克斯和丹尼尔被带出法庭时，都是从下巴方正的卡特伦少校身边经过的。当时法官在自己的座位上转向少校的方向，面对着立正站好的指挥官发表讲话，记者们则在争抢拍照的好位置。这两个黑人男孩垂着头，拖着沉重的脚步来到走廊上，他们听到那个判决自己死刑的人说的最后一句话是赞美白人群体"令人钦佩的克制"，以及对参与此次行动的所有士兵的慰问。莫里斯说："福赛斯县公民表现出了这样的克制，足以证明他们的理性。"[18]最后，法官以对穿着富尔顿蓝军装的士兵们的赞美作为讲话的结语。这段内容后来被印在了各大报纸上："我想要感谢所有参与此次行动的军官和士兵。每个人都表现得充满勇气和绅士风度。他们经历了巨大的艰辛……他们为来这里做出了牺牲。"[19]

上午 10 点 30 分，案件正式审结，士兵们拆了帐篷，重新站成把囚犯围在中间的队形，然后开启了在泥泞中返回比福德的长途跋涉，他们要到那里才能登上返回亚特兰大的火车。《亚特兰大报》的安格斯·珀克森报道说在士兵们向镇外走的过程中，他们遇到了"数百名男子组成的人群，不过（这些人）并没有口头威胁或尝试采取任何暴力行为"。这种新的平静态势可

106

能反映出白人对于审判过程和两人被判处死刑的结果感到满意。但另一种可能是他们太累了，从人们的脸上不难看出，疲劳是最普遍的感受，甚至连民兵们也是如此。珀克森写道："部队中的所有人都穿着湿衣服，他们开始行军时……都已经精疲力竭、浑身泥污。"[20]

阿萨·坎德勒（Asa Candler）是民兵队伍中的一名上尉，后来他告诉记者说，从卡明返回比福德的过程中，当队员们走过泥泞的道路，跨过涨满的查特胡奇河分支和溪流时，欧内斯特·诺克斯在某个时候突然说话了，这让所有人都吃了一惊。当坎德勒问诺克斯有什么问题时，后者看了看周围的士兵，然后请求军官许可他"逃跑"[21]。上尉忍不住笑了起来，然后告诉他部队里有"很多人能够击中1000码以外的逃跑者"。诺克斯点头说他明白自己请求的是什么：他想要的就是"被当场杀死"的机会。最后坎德勒拒绝了，在前往比福德的余下路程中，诺克斯和丹尼尔被手铐铐在了一起。

当火车抵达亚特兰大后，负责的官员做出了一些让人惊讶的举动。将诺克斯和丹尼尔安全地关进牢房之后，他们把简·丹尼尔、埃德·柯林斯和以赛亚·皮尔克带到富尔顿塔门前，解开他们的手铐，然后说他们都可以走了。这三个人随即消失在城市中，再也没出现在亚特兰大的报纸上。他们无疑都迫切地想要开始寻找自己的家人，当数百名难民从福赛斯县逃走时，他们的家人很可能也分散在逃亡队伍中。

另一个没有被释放的囚犯是托尼·豪厄尔，莫里斯法官本打算以强奸埃伦·格赖斯未遂的罪名审判他，但在诺克斯和丹尼尔被宣判的当天，里德治安官向法官汇报说，受到传唤、要为格赖斯案出庭作证的黑人都没有到场。埃伦·格赖斯本人显然也没有出现在法庭上。因此，莫里斯法官别无选择，只能宣布"因为证人没有到庭……（豪厄尔的）案子将被推迟到 2 月开庭时再做审理"。[22] 法官还下令将豪厄尔与诺克斯和丹尼尔一起关在富尔顿塔。记者们注意到当他收拾东西准备离开法庭时，莫里斯公开表现出了对比尔·里德的不满。法官肯定感到纳闷：整个福赛斯县，怎么会连一个能作证的黑人都找不到呢？

9. 我们谴责这种行为

伯德和迪莉娅·奥利弗（Delia Oliver）的住处与埃德·柯林斯及其妻子的住处之间只隔了两户人家，他们距离罗布·爱德华兹、奥斯卡·丹尼尔和欧内斯特·诺克斯在"种族冲突"爆发前居住的地方也都不远。1912 年 10 月时，看到自己的三个邻居都被逮捕，其中一个还在卡明广场上被私刑处死之后，奥利弗肯定已经意识到自己能留在福赛斯县的日子不多了。在审判之后的几周里，他眼看着黑人群体的规模越来越小，因为一个接一个的黑人家庭都决定宁愿踏上风险未知的旅途碰碰运气，也好过留在这里面对带着武器且越来越危险的福赛斯县白人。

福赛斯县的义警最终引起了全国媒体的关注，连远在纽约的一些报纸也向自己的读者介绍了大量黑人"受夜骑者的恐吓"而逃离家园的故事。一位《纽约时报》的通讯员写道："反对黑人的运动是从福赛斯县开始的。"他还说：

> 地方执法者对针对黑人的迫害行为不加禁止。实施这
> 些行为的人都骑着马，成群结队地给全县范围的黑人家庭
> 发警告，威胁他们马上离开……很多受人尊敬、辛勤劳作
> 的黑人出于恐惧，也不得不抛下自己的财产逃命。[1]

作为在白人数量占压倒性优势的奥斯卡维尔种地的佃农，

伯德·奥利弗就是这样一个"受人尊敬、辛勤劳作的黑人"，他和妻子迪莉娅共有 7 个孩子，最小的 3 岁，最大的 14 岁。这一家人是步行向东朝查特胡奇河的方向迁移的，他们和其他很多难民一样，打算前往霍尔县的有火车站的盖恩斯维尔镇。

伯德·奥利弗，日期不详

奥利弗一家离开福赛斯县的旅途与他们数百个邻居的经历相似，不过和那些没有留下任何关于这次逃亡痕迹的家庭不同，伯德·奥利弗向女儿多萝西（Dorothy）讲述了整个过程。多萝西说："他经常坐在门口的台阶上给我们讲故事……直到 15、20 年之后他仍然在讲。他坐在那里叙述这段经历时总是用手掌托着下巴，眼泪会顺着他的手臂流到袖子里。他为这件事哭过很多次。"[2] 当福赛斯县在 1987 年再度登上全国报纸的头条时，77 岁的多萝西·拉克·奥利弗在《盖恩斯维尔时报》上重述了父亲的那些回忆。

多萝西说 1912 年时，"我父亲亲眼见证了所有事"，她指的是欧内斯特、丹尼尔和柯林斯被逮捕，黑人的房屋和教堂被

110

烧毁，以及夜间传来的让黑人迁移的最后通牒等。"他们知道会发生什么……坏消息总是传得很快。"伯德·奥利弗告诉女儿说，很多黑人家庭被迫抛下了"整桶的糖浆、罐装的食物、家族纪念品，以及所有财产中最重要的一项——农田"。多萝西还是个孩子的时候曾经问父亲是不是真的在"全白"的福赛斯县长大。奥利弗于是讲了他的家庭如何为了安全而与其他难民结成旅伴，一起穿过到处都有白人暴民的地方的故事：

> （他加入的）这个队伍里大约有 75 人……他们走一段路就会数数（队伍的人数）。就在他们快要到达河边时，他的三个①亲属失踪了。不过你不可能再回去找他们了。[3]

根据家族传说，伯德和妻子迪莉娅是在逃难途中走散的，三个最大的女儿跟着母亲，四个年幼的孩子跟着父亲走了 11 英里才抵达盖恩斯维尔镇。伯德和这四个孩子在 1920 年人口普查时重新被登记在案，当时他和自己的第二任妻子比拉·拉克（Beulah Rucker）生活在一起，伯德是在霍尔县安顿下来之后与拉克相识的。

我们不清楚伯德和迪莉娅在逃出福赛斯县时是否主动选择了分头行动，可能是迪莉娅和年长的孩子们没能成功抵达约定的团聚地点，也可能是她们在途中遭遇了什么暴力的袭击。反正有记录确认了伯德·奥利弗在逃出福赛斯县的过程中失去一半家人的事。虽然他和第二任妻子比拉后来成了盖恩斯维尔黑人群体中的领袖，还建立了全州最成功的非洲裔美国人学校之一，但

111

---

① 奥利弗在逃难过程中失去了妻子和三个女儿，但此处引用的是多萝西的原话，作者认为应当予以保留。——译者注

据多萝西说，她的父亲从未忘怀被他抛在福赛斯县的一切。与其他很多人一样，他的人生也被 1912 年秋天分割成了两段。

当越来越多像伯德和迪莉娅这样辛勤劳作、遵纪守法的人选择背井离乡之后，福赛斯县的白人土地所有者们开始对自己的未来深感担忧。《纽约时报》的记者说得很明白，随着暴力活动的蔓延，夜骑者已经不只是威胁黑人居民，他们还会骚扰许多雇用黑人的白人雇主：

> 最近，一些雇用了很多黑人，并表示会保护自己雇工的白人种植园主都收到了警告。夜骑者向这些种植园主发出通知，声称如果他们不停止保护黑人，那么他们的谷仓和房屋也会被烧毁。[4]

所有人都知道纵火威胁在北佐治亚的白人口中可不是说说就算了的事。随着恐怖情绪的升级，突然有大量难民涌入了与福赛斯西部接壤的切罗基罗县。一位目击者称：“上周有三辆坐满人的马车停在这里，我们被告知在坎顿及其周边还有几辆这种运送人员的马车。”[5] 霍尔县的居民也看到由无家可归的黑人家庭组成的长长的队伍沿着离开福赛斯县的道路向外迁移。《萨凡纳论坛报》（Savannah Tribune）上刊登的一篇名为“入侵盖恩斯维尔”（Gainesville Invaded）的文章，描述了“大批黑人从福赛斯县和临近各县”来到这里的情况。文中还讲道：

> 他们都是被愤怒的白人赶出家乡的。那个山地县里的每位种植园主都收到了匿名信……内容是威胁要点燃或炸

112

毁有黑人居住的房屋，以此作为对不遵从命令者的惩罚。很多例子中，白人暴民群体会到农场中有黑人居住的房子前明目张胆地要求他们迁离。[6]

A. J. 朱利安（A. J. Julian）是一位长期在福赛斯县生活的居民，他是约瑟夫·麦基·布朗的老朋友，在听到关于这些"无法无天的行为"的报道之后，他直接给州长写了封信，为的是确保州长明白一件事，那就是对诺克斯和丹尼尔的定罪并没有给暴民的暴力活动画上句号，而且实际情况正变得一天比一天糟糕。朱利安写道：

> 亲爱的州长，我想就一个非常重要的问题提请您注意。您应当保护盖恩斯维尔及福赛斯县公民的安全，尤其是福赛斯县的……现在有一群在夜间活动的掠夺者……他们几乎赶走了所有黑人……而且，他们非常胆大妄为。治安官们似乎都很胆怯，表现得像懦夫一样。

朱利安还讲了一群年轻黑人女子和她们尚在襁褓中的孩子们遭到突袭的事，白人夜骑者特意确定了所有成年黑人男子都不在家，妇女们也没有武器之后才登门：

> 上周，五名男子来到（一栋）黑人的房子前……他们先派一个年轻男子前去查看黑人男子是不是都不在家，然后又询问了黑人妇女们有没有枪。看到房子里没有男人也没有手枪之后，他们就都冲上来，命令妇女们离开。当时下着倾盆大雨，有一个妇女的孩子还非常年幼。等黑人走

了之后，白人男子开枪打死了她们的几条狗，还把所有家具、衣物和床品堆在院子里，连同狗的尸体一起点火烧了。

朱利安显然是想要用这样的画面来让州长感到震惊：年轻的母亲抱着年幼的孩子，在狂风暴雨中被赶出自己的家，至于家里所有的家当，则"连同狗的尸体一起"全被烧了。朱利安知道布朗州长还会为一件事感到担忧，那就是暴力活动造成富饶农田被荒废在那里无人耕种。

113

> （今年）会有成百上千英亩的土地……无人打理，这会造成本州和各县税收收入减少。如今想找雇工和佃农都很难。这样的状态还要继续下去吗？如果不对这些暴行加以制止，最终一定会导致种族战争的爆发。[7]

朱利安提议的"制止"非常简单：追查并逮捕实施暴力活动的人，然后积极对他们提起公诉。

布朗在回复这封信时提出，如果有人能够指认对黑人公民实施暴力的行凶者的话，指认的人将获得50美元的奖励。他还说他也"谴责在这片地区对人们犯下这么多令人发指的罪行的违法者"。不过，尽管布朗和朱利安一样担心这些情况带来的经济后果，但是他坚定地认为这个问题应当尽可能地由当地人自行解决，而不是州政府或联邦政府出面干预。布朗在给朱利安的回信中给出的结论是："守法的人应当联合起来对付这些不法之徒，并将他们绳之以法。"[8]

到10月中旬时，一群福赛斯县的白人打算照布朗说的做，他们宣布要在卡明法院举行一场公众集会，解决将黑人居民赶出本县的"无法无天的行为"。这个问题显然不会自己悄无声息地消失，所以在 10 月 16 日星期三晚上，也就是梅·克罗葬礼当晚福赛斯县变成"人间地狱"三个多星期之后，忧心忡忡的公民们聚集在一起探讨"守法的人们"要如何叫停，甚至是逆转黑人逃离的状况。很多人肯定认为反对暴力和保护黑人是出于道义和作为基督徒的责任，毕竟这些黑人住在他们家中、给他们做饭，还帮他们照看了几代人的孩子——有些人家的黑人甚至从奴隶制被废除前就在这些家庭里服务了。用一位本地人的话说："他们赶走的黑人厨娘在我家照看过 17 个孩子！"[9]

杰里迈亚和南希·布朗（Jeremiah and Nancy Brown）的孩子们，他们都是在 1912 年被赶出福赛斯县的。从左至右分别是哈里森（Harrison）、罗莎莉（Rosalee）、伯蒂（Bertie）、弗雷德（Fred）、娜奥米（Naomi）和迈纳·布朗（Minor Brown），照片拍摄于 1896 年前后

出席这次公众集会的有种植园主、磨坊主和矿场主，此外还有许多无法想象没有黑人"仆从"为他们服务的富有白人家庭的成员。这些人都抱着同一个迫切的目标，那就是尽快阻止恐吓活动，以防哪天早上自己一觉醒来，发现所有非洲裔的雇工、看门人、司机、厨师和洗衣女工全都趁夜逃走了。卡明镇镇长查利·哈里斯主持了这场集会。担任大会秘书的是 24 岁的约翰·F. 埃科尔斯（John F. Echols）。埃科尔斯就是在卡明长大的，后来他到亚特兰大读书，最近才刚刚回到家乡，在哈里斯的律师事务所里做办事员。

埃科尔斯在他的速记本上记录的官方决议显示，卡明有很多白人都为天黑以后发生的事深感困扰。他们的决议向州长说明了此时发生的暴力活动并不是一系列互不相关的袭击，而是"某些不明身份的人"之间一种相互配合的"行动，旨在将黑人赶出本县，这样意图的证据是他们写给所有黑人，并投放到该群体成员的家门口或邮箱中的书信，信中的内容不仅是通知黑人必须离开，还对其进行了威胁。有些白人也收到了信——所有这些行为都是违法的，也是有损公众利益的"。[10] 在给州长附上的说明信中，哈里斯补充道："好几个黑人教堂都被烧毁了，黑人居住的房子也遭到了不明身份的人的射击，这些人还通过邮递的方式给黑人发送恐吓信……我们确信这样的行为已经违反了法律。"[11]

信中提到的最后一个细节，即关于通过美国邮政系统发送恐吓信可不是什么小事，因为它意味着那些"不明身份的人"不仅违反了县级和州级的刑法，还违反了联邦法律。哈里斯借此暗示这个问题已经不是一个兼职镇长或一个小县城的警力能够解决的，而是值得州长和联邦司法机关给予重视的。作为求助内容的一部分，那些参加了集会的人们申明他们追求的是和平与秩序。他们还说："我们谴责这种行为，并保证在我们的权力范围内，向本县遵纪守法的无辜黑人提供合理合法的保护；以及为找到真正的违法者，并将他们绳之以法提供协助。"[12]

这份决议呼吁佐治亚州北区联邦法院的威廉·T. 纽曼法官（Judge William T. Newman）展开调查；它还提醒佐治亚州的官员们，鉴于诺克斯和丹尼尔很快就会被送回卡明，并在卡明广场附近被执行绞刑，福赛斯县公民们要求州长派遣佐治亚州国民警卫队前来协助"维持秩序，保证和平，镇压已经存在的邪恶势力"。最后，决议还向布朗州长和纽曼法官请求"立即采取行动"，并特别强调了比尔·里德治安官在阻止暴力活动的工作中必须负起的责任。文件结尾处写道："我们保证支持里德治安官，并向他提供保护本县无辜公民所需的援助。"[13]考虑到里德在杀死罗布·爱德华兹的过程中与暴民串通一气的行径，这样的说法此时听起来无非是种悲剧性的一厢情愿。

10月份这次公共集会做出的声明清楚明白地传达了停止暴力的呼声，它还证明了大规模驱逐活动爆发三周之后，许多白人居民已经意识到自己身边正在发生什么，并且尝试阻止这样的情况继续下去。他们没有选择坐视不理，而是请求州政府和联邦政府"调查破坏活动，并将责任人绳之以法"[14]。

布朗州长在五天之后给出的回复与哈里斯镇长请求他协助的呼吁一样清楚明确，州长写道：

> 我收到了你们……要求我为恢复福赛斯县的和平秩序提供援助的来信，作为回复，（我）在此声明这个问题需

要法官、治安官和其他地方官员通力合作；除非地方官员告知州长他们不能执行法律以恰当地保护生命和财产安全，否则州长无权采取任何行动给予保护。我真心希望福赛斯县正直的公民能够联合起来保护那些遵纪守法、在本地和平寻求就业机会的人。[15]

虽然卡明的决议还呼吁纽曼法官发起联邦级别的调查，并凭借他的职权逮捕那些发出恐吓威胁的人，但是这位法官并没有采取任何行动。相反，纽曼正忙于参与美国最初的"毒品战争"：起诉成千上万进行小规模烈酒走私的穷人。佐治亚州在1908年通过了最早的一些禁酒令之后，大批走私者被逮捕。20世纪最初十年的大部分时间里，玉米的价格一直很低，再加上北佐治亚有很多地方都不通火车，成千上万的山地居民发现运送成箱用玻璃瓶装着的私酒比翻山越岭运送成堆的玉米要容易得多。而且一罐罐被戏称为"白色闪电"的烈酒在被送到盖恩斯维尔和亚特兰大之类的地方以后，能够在黑市上卖出任何整车的农产品都不可能卖出的价钱，所以玉米和用同等重量的玉米制成的威士忌带来的收益有天壤之别，难怪走私者宁愿被联邦"税务官员"逮捕也要冒这个险。[16]

1912年秋天，纽曼法官在北区法院巨大无比的皮封面记录簿里写满了制作蒸馏酒的穷困白人被定罪的内容，他们的罪名往往是偷逃联邦税款。[17]同样是在这个月份，夜骑者通过美国邮政系统向非洲裔美国人发出恐怖威胁，可是法官的记录簿里连一个针对他们的案子也找不到。也就是说，如果有人在福赛斯县的某个绿树成荫的山谷里静悄悄地制作一罐烈酒，那么政府会派出一支税务官员大军到北佐治亚逮捕这些烈酒走私者，并

117

毁掉他们的蒸馏器具。可白人要是把晚上的时间花在朝黑人的房子射击、扔炸药，或者点火烧毁黑人居民的房子，迫使他们弃家逃命上，联邦政府却可以像约瑟夫·麦基·布朗州长一样假装看不见、听不到。

1915 年夏天，全国有色人种协进会（NAACP）官方杂志《危机》（*The Crisis*）的主编杜波依斯安排了一位名叫罗亚尔·弗里曼·纳什（Royal Freeman Nash）的记者到福赛斯县调查这起大规模驱逐黑人的事件。调查结果被刊登在 1915 年 11 月的杂志上，这篇文章是唯一摆脱南方人视角来评论此次事件的书面记录。纳什是全国有色人种协进会的秘书，也是一位社会工作者。作为一名白人，他能够相对不引起注意地进入福赛斯县这样的地方。另外，常年调查种族犯罪的经验也让纳什练就了一种善于引导受访者吐露心声的本领。

在采访了福赛斯县各地的白人，以及逃到临近各县的黑人群体的成员之后，纳什描述了白人在 1912 年时是如何利用黑人邻居的悲惨处境为自己谋利的。白人抓住机会，以远低于商品实际价值的价格买下了黑人的牲口和农具。纳什写道：

> 黑人收到要求他们离开福赛斯县的恐吓信中规定的时限往往是 24 小时、36 小时，偶尔也有十天之内的，这意味着黑人要毫无准备地离开，不得不抛下他们在世上所有的财物。在另外一些例子中，黑人们会有几天的时间来卖掉自己的财产，一头价值 25 美元的奶牛也就能卖 8—9 美元，一头 15—20 美元的猪也就能卖 4—6 美元。至于房子和田地的价格更是低得跟白送没什么两样。如果黑人拥有

118

一头骡子，他还能运走一些家具，否则这些东西在他离开之后都会被烧掉。

纳什还写到了如果黑人居民尝试坚持不走会遭遇何种可怕的结局。一个接受他采访的家庭收到的最后通牒甚至不是由成年男子，而是由两个白人小孩送来的：

> 不按时离开意味着到了夜里，会有白人带着炸药或火炬偷偷前来点燃房子。这样的结果太可怕了，以至于一个黑人家庭被迫接受了在 24 小时内离开的要求，而且威胁他们离开的通知是由一个 5 岁和一个 6 岁男孩（送来的），他们这么小就已经从自己的长辈那里学会了如何玩这个游戏。

在福赛斯县的白人儿童学习如何恐吓黑人邻居并将他们赶出自己住处的"游戏"的同时，一小拨非洲裔美国人还想尝试继续和平地生活在镇上，他们希望凭借自己与富有白人的紧密关系来让自己获得某种保护。纳什采访了一位卡明旅馆的黑人雇员，她讲述了即便是在"多次收到通知之后……旅馆老板仍然让她继续工作到 1 月，不过因为担心自己实在无法继续保护仆人的生命安全，老板最终还是让她离开了"。纳什还听到了发生在福赛斯县一些农场中的类似故事，那些白人老板也是在收到暴民的反复威胁后才怀着遗憾和抱歉的心情解雇了长久以来一直为自己工作的雇工。在被问到有没有白人保护黑人例子的时候，一个福赛斯县农民告诉纳什：

那边的老罗珀（Roper）离不开自己的黑鬼，因为后者对他的农场了如指掌。年轻人多次提醒罗珀让那个黑人离开，但是罗珀非要留着黑人。于是有一天夜里，白人们只好在黑鬼的房子下面放了一根炸药……不，他没有被炸死，不过被吓得马上逃到霍尔县去了……我估计他不会再回来了。要知道，年轻人都是怀着福赛斯县是一个属于白人的县的观念长大的。[18]

就这样，在梅·克罗去世之后，白人一个农场接一个农场、一个木屋接一个木屋地将最后一个胆敢留在福赛斯县的黑人居民也赶走了。那些想要保护黑人的人也都受到了教训，炸药和火把让他们明白了抵制这个新的"仅限白人"法则要付出什么代价。无论里德治安官对实施这些恐怖行为的人的身份了解多少，也无论他在这些夜深之后发生的恐怖活动中扮演了什么角色，反正在1912年的福赛斯县，因为危害黑人财产和生命安全而被逮捕或相关逮捕令被签发的情况是根本不存在的。到10月中旬，《达洛尼加金块报》（*Dahlonega Nugget*）的编辑已经可以宣布："一位福赛斯县的绅士上周来到本地时告诉我们，生活在那里的黑人都走了。没有留下一个人来讲述事情的真相。"[19]

10. 扼杀在摇篮中

奥斯卡维尔以东几英里外的查特胡奇河对岸也有一个以白人为主的县，那里也有贫穷、遭受剥削的黑人和身处社会底层的白人。1912 年秋天，霍尔县境内也广泛掀起了种族冲突的疯狂浪潮，这里的居民们也目睹了一大波类似袭击黑人雇工和黑人住所的情况，不过这些事件的结果与福赛斯县事件的绝对有天壤之别。

无论霍尔县内种族之间的紧张气氛原本是何种程度，反正这种紧张在数以百计流离失所的黑人家庭涌入霍尔县之后升级了。黑人要么在通往盖恩斯维尔的路边露营，要么到居住在镇上的非洲裔美国人聚居区的亲朋好友家里借宿。《亚特兰大宪法报》报道称："黑人的大批涌入让很多脾气暴躁、无法无天的人怀有的怨恨情绪猛增。"[1]

在 10 月某一天的早上，《盖恩斯维尔时报》告诉读者："有一群人来到市政厅附近的 M. A. 盖恩斯先生（Mr. M. A. Gaines）的工地上，人数从十几到一百不等，他们命令黑人泥瓦匠全都停止工作……黑人们以最快的速度逃走了，而且没再回来，（所以）到此时为止，这栋建筑还处于未完工的状态。"[2] 没过多久，本地的农场主们也开始受到类似的骚扰，这些滋事者不仅要求他们开除黑人雇工，还要求黑人永远离开霍尔县。10 月 14 日的《亚特兰大宪法报》报道说：

一群白人暴民出现在一个名叫乔·胡德（Joe Hood）的黑人家，胡德住的地方位于盖恩斯维尔以北大约 3 英里处。一位代表要求胡德离开这片地区，（但）这个黑人当着白人的面摔上了门。于是这群人一起朝房子扫射，胡德和妻子及家人用床垫和寝具作遮挡，平安地逃了出去，不过他们的房子已经布满了弹孔。房屋各面都有霰弹枪打出来的大洞，以及手枪和温彻斯特步枪打出的小弹孔。[3]

和福赛斯县的情况一样，这样的袭击也是将黑人，尤其是可能和自己竞争雇用机会的黑人劳动力赶出本地的持续努力中的一部分。一位记者写道：

> 黑人的逃离不仅让这一整片地区因为农田荒废、劳动力流失而遭受损失，连盖恩斯维尔的显赫生意人也受到了……充满敌意的白人的袭击。城里的很多黑人司机被命令放弃自己的职位，还有人寄出了匿名信，要求雇主解雇自己的黑人雇员。[4]

尽管"头脑冷静的"居民都希望暴力活动能够局限在地方范围内，不要影响盖恩斯维尔作为贸易中心的名声，但到了 10 月 12 日星期六，霍尔县的暴民还是上了佐治亚州所有报纸的头条。当时，南方铁路公司的招牌线路，往返于纽约和新奥尔良之间的特别快车（New York & New Orleans Limited）正停靠在霍尔县南部边界的弗劳瑞布兰奇（Flowery Branch）补充饮用水。在此期间，车上那些要前往亚特兰大的乘客从列车车窗里看到了一个令人惊恐的景象：一群暴民正在将一个黑人男子拖下列车。这个名叫 W. A. 弗莱克（W. A. Flake）的黑人是在邮件车厢上工作的，似乎仅仅是看见他穿着制服就足以让当地白人怒不可遏。一名目击者称："白人暴民一边咒骂，一边危险地挤在列车旁，他们一直恐吓弗莱克，把他吓得躲在车厢角落里。这趟车的列车长 D. P. 怀特（D. P. White）站在车门口命令暴民们走开，他威胁说谁敢上车他就会（朝谁）开枪。"[5]

这样的突袭事件清楚地说明霍尔县也没能躲过 1912 年时让福赛斯县发生变化的那股白人恐怖主义风潮。不过霍尔县虽然在 10 月里出现了不少袭击黑人的事件，但是冬天来临的时候，这里已经恢复平静，成群结队的夜骑者也放弃了在查特胡奇河东岸再创造一个"白人县"的努力。鉴于在同一条河的两岸发生的种族清洗运动以一成一败的结果告终，人们自然会想要知道究竟是什么原因造成了这种不同。驱逐非洲裔美国人这件事为什么可以成为福赛斯县特征的一部分长达近百年，而在霍尔县却只能昙花一现？

袭击比尔·赫斯（Bill Hurse）的事件为解答这个问题提供了一些线索。赫斯是一个在霍尔县生活和工作的佃农，他租种的是一位名叫雷蒙德·卡莱尔（Raymond Carlile）的富有白人种植园主的土地。卡莱尔的农场位于弗莱克险些被处以私刑的那条铁路侧线不远的地方。《盖恩斯维尔新闻》报道说，10 月 14 日星期一，也就是火车遭到突袭的两天之后，"五名夜骑者来到位于雷蒙德·卡莱尔先生领地上黑人居住的房子前"，试图强迫赫斯带着家人逃离。不过记者注意到，与福赛斯县的情况不同的是：

等待夜骑者的是所有像他们一样的掠夺者都理应遇到的抵抗——端在地产主人手中的霰弹枪。大约 10 点的时候……在黑人比尔·赫斯的房子前出现了开枪的情况。卡莱尔先生没有浪费一点儿时间……他下定决心不让别人赶走给自己种庄稼的人……所以在听到有人朝他佃农居住的房屋射击时,(卡莱尔)抓起自己的霰弹枪赶到现场保护他的黑人和财产。卡莱尔不仅向掠夺者们还击,还一直追赶他们,最终抓住了一个名叫托布·塔洛斯(Tobe Tullus)的参与者,还获得了足以指认没被逮住的(其他)同伙的信息。

枪击结束后,卡莱尔知道赫斯和他的家人已经安全了,于是就将被他抓住的托布·塔洛斯交给了霍尔县治安官威廉·克罗,并详细叙述了当时的情况。第二天早上,克罗带着一队副治安官骑马前去将其他参与袭击卡莱尔的黑人佃农的夜骑者全部捉拿归案。

被指参与了(夜骑者)队伍的人包括威尔·詹金斯(Will Jenkins)、巴德和杰西·马丁(Bud and Jess Martin)、托布·塔洛斯和沃什·帕根(Wash Phagan),警官们已经获得了对他们每个人的逮捕令。

托布·塔洛斯是唯一(在袭击发生当晚)被抓住的,他被关在霍尔县的监狱里。警官们还展开了对其他参与者的抓捕活动,只要他们不离开本县境内,就一定会被抓住。[6]

就在《盖恩斯维尔新闻》即将付印之前,编辑们又在最后时刻补充了一个新进展。读者们由此得知：

> 巴德·马丁、威尔·詹金斯和沃什·帕根已经被朗·斯潘塞先生（Lon Spencer）和约翰·坦纳先生（John Tanner）逮捕……这三人乘坐第12号火车返回盖恩斯维尔后也被关进了监狱。斯潘塞先生是克罗治安官手下经宣誓就职的副治安官……他已经返回弗劳瑞布兰奇，并积极地控制住了局势。他将逮捕任何可能参与了夜骑者行动或做出了其他不法行为的嫌疑人。警察和人民将立即阻止……夜骑者的破坏行为，威胁守法的黑人离开家园的行动必须停止，而且是马上停止。[7]

124

虽然克罗治安官本人与在河对岸被谋杀的白人女孩还是远房亲戚，但他告诉记者说自己会找到并逮捕对黑人家庭实施暴力的白人。他后来还说："我们不需要军队，因为我们自己就可以解决这个问题。"[8]托布·塔洛斯、巴德·马丁、威尔·詹金斯和沃什·帕根都因为袭击赫斯而接受了审判并被定罪，很快还有五名白人会因为赶走盖恩斯维尔市中心的盖恩斯先生工地上的黑人泥瓦匠而坐牢。这一案件中的犯人的名字也被刊登在了《盖恩斯维尔时报》的头版上："霍勒斯·史密斯（Horace Smith）、汤姆·霍尔（Tom Hall）、纽特·斯特里克兰（Newt Strickland）、约翰·斯特里克兰（John Strickland）和托尔曼·斯特里克兰（Tolman Strickland）因妨碍从事合法职业的人"而被定罪。[9]

这些公诉案件在执行吉姆·克罗法的佐治亚州显得格外突出，因为在这里，白人因对黑人实施暴力而受到惩罚的例子非常罕见。一个目睹过福赛斯县突袭活动的人后来说："如果我们从一开始就能有几名警探在那里……抓住一两个（夜骑者）并给他们定罪，其他想要实施暴力的同伙一定会被震慑住。"[10]通过抓捕并囚禁霍尔县那些最初的也是最大胆的违法者，执法者们传达了一个福赛斯县的白人们从来不用考虑的信息：胜选就任的本地官员会追究"无法无天的"白人的责任，即便受害者是黑人也不例外。如罗亚尔·弗里曼·纳什在《危机》上写到的那样：

125
　　　　当霍尔县的南方白人穷鬼开始……在本县范围内扫荡时，据本地小道消息说，几乎在同时就传出了不惜花费 1 万美元也要将这种趋势扼杀在摇篮中的说法……恐怖活动发生后 24 小时内就有 11 人被逮捕，没过几天这股风潮就偃旗息鼓了。[11]

　　佐治亚州毕竟还是佐治亚州，1912 年时，奴隶解放运动保证的自由在很多方面还都是一句空话而已。不过当数以百计的福赛斯县难民跨过布朗桥，踏上查特胡奇河东岸的时候，他们确实可以小小地松一口气。在霍尔县，杀死黑人至少仍然被视为犯罪。

11. 绞刑架

　　福赛斯县大驱逐最声名显赫的代言人是一位名叫安塞尔·斯特里克兰（Ansel Strickland）的富有的卡明医生。他是内战前福赛斯县最大的奴隶主哈迪·斯特里克兰的后代。在罗布·爱德华兹遭私刑处死之后的几周里，斯特里克兰医生给《北佐治亚人报》写了一封充满愤怒之情的信，内容全是在指责那些暗示"无法无天的行为"在福赛斯县有多么猖獗的亚特兰大编辑。斯特里克兰医生向读者提问道："如今什么是法律？法律应当是人民的意志……（如果）本县的人民感到满意，就没别的可说。法律是由人民定的。"[1]随着诺克斯和丹尼尔的死刑执行日期临近，斯特里克兰医生会主动申请在自己的领地上执行绞刑真是一点儿也不令人意外。

　　莫里斯法官在法庭上做出的指示很明确：死刑执行地点应位于"距离县法院一英里范围之内……环境私密，仅许可行刑官员、足够的警卫、被告的亲属和（他们）要求的神职人员到场"[2]。莫里斯知道一场公开的处决非常容易"引发暴民的暴力活动"[3]，所以他下令这场处决应当是庄严、谨慎的——然后他就将安排行刑的工作全交给了比尔·里德。

　　当治安官第一次沿着斯特里克兰家房子后面一片长着草的斜坡下行，放眼观察归医生所有的低处草场时，他肯定立即意识到了在这里行刑的可能。因为这片草场距离法院很近，所以严格来说它是符合法官的指示的，从枫树街步行到这里也没多远。与此同时，当里德眯着眼睛抬头望向围绕在草场三面的山脊时，他绝对能看出这种有马蹄形山坡围绕在宽阔、平坦草地周围的地形就是一个天然的露天剧场。成千上万的观众可以聚集到山坡上，铺好毯子，带着孩子和野餐篮，每个人都能清清楚楚地看到整个行刑过程。一旦处决顺利开始，里德知道那些观众都会为他将两个被定罪的黑人强奸犯送上绞刑架而欢呼叫好。

当莫里斯得知绞刑架要被竖立在这样一个公开的地点时，他下令起码要在行刑地点周围搭建某些形式的遮挡。[4]因此，里德的手下在斯特里克兰医生的草场上竖起了 15 英尺高的木栅栏，围出了一片 30 平方英尺的空场——所有这些只是为了应付法官关于绞刑架和垂死的囚犯应当被遮蔽在人们视线之外的要求。

不过，在囚犯即将被处决的前几天里，已经有方圆几英里之内的人赶来观看木工的搭建工作。当这些人在山坡上找好位置就座的时候，莫里斯法官这个计划的缺陷就显而易见了。一旦这些 15 英尺高的栅栏出一点儿问题——比如说不知怎么被点着了——那么执行绞刑就不再是莫里斯法官设想的有尊严的、私密的过程，而是会变成某种有观众围观的阴森可怖的剧场表演。

10 月 24 日星期四，这个小镇被越来越多迫切想要观看本县在过去 50 年里的第一次依法处决的人挤满了。欧内斯特·诺克斯和奥斯卡·丹尼尔也在此时踏上了他们最后一次向北返回福赛斯县的旅程。如果这两个有亲属关系的男孩躺在富尔顿塔中的简易床上时还抱有什么最后希望的话，准备好手铐的副治安官的出现就足以让他们从幻想中清醒：他们要被送回家乡处决了，届时还会有那些鞭打了格兰特·史密斯，私刑处死了罗布·爱德华兹，并且几乎将他们认识的所有人都赶出福赛斯县的白人在旁围观。在副治安官的命令下，两个男孩站起身，伸出手戴上手铐，从众多摄影师组成的夹道中艰难地走出去，最后一次出现在巴特勒街（Butler Street）上围观者的视线中。

布朗州长被哈里斯镇长说服，相信比尔·里德绝不是会抵抗想要实施私刑的暴民的那种人，所以他在六周之内第三次签发了宣布福赛斯县再次处于"暴动状态"的行政令，并安排第五团护送囚犯走完这段他们已经熟悉的前往卡明的路程。当士兵们沿着亨特街（Hunter Street）前往终点站时，诺克斯和丹尼尔再一次被围在了行进队伍的中央。半途中，一位一直无法接近囚犯的摄影记者冲进了一栋办公楼，爬上高层，然后把镜头从窗口伸出，对准被摄目标。他拍出来的是一张上帝视角的全景照片，这张照片也是已知的关于 16 岁的欧内斯特和他 18 岁的表亲奥斯卡的最后一张照片。

第五团登上了 4 点 30 分出发的南方铁路火车，并于当晚 6 点抵达比福德。休整用餐之后，他们就开始向着福赛斯县行军。根据部队中的主医务官阿诺德·林多默医生（Dr. Arnold Lindorme）的说法："天气状况完美，凉爽且有明亮的月光，我们走得很快，在凌晨 1 点 30 分抵达了卡明的法院。"[5]

里德治安官此时已经在广场上等候了，把囚犯和他们的守卫安排到法院里过夜之后，里德和卡特伦谈论了第二天行刑的计划。治安官告诉卡特伦说，不幸的是，法官下令搭建的栅栏出了点儿意外状况。

《基奥维信使报》（Keowee Courier）的一位记者报道了就在军队抵达几小时前，一群暴民如何来到"绞刑架的搭建地点，129

破坏了栅栏，并用做栅栏的木材点起了巨大的篝火"。从安塞尔·斯特里克兰家可以看到这片草场，房子里的人肯定也能听见这里的动静，所以当天晚上躺在床上睡觉的这位卡明医生很可能听到了狂欢人群庆祝自己胜利的欢呼声。蓄意破坏者们的目的就是要让莫里斯法官关于保证行刑过程私密的指示成为一句空话，因为他们拆除并烧毁了栅栏，但是非常小心地确保用来吊死诺克斯和丹尼尔的绞刑架不会遭到一点儿损坏。《基奥维信使报》的那位记者说道，"今天早上"，原本立着栅栏的地方"只剩下一堆灰烬，但是绞刑架本身没有受到破坏"。[6]

第五团从富尔顿塔前往亚特兰大终点站；
箭头指向的是囚犯诺克斯和丹尼尔

当卡特伦少校听说比尔·里德竟没有安排人员看守栅栏之后，他开始意识到治安官本人就是福赛斯县问题中很重要的一部分。卡特伦在自己的报道里详述了他对于县治安官的担忧：

我问他是不是不打算重建（栅栏），他说他找不到修栅栏的木材了。但我在我们进入卡明的路上看到过一大堆木材，所以我告诉他我可以用（那些）木材修建栅栏，而且他需要从我的部队里借用多少人帮忙都可以，但是他拒绝了我的提议，也没有解释原因。

第二天上午，听到火灾消息的莫里斯法官下令让县牧师赫舍尔·琼斯（Herschel Jones）重建栅栏，但卡明的商人全都拒绝出售木材。城中甚至还流传出了一个执行绞刑当天使用锤子犯法的说法，传播它的人们之间肯定只要一个眼神或一个点头就能够领会其中的含义。[7]

卡特伦怀疑里德和那些烧毁栅栏的人明摆着就是串通一气，他们的阴谋就是要让处决成为一种供人围观的大场面：

> 我完全有理由相信，治安官根本就是支持潜在暴民的，（而且）他选择在这个地方搭建绞刑架就是为了让栅栏被破坏，然后让前来观看行刑的人都有一个绝佳的视野。我相信（里德）纵容了拆除栅栏的暴民，甚至有可能就是他让亲信做的。
>
> 他答应行刑应当一早进行，以避免人群聚集后出现混乱的无法控制的局面。（然而）背地里他却让见证处决的医生 12 点再来……我相信他是在操纵法律来为自己谋求政治利益，为的是获得一个公开争取暴民一方青睐的机会。[8]

卡特伦发现的情况似乎能够说明，比尔·里德在行刑这件事上动的心思一点儿不比他当初将看守罗布·爱德兹这个费力不讨好的工作交给副治安官拉默斯时做的算计少。此时作为县治安官的他不但不打算控制福赛斯县的暴民，反而想尽办法来为他们提供一场公开上演的绞刑，比尔·里德抓住了这个机

131

会，他要成为舞台上的核心。

10月25日星期五上午吃完早饭，里德就朝斯特里克兰家的草场中央走去，一边走还一边和已经在长满草的斜坡上选好最佳观看位置的家庭打招呼。为确保绞刑以人道的方式进行，林多默医生在现场监督，他像卡特伦一样为自己看到的一切感到震惊：

> 治安官选择的行刑地点简直是实现其目的的最好场所，这个目的就是让成千上万聚集在此的人看到他这个治安官的成就。这样的景象让笔者感觉自己是参加了一场18世纪初期的处决活动似的。[9]

骡子、马匹和马车将托尔伯特街和凯莉米尔路堵得水泄不通，数以千计赶来观看行刑的人都在山坡上找好了位置。卡特伦的士兵用铁丝网在绞刑架周围拉起了一条长100码的警戒线。卡特伦说可以进入警戒线以内的人包括"新闻记者、临近各县的两三名治安官，还有福赛斯县治安官的几位亲属"[10]。里德治安官享受着人群的关注，并利用职务之便给"几位亲属"安排了最佳观看位置。他把黎明到囚犯抵达之间的这段时间都用来哗众取宠，以及助长人们对即将举行的绞刑的期待了。卡特伦在报告中说：

> 他非常聒噪，总是要让所有人注意到他的存在。他还把一个年轻人摔倒在地，然后抓着对方的脚将其拖到了山脚处，并（尝试）其他方法把事情闹大。警戒线外面的暴民一直在招呼里德说如果有需要就找他们帮忙，里德也总

是回答说一定会的。他始终都在和警戒线外面的这些人高声对话。治安官的行为太过分了，要不是需要他执行法庭的判决，我一定会以煽动暴乱的罪名逮捕他……（他就是）公开支持暴乱的。[11]

根据多位目击者的说法，随着观众的期待不断累积，越来越多"在草场四周山坡上占据了位置的人都迫不及待地盼着绞刑开始，就像渴望看到马戏团游行的焦急等待的观众一样"。观看行刑的人群中甚至有很多抱着孩子的父母，"（由于）绞刑架周围的木栅栏都被烧毁了，山坡上的人可以对处决过程一览无遗，把每个令人毛骨悚然的细节都看得清清楚楚"。[12]

当卡特伦为这样的"节日气氛"感到恶心的时候，他的士兵们倒是没有遭遇人群中任何人的挑战。那些人似乎意识到私刑在此时是多此一举，因为里德已经为他们安排了观看州政府批准的处决的机会，这个盛况足够充满戏剧性。不过，诺克斯和丹尼尔还是要从法院走半英里来到行刑地点，他们对于暴民随时可能失去耐心、直接亲手杀死他们的恐惧，一定和对于绞刑架的恐惧同样深。如卡特伦说的那样："大部分人都是看热闹的，不过也有不少邪恶的、无法无天的人混在人群中……我们根本没法辨识他们之间的区别。"[13]

在绞刑开始前，还有另一批观众要被引导着通过军队的哨岗，进入警戒线范围之内就座。当这些人出现在草场边缘时，整个人群都安静了下来，一上午的时间里，声音粗哑的男人们第一次噤声了，母亲们也让自己的孩子不要吵闹，就连比尔·里德也停下了持续好久的过火表演，摘下帽子，摆出一副严肃的姿态。

133　　五千多名围观者看着一名士兵将巴德和阿齐·克罗领到位于绞刑架底座旁边的座位上，失去女儿的被害者父母将在这里亲眼看着诺克斯和丹尼尔被吊死。跟在他们身后的是 20 岁的儿子梅杰（Major），也就是梅的哥哥。再后面是梅的弟弟妹妹们，包括埃德（Ed）、李（Lee）、林塔（Rinta）、双胞胎奥比和奥维、年仅 7 岁的邦妮和才 18 个月大的埃斯塔。这群孩子就是近 7 周之前，作为长女的梅在奥斯卡维尔外的树林里遭到袭击之前，打算去接回家的那些人。对于聚集在山坡上的人们来说，梅的伤心欲绝的父母和他们身后一长串难掩悲痛的孩子形成了一个令人心碎的画面。

按照惯例，被定罪的囚犯在被送上绞刑架之前会获得一次讲话的机会。关于这两个人临终遗言的记录有各种版本。《福赛斯县新闻》（Forsyth County News）宣称："诺克斯在临死前认罪了，但是奥斯卡·丹尼尔带着自己罪行的秘密钻进了绞刑套索，他至死都拒绝认罪。"[14]不过另一位目击者称："这两个黑人一个字都没说，他们几乎是冷漠地走向了死亡，对于等待自己的命运显然已经无动于衷了。"[15]

根据克罗家族内部流传下来的故事，奥斯卡·丹尼尔被领着穿过用带刺铁丝网围成的警戒线后，曾转头直视阿齐·克罗。他迎着她的目光，完全没有躲闪，可能是想与她进行某种无声的交流，告诉她无论她女儿遭遇了怎样可怕的经历，自己绝没有参与其中。要么是新闻记者们距离太远没有看到，要么是他们选择不提及这次短暂的眼神交流。所以在之后的 40 年里，这件事成了藏在梅母亲心中的秘密。直到 1952 年，她在临终之前才向女儿埃斯塔承认自己仍然记得奥斯卡·丹尼尔当时的表情，而且余生一直活在不知道那个男孩有没有被冤枉的可怕恐惧中。[16]

不过，就算阿齐当时想要阻止死刑，她也做不了什么。山坡上已经挤满了数千名前来观看两个囚犯被执行绞刑的人。而且卡特伦少校和他的部队也接到了严格的命令：确保法院判决的死刑被顺利执行。无论阿齐在与奥斯卡·丹尼尔目光交汇的那一刻想的是什么，她最终什么也没说。没过一会儿，里德治安官和两名见证行刑的医生就起身走向了自己的岗位。看到里德点头示意后，拉默斯副治安官带着诺克斯和丹尼尔沿一条狭窄的楼梯爬上了绞刑架，那上面已经有两根套索悬在与他们视线水平的高度了。

梅的母亲阿齐·克罗，拍摄于 1950 年前后

1912 年时，吊着罪犯的"脖子直至其死亡"依然是最主要的处决方式，彼时距离法院改为使用新发明的电椅处决犯人还有十多年的时间。电椅之所以会受到青睐是因为用绳子吊死人

135　其实并不像听起来那么简单。美国的司法官员最早从詹姆斯敦殖民地时期就开始使用绞刑处决罪犯，不过直到 20 世纪，行刑失败的例子依然屡见不鲜。佐治亚州法律规定福赛斯县牧师赫舍尔·V. 琼斯负责设计绞刑架并准备适用于诺克斯和丹尼尔的绞刑套索。在实施私刑时，暴民可能是随意把绳子的另一头绕过任何一根树枝或最近的电话杆就可以了，不过在执行这场正式的死刑时，琼斯可是有不少问题要解决的。

　　绞刑的目标是当罪犯从特定高度坠下去时，活结自动收紧，将罪犯吊在绳子末端，下坠的力道应当足够折断罪犯的脊柱。如果一切依计划好的那样顺利，这样的处决方式可以说是当时能够实现的最人道的方式了，因为它能够确保罪犯即刻毙命，而且免去了鲜血喷溅的可怕景象。不过执行绞刑总是伴随着两个令人讨厌的风险：斩首和勒杀。如果下坠产生的力量太大，颈椎可能就不是被折断，而是被彻底切开。此时在山坡上俯瞰绞刑架的很多观众可能都还记得 1900 年一个名叫本杰明·斯内尔（Benjamin Snell）的佐治亚人接受的那次绞刑处决。《亚特兰大宪法报》对当时出现的巨大偏差做了详细报道：

　　　　沉重的绳子割断了杀人犯的脖子，他的气管和血管都被切开了，颈椎几乎被碾成了粉末。是（斯内尔）脖子后面足够强韧的肌肉，让犯人的头与身体免于彻底分家。鲜血几乎是瞬间就从断开的动脉里喷涌而出，染红了囚犯身上的白色亚麻衬衫和假领，然后顺着衣服向下流到鞋上。这是最令人作呕的场面……如果绳子再长四英寸，罪犯铁定会被斩首。[17]

显然，制定斯内尔绞刑计划的人算错了数字。出现绳子过长的错误最常见的原因是出于避免和斩首一样惨不忍睹的另一种情况的愿望，那就是囚犯被吊在绳子末端扭曲、喘息、蹬腿和呻吟的景象，勒死一个人的过程非常缓慢，受刑者会发出很多噪音。造成这种结果的原因是绳子太短，犯人下坠的力量不足以折断颈椎。这样的情况下，犯人最终也会窒息而死，不过坚持时间最长的可能要过半个小时才能彻底咽气。

136

10 月初的时候，赫舍尔·琼斯画好了诺克斯和丹尼尔将从上面坠下的绞刑架的草图。他肯定参考了当时广泛使用的"下坠表格"[18]，表格的内容是根据罪犯的体重确定绞刑套索的长短。对于琼斯来说，一个关键的事实是这两个要被处死的人都不是成年男子，而是青少年。按照表格上的算法，诺克斯和丹尼尔要使用 9~10 英尺长的绳子，这个长度通常是吊死妇女时才适用的。也就是说，要想折断这两个人的脖子，赫舍尔·琼斯必须建造一个很高的绞刑架，还要准备两根特别长的绳子。

经过了充满紧张情绪和暴力活动的几周之后，绞刑架上的仪式只花了不到一分钟。卡明的第一浸信会教堂牧师西奥·威尔斯（Theo Wills）带领人们做了一个简短的祈祷，这让哪怕是最吵闹的围观者也安静了一会儿。根据《福赛斯县新闻》的报道，当威尔斯终于睁开眼睛，抬头望向天空的时候，"副治安官盖伊·拉默斯和副治安官门罗·琼斯（Monroe Jones）捆住两个黑人的手和脚，然后把绞刑套索套在了他们的脖子上"。[19]被用黑色的麻布袋罩住头之前，诺克斯和丹尼尔看到的最后的景象就是站在山坡上的几千名白人的脸——有老有少，有男有女，有富人也有穷人。在正午阳光的照射下，如果眯起眼远眺，他们还能看到凯莉米尔路上几栋宏伟建筑的房顶，高出树梢的十几座小教堂的尖顶，还有在灰蒙蒙的远方若隐若现的、位于镇子边缘像驼背一样鼓起的肖尼山的熟悉轮廓。

137　　他们甚至可能还看到人群边缘，与私人司机和赶车人站在一起的福赛斯县仅剩的几个黑人。到 10 月 25 日时，仅有的还留在这里的黑人家庭都是不愿意抛下自己在镇上拥有的房子的业主，以及那些在卡明最富有的白人居民家里做仆人的人。如果有"城镇黑人"在诺克斯和丹尼尔被捕之前就认识他们，那肯定是因为这些人自己就是目不识丁、曾赤着脚在奥斯卡维尔外的农田里干活的人。诺克斯和丹尼尔没有看到的是他们的家人：无论是简·丹尼尔、巴克和卡蒂·丹尼尔，或是奥斯卡的哥哥西塞罗、欧内斯特的妹妹埃尔马都没有出现，他消失已久的母亲妮蒂·诺克斯就更不用说了。过去一个月里经常肩并肩出现在一起的两个表兄弟此时都站在了木制平台上，拉默斯副治安官给他们扎紧将遮住他们的眼睛、也就是要掩藏他们将死时的面容的头套，然后又拉过绞刑套索套在他们的脖子上，并收紧了活结。

　　一贯追求戏剧效果的里德让因犯在活板上站了很久，此时的活板是被绞刑架下面的绳子拉紧而闭合着的，绳子的另一端缠在治安官所站位置旁边的一根杆子上。伴随着聚集在山坡上数千名白人的吼声，里德抬起一只胳膊，"用一把短柄斧头砍断了控制机关的绳子"。《福赛斯县新闻》报道说，随着一声"短促的'咔嚓'声，两个黑人的灵魂进入了永恒"。[20]

　　巴德和阿齐·克罗无声地看着两个人的身体坠入阴影之中，吊在绳子的末端剧烈地挣扎了几下，朝一个方向转了几圈，然后又慢慢转了回去。林多默医生说："犯人在 12 点被执行绞刑，

（到）12 点 11 分，心脏停止了跳动。"[21] 林多默医生说的这个时间证明赫舍尔·琼斯的计算是正确的，因为对于脊柱被折断的犯人来说，11 分钟属于心脏彻底停止跳动所需的时间的正常范围。[22] 山坡上的人们欢呼叫喊着，表达了自己的认可。15 分钟后，医生示意可以将犯人的尸体放下来了。一个流传了几代人的说法是当诺克斯和丹尼尔被放平并摘掉头套时，处于旁观席第一排正中的巴德和阿齐·克罗距离这两具尸体仅有几英寸远。82 岁的露丝·乔丹记得"被谋杀的女孩全家都坐在距离绞刑架最近的地方"，她还说当里德"砍断吊着两个男孩尸体的绳子后，尸体几乎就落到了（他们的）脚边"。[23]

短短几个星期前，巴德·克罗还站在自己肢体残破的女儿床边，也亲眼看到了罗布·爱德华兹的尸体被平放在法院草坪上，这个秋天他已经是第三次面对别人的尸体了。他从椅子上站起来，在诺克斯和丹尼尔的尸体前面停留了一下，就带着全家人跟随一个士兵穿过带刺铁丝网走出了警戒区域。

吉姆·克罗法执行期间，成百上千张明信片和以私刑为内容的照片证明了一个事实，那就是白人经常收集实施私刑的纪念品，当天来到安塞尔·斯特里克兰的草场上的人们也不例外。在从尸体旁边列队缓缓通过时，民兵排成的警戒线让观看行刑的人们无法割下尸体的手指或脚趾，不过卡特伦少校无法阻止里德和他的手下将吊死囚犯的绞刑套索剪成小段作为纪念品发放给众人。[24]

这些"纪念品"中的绝大部分在很久之前就已经消失不见，只有其中一段因为被留在福赛斯县法院而成了某种可以被公众看到的东西，因为直到 20 世纪 80 年代，这段绳子还被夹在一个巨大的带皮面的文件夹中，这个夹子里的内容是 1912 年

138

的高等法院会议记录。因此，当被驱逐出福赛斯县的非洲裔美国人家庭的后代于 1987 年来这里寻找诺克斯和丹尼尔的审判记录时，他们很容易就找到了自己想找的东西。因为人们还记得，那本会议记录是用一段积满尘埃、几乎散开，但是还能够被辨认出来的麻绳做标记的。

安塞尔·斯特里克兰的低洼草场上已经出现过一次火烧栅栏的情况，所以卡特伦少校担心，"如果将两名罪犯的尸体留在卡明，他们很可能会被人烧毁"。[25] 在过去一个月发生的各种情况之后，卡特伦少校最不想见到的莫过于一群喝醉的白人围着两个被点燃的黑人尸体跳舞的场面。于是少校命令他的士兵将尸体放进由本地送葬者提供的松木箱子，然后将箱子抬上了一辆雇来的马车。之后林多默医生"给塞尔曼医生（Dr. Selman）打了个长途电话，商量好（将尸体）运到亚特兰大……供州立解剖委员会使用，运输费用由该委员会承担"[26]。

天黑之后又过了很久，卡特伦少校派遣的一支小分队才抵达亚特兰大的勒基街（Luckie Street），穿着白色长大褂的威廉·塞尔曼医生正在会幕浸信会医院（Baptist Tabernacle Infirmary）门口等着他们。医生让助手将两具尸体放置在地下停尸房中，以防有亲人或朋友前来认领。不过到第二天塞尔曼医生查房时，一直没有人从前门或后门进来询问这两个被定罪的强奸犯的事情。所以到星期五上午，在没有任何人反对的情况下，尸体被冲洗干净，可供"使用"了。在塞尔曼医生点头示意后，一群年轻的外科学生调好了他们的额带反光镜，举起手术刀，开始研究两个无名黑人尸体的颈部撕裂伤和折断的脊柱。

12. 当他们还是奴隶时

绞刑结束后不久，佐治亚州某个地方的一位业余摄影师从定影池中取出了一张负片，将它对着光线举起来细看。它是如今人们知道的唯一一张在处决当日拍摄的照片。那天，摄影师爬上高处，然后转回身，打开相机的伸缩皮腔，拍下了在托尔伯特街上排成长队的马车。当时有数以千计的围观者正从安塞尔·斯特里克兰的草场上返回卡明。照片前景中的两个男人直视着镜头，他们的表情在吉姆·卡劳时期的许多关于私刑的照片上很常见：阴郁但自信，严肃但带着明显的满足感。

1912 年 10 月 25 日，聚集在诺克斯和丹尼尔被
处决的绞刑架附近的人群，远处背景中的是肖尼山

不过这张照片中最令人惊讶的内容还要数画面右下角站在人群中的三名黑人青年男子。当时，福赛斯县绝大多数非洲裔美国人都已经逃出该县，而这几名年轻人属于一个坚持留在卡明的小群体的成员，他们仍然希望能够熬过这一暴力时期，好保住让他们不惜冒着巨大风险留在这里的一切。

141　　　三人中的一人坐在一辆马车赶车人的位置上，他已经解开了系着骡子的索具，让它自己在路边吃草。另外两人在被拍进照片时正在谈话。站在左边的人戴着一顶满是褶皱的帽子，穿着白衬衫和一件朴素的外套，不过站在三人中间的最后一名黑人则是一副有钱人的打扮，他头上戴着精神的圆顶礼帽，穿着长款轻便外衣，系着领结，背心的扣眼里还穿着一条金表链。

这个衣着讲究、满身贵气的形象与人们对于 1098 名被赶出福赛斯县的黑人的刻板印象相去甚远。大多数被赶走的人确实很穷，而且目不识丁，仅靠出卖劳动力为生，罗布·爱德华兹、欧内斯特·诺克斯和奥斯卡·丹尼尔就都是这样的情况。不过，也有其他一些黑人通过自己的技能、耐心、运气和几十年来的辛勤劳作，不仅在奴隶解放后的福赛斯县生存了下来，甚至还成了繁荣兴旺的人家。像照片中这位衣冠楚楚的绅士一样，成

142　功的黑人居民都是最后才离开福赛斯县的——这不是因为钱财和地产能够让他们免受暴民的骚扰，而是因为如果离开，他们受到的损失比其他人都大。

约瑟夫·凯洛格就属于这样的情况。他是全县拥有地产最多的黑人。1865 年佐治亚州的奴隶终于获得解放时，约瑟夫的父母埃德蒙和汉娜（Edmund and Hannah）就开始打造他们作为福赛斯县自由公民的全新生活。他们比大部分曾经是奴隶的人

1912 年 10 月 25 日，观看了诺克斯和丹尼尔的绞刑的三位目击者

幸运的地方在于他们有八个成年子女，其中六个是年轻力壮的儿子。凯洛格夫妇曾经的主人名叫乔治·凯洛格（George Kellogg），是一个从康涅狄格州的哈特福德（Hartford）搬到佐治亚州的白人商人。他送给这对夫妇一小块田地。[1] 到 1870 年，也就是南方联邦在阿波马托克斯投降仅仅五年之后，62 岁的埃德蒙向税务官申报的"总资产"是 125 美元——对于一个受奴役 60 多年的人来说，这个数目已经相当可观了。又过了四年，埃德蒙已经在卡明北部的肖尼山附近拥有多处地块，总面积 80 英亩，申报价值达 345 美元。[2]

　　埃德蒙的长子约瑟夫出生时也是属于白人主人的合法财产，但他获得自由身份时才 23 岁，所以他成年后的最初一段时间并不是沉浸在毫无希望的被奴役中，而是见证了一个接一个具有里程碑意义的新变化。比如 1867 年 7 月 2 日，约瑟夫和他的弟弟刘易斯（Lewis）在福赛斯县法院和白人们一起排队，换作两

143

年前，这些白人还可以像买卖牲口一样地买卖他们。轮到兄弟二人时，他们签署了宣誓效忠美国政府的誓言，然后将自己名字上一个小小的"X"标记划掉，这就意味着他们有生以来第一次成了"有投票权的人"。[3]再比如1868年7月21日，他们听说佐治亚州批准了《宪法第十四修正案》，即便是几乎没有任何实践，但这至少从理论上承认了不分公民的肤色或"无论之前是否被奴役或强制劳动，法律都应给予平等保护"。[4]到1870年，约瑟夫他们还庆祝了黑人投票的权利以《宪法第十五修正案》的形式获得了神圣的法律保障的消息。

　　然而实际情况是，人们还需要经过一个多世纪的斗争，才能实现重建时期之初的联邦立法者向凯洛格这样的人们做出的承诺。不过埃德蒙、约瑟夫和其他凯洛格家的人在19世纪70年代获得了一年接一年的大丰收，并将收入重新投资到购买更多、更好的福赛斯县土地上。那时的他们完全有理由对自己将来也许真的会获得法律和政府的保护抱有希望。看着他们在肖尼山山脚下的大片农场时，他们肯定真心相信福赛斯县会成为他们永远的家园。

　　满怀着这样的希望，29岁的约瑟夫·凯洛格在1871年9月一个秋高气爽的上午向18岁的伊丽莎·汤普森（Eliza Thompson）求婚。当她接受求婚后，他们没有像奴隶制时期的黑人一样，双双从一把扫帚上跳过去就算礼成，而是在本地牧师赛拉斯·史密斯的陪同下一起走到了卡明。这位史密斯牧师恰巧就是40年后，在同一个镇广场上遭到众人鞭打的格兰特·史密斯的父亲。不过在约瑟夫和伊丽莎举行婚礼时，1912年的大驱逐还是非常遥远的未来。1871年9月7日[5]，史密斯牧师在他们的结婚证书上签字，此刻的他们对于这个新美国一定抱有

极高的期待——黑人将在那个国家里享有各种权利，比如为付
出劳动得到公平的回报，比如拥有土地和投票权，甚至是当选
政府官员。

即便是在获得自由后，福赛斯县的绝大部分非洲裔美国人
依然留在自己曾经被奴役的农场上劳作，而且和整个南方的其
他黑人一样，在新的契约劳动体系下，他们依然普遍受到白人
的压榨和欺骗。不过像约瑟夫和伊丽莎这样的人有生以来第一
次有权对白人向他们施予的不公提出抗议，甚至有了通过法律
途径获得补偿的可能。在福赛斯县，法律的表现形式一直是本
地治安官，而此时，这里出现了美国政府在本县的代表，代表
的办公室就设在卡明广场上。挂在办公室大门上的牌子上写着
"BRFAL"，它是"难民、自由民和被遗弃的土地局"（Bureau of
Refugees, Freedmen, and Abandoned Lands）这个全称的首字母缩
写，但镇上的人都简称其为"局子"，不过每个人在提到这个名
字时感觉各个相同，有人对其恨之入骨，有人对它感激不尽。

亚伯拉罕·林肯（Abraham Lincoln）建立的自由民局
（Freedmen's Bureau）是政府战争部下属的一个部门，这个机构
原打算在南方邦联投降后运行一年，其明确的任务就是在奴隶
制被废除后的困难阶段，帮助保护像约瑟夫和伊丽莎这样的人
的权益。1865 年 3 月 3 日，也就是林肯遇刺一个月之前，他签
署了立法文件，该文件让自由民局有权"在所有……本地法
院……漠视黑人享受法律公正对待的权利的地方"，判定黑人和
白人之间的纠纷。[6]

联邦官员很快意识到佐治亚州的福赛斯县就是这样一个地
方。自由民局于 1867 年 3 月在卡明设立办公室，负责人是亚历

145

山大·伯勒斯·纳科尔斯（Alexander Burruss Nuckolls）。37 岁的纳科尔斯是一位本地的浸信会牧师，也是佐治亚州第一批自由民局官员的典型代表，他们都是由戴维斯·蒂尔森准将（Brigadier General Davis Tillson）任命的。蒂尔森最为人所知的一件事是推翻了谢尔曼的《第 15 号战地命令》（Field Order 15），该命令的内容是将佐治亚州海岸地区大片被遗弃的种植园分配给获得自由身份的奴隶。蒂尔森不仅没有履行分给黑人"40 英亩田地和一头骡子"的承诺，还任命了一群像纳科尔斯牧师这样的人担任自由民局的官员。他们根本无法胜任强制愤愤不平的本地白人遵守联邦法律的工作。因为他们也是本地人，与之前的奴隶主有很深的联系，需要通过维持现状来确保个人利益。

让情况更加糟糕的是，根据自由民局最初的安排，在这个机构里工作的官员不从政府领取工资，而是通过为白人地主证明劳动合同来获得报酬。这个体系在整个南方都被滥用了，所以当凯莱布·西布莉上校（Colonel Caleb Sibley）取代蒂尔森成为自由民局局长时，他意识到这个部门已经变得多么腐败，以及它在保护弱势的非洲裔美国人群体方面的失败多么令人哀伤。正如西布莉所说："获得任命的白人居民可耻地滥用了法律赋予他们的权力……他们有时还会施加格外残酷的惩罚。"[7]

1867 年，西布莉解雇了绝大部分原自由民局官员，改为任命北方军人担任这一职务，他希望由此建立一些不偏不倚的司法裁决机构，以让获得自由的奴隶们第一次体会到什么是真正的公平。1867 年 4 月 1 日，纳科尔斯被解除了卡明自由民局官员的职务，取代他的是来自北卡罗来纳州的威廉·J. 布赖恩少校（Major William J. Bryan）。布赖恩享受的 1200 美元年薪将由他效忠的美国政府支付，所以他的忠心自然不会属于本地的白人地主们。[8]

作为自由民局这个庞大机器中的一个小齿轮，布赖恩少校将他在福赛斯县的工作重心放在了解决黑人提请裁判的、因雇主拒绝遵守口头或已签署的书面劳动协议而产生的争议上。像之前南方各地的奴隶主们一样，福赛斯县的白人种植园主也经常被传唤到自由民局的法庭上，原因往往是这些白人种植园主们没有向黑人雇工兑现他们应获得的那部分农作物产品或报酬。在美国历史上，这还是黑人第一次有权利要求获得合理的工资。

记录显示，在布赖恩少校审理的案件中，很多被告都是那些 19 世纪 50 年代—60 年代最显赫的奴隶主家族成员。托尔伯特·斯特里克兰是哈迪·斯特里克兰的后代，在 1860 年时拥有 100 多名奴隶。1867 年 10 月的短短一周内，托尔伯特就六次出现在布赖恩少校面前，原因都是被指控拒绝向雇工支付工资或拒绝向佃农交付属于他们的农作物，尽管这些产品是靠他们一整年的辛勤种植、打理和收获才得来的。

在这一个接一个的案件中，布赖恩少校总是会做出对黑人原告有利的裁判。通常在黑人劳动者提供了说明"根据合同"他们应获得什么的详细文件之后，布赖恩少校的绝大多数判决结果都是让白人雇主遵守原本的协议。显然，在没有法庭判决的情况下，很多白人会想尽办法逃避支付。有一个案例是这样的，在法庭记录中全名只登记为约翰的黑人雇工作为原告起诉名叫牛顿·哈勒尔（Newton Harrell）的雇主。哈勒尔向法庭提交了一份文件，内容是约翰同意不要工资，只以劳力换取食宿和衣物。经过仔细的审查，布赖恩确认哈勒尔提供的是假协议，所以他判定"合同是伪造的"。

在法庭上获得胜利的黑人在天黑之后也总是会为他们的胜
147 利付出代价。当一群白人种植园主被迫向黑人雇工支付工资后，
尾随自由民局的判决而来的却是整夜的恐怖袭击。布赖恩说输
了官司的白人会采取报复措施，"（他们）趁夜闯进（一个人
的）住处，朝原告开枪射击……另一个（黑人家庭）被烧
了……所有这些事都发生在福赛斯县"[9]。

布赖恩还有权审核和撤销民事法庭做出的涉及自由民的裁
决，许多这样的案件都涉及白人主人依法对未成年儿童"承担
义务"的情况。从理论上说，这种安排是一种社会福利，为的
是向在战争中失去父母、贫困无依的黑人孤儿提供住处、食物
和衣物。福赛斯县很多曾经的奴隶主都主动要求将这样的孩子
收作"学徒"，教会他们某种技能，作为交换，"学徒"要为主
人提供几年的劳动。但实际情况是，这种学徒体系被严重滥用
了，布赖恩在一个接一个的案例中发现，此类合同的目的就是
毫不掩饰地恢复奴隶制。这些黑人儿童都被那些在废除奴隶制
以前就奴役着他们整个家庭的白人主人"承担义务"了，他们
为这些人付出劳动，却得不到或只能得到极少的报酬。福赛斯
县最年轻的"学徒"是约翰·A. 阿姆斯特朗（John A.
Armstrong），他在被名叫 M. C. 查斯顿（M. C. Chastain）的主
人"承担义务"时还不到 5 岁，却要为主人工作到年满 21
岁。[10]

历史学家埃里克·方纳（Eric Foner）曾写道，在整个南
方，"从奴隶制时代流传下来的理念"在重建时期"展现出了
令人惊奇的顽强"，他发现这是"因为那些习惯了对奴隶享有
一切权力的人觉得雇主和雇工之间寻常的等价交换让他们难以
接受"[11]。这无疑正是福赛斯县曾经的奴隶主们的想法。一直到

内战结束很久之后，这些人还在为维持奴隶解放前的社会秩序而斗争。比如 1866 年 3 月，哈迪·斯特里克兰就前往自由民局的办公室，要求为名叫托马斯·斯特里克兰（Thomas Strickland）的 16 岁黑人男孩"承担义务"。在列出了允许托马斯继续住在斯特里克兰种植园中奴隶木屋的条件后，这份文件规定托马斯必须严格遵守哈迪·斯特里克兰的命令，并听从主人的劝告。

148

> 托马斯……要在这里居住（并）提供服务……直到他年满 21 周岁……（他要）遵守前述 H. W. 斯特里克兰的命令……对主人忠心耿耿，任何时候都不能泄露主人的秘密，也不能擅离职守或疏于照管前述斯特里克兰的生意。[12]

大多数以这种方式被"承担义务"的孩子根本不是孤儿，而是他们曾经的主人的因犯，他们在黑人解放之后很久依然被奴役着。一位名叫珍妮（Jenny）的黑人母亲曾向自由民局投诉老约翰·霍肯赫尔，此人是曾为梅·克罗治伤，并在欧内斯特·诺克斯和奥斯卡·丹尼尔的审判中出庭作证的小约翰·霍肯赫尔医生的父亲。布赖恩少校在和珍妮谈话之后写道，霍肯赫尔"如今在未征得她同意的情况下扣押了她的两个儿子……还拒绝让她与他们见面"。[13]夏丽蒂·拉姆齐（Charity Ramsey）投诉说她的三个孩子都被他们曾经的所有者扣押，"既没有获得他们的同意，也不支付他们任何报酬"。托马斯·赖利（Thomas Riley）的说法则更加直白，他请求自由民局帮他要回"被偷走的孩子"。[14]

在审理并裁决类似的案件近一年之后，精疲力竭、沮丧泄气的威廉·布赖恩在 1867 年 10 月的月度报告中附上了一段个人评论。在一页写满了白人主人扣押黑人儿童、雇主虐待或欺诈黑人雇工，以及义警威胁要把"一所黑人儿童的学校"烧毁等案件的内容最后，布赖恩承认了福赛斯县自由民的处境有多么令人绝望。在这个地方，有钱有势的白人拒绝承认黑人的合法公民身份，还对应当向黑人支付报酬的观念深恶痛绝。布赖恩写道："通过我的观察，我可以自豪地说，如果不是因为我的辖区内有自由民局，这里的有色人种根本不可能获得比他们受奴役时获得的多一分一厘的报酬。"[15]

布赖恩不仅为非洲裔美国人在福赛斯县所处的充满敌意的环境而担忧，还对他在这里看到的日趋恶劣的暴力活动感到警惕。因为国会中南方民主党人的反对，自由民局已经被迫缩减规模，黑人的处境也随之愈发糟糕。一年之后，布赖恩又给局领导写了一封信，这一次他在信中提出警告：

> 过去 20 个月里的情况比以往任何时候都恶劣。在切罗基县和福赛斯县似乎出现了……劫匪、杀人者和未被逮捕的入室盗窃者，他们给遵纪守法的白人和黑人公民都带来了恐慌……就联合种植后却拒绝兑现属于自由民的农作物份额一事，投诉的人非常多。我担心形势很快就会急转直下。[16]

如果布赖恩的话听起来像是对于如果他的办公室关闭，福赛斯县会发生什么而感到担心，从后来的情况看，他确实不幸言中了，因为这些内容就是卡明自由民局最后的一些书面记录了。1867—1868 年是卡明自由民局最积极发挥作用的一段时间——当时的黑人劳动者可以依靠联邦政府的权力要回拖欠他们的财物，悲痛的母亲们也可以向布赖恩少校寻求帮助，请求他救回"被偷走的孩子"，可是到了 1868 年 1 月，卡明的自由民局永久关闭了。

1 月是布赖恩少校在卡明的最后一段时间。很多白人都憎恨他，因为他按照林肯原本计划的那样忠实地利用了自己的职权。布赖恩在给亚特兰大上级的最后几封信中写道："在自由民能够获得政府官员的保护之前，他们的自由不过是一句空话，没有任何实质好处。"[17] 后来布赖恩被调到了位于玛丽埃塔的自由民局，这个缺乏资金、失去了华盛顿支持的机构，在人员和分支机构不断缩减的情况下艰难地履行着自己的职责。到 1869 年底，玛丽埃塔的自由民局办公室也被关闭了。到 1872 年，整个联邦自由民局都被终止运行了，于是司法权又重新落到了南方各地的本地治安官手中。[18]

1906 年，《盖恩斯维尔新闻》采访了一位名叫乔治·哈里斯·贝尔（George Harris Bell）的白人男子。他回忆了 19 世纪 70 年代—80 年代自己在福赛斯县度过的童年时光。贝尔的回忆无疑证明了布赖恩少校对于自己离开后这里的黑人居民将遭遇什么处境的担忧是正确的。在奥斯卡维尔悠闲散步的贝尔向同行的记者讲述了"泰勒家的男孩们"的故事：

> 从内战之后到 19 世纪 70 年代，他们一直在（福赛斯县）横行霸道。招惹他们的人可要倒霉了，因为他们一定会找上门去。这家人最喜欢的消遣就是天黑以后到某个他们不喜欢的人家里去，朝着房子射击，或是向水井里扔横木或石头，拆掉房子周围的栅栏和附属建筑，划开羽毛褥

垫，有时还会抢走人家的猎枪、手枪或任何被他们看上的东西。我家的房子离他们的很近，所以星期天早上，我经常看到他们疲乏地返回家中，那准是因为他们在星期六夜里又去突袭了。[19]

贝尔记得，这群白人夜骑者早在 1912 年之前很久就开始驱逐县里的黑人了。当时"几位公民……鞭打了一个黑人，然后强迫他骑在一根长栅栏上，他们把他抬到查特胡奇河上的威廉渡口（Williams' Ferry），让他到河对岸去，而且再也不许回来"。[20]

约瑟夫和伊丽莎·凯洛格尽管面临着极大的困难，又在自由民局解散后失去了法律保护，但在获得自由之后的最初几十年里他们还是慢慢地把日子过得兴旺起来。到 19 世纪 90 年代时，国会重建期实施的所有利好措施几乎都被吉姆·克罗法中压迫性的条款所取代，但是凯洛格一家依然忙着遵循布克·T. 华盛顿（Booker T. Washington）和他的塔斯基学院（Tuskegee Institute）在 19 世纪末给南方黑人们提出的建议。连杜波依斯这样的知识分子都认为，南方对于黑人来说是一片死地，只有工业化的北方才能带给他们人身安全和法律面前人人平等的希望。不过 1895 年时，在自己最著名的演讲《亚特兰大妥协》（Atlanta Compromise）中，华盛顿宣称南方的玉米地和烟草田永远是非洲裔美国人的家园。华盛顿说：

> 南方 1/3 的人口是黑人，对于那些小看与作为邻居的南方白人保持良好关系的重要性的黑人，我要说的是："发掘你身边的宝贵财富。"开发你身边的资源，采用各种适当的方法结交你周围的所有种族的朋友。[21]

华盛顿认为通往更好生活的道路要通过辛勤的劳动、节俭和储蓄来实现。非洲裔美国农民、劳工和商人只有在成为社会群体中的重要生产力，在他们的贡献与白人的兴旺与否息息相关之后才能享受真正的安全。华盛顿可能还描述了福赛斯县的凯洛格家族，他写道：

> 黑人……应当通过技能、智慧和人品等毋庸置疑的价值为他生活于其中的群体做出贡献，让自己的存在对于这个群体来说至关重要……黑人学会创造多少别人渴望的和必需的东西，他就（会）收获多少尊重。[22]

1874 年埃德蒙去世后，约瑟夫·凯洛格继承了家族的土地。[23] 他正是布克·华盛顿心中最理想的那种不知疲倦、勤劳高效的黑人农民。约瑟夫扩大了家族财富，包括机械、房屋和牲口，在 1880 年时，这些财产的总价值接近 600 美元。有记录显示，约瑟夫在 1890 年又买了 50 英亩土地。[24] 到 1900 年人口普查时，凯洛格家族已经成为将土地出租给其他黑人家庭，然后用收入购买一年比一年更多的土地的大地主。[25]

因此，当人口普查登记员埃德·约翰逊在 1910 年 4 月从卡明出来向北走时，他遇到了 68 岁高龄、连须发都花白的约瑟夫·凯洛格，后者在 1842 年出生时还是奴隶，如今却拥有面积超过 200 英亩的农场。[26] 在肖尼山附近绵延起伏的山坡上铺展开的这片农田是让县里很多人感到嫉妒的财产，尤其是那些不拥有土地的贫穷的白人。他们从路边走过时偶尔会停下脚步，艳羡地看看这些农田，然后摇摇头，为老凯洛格的好运气愤愤不平。

152

13. 逼到灶台边

153 福赛斯县的很多白人把绞刑结束后的几天用来祝贺比尔·里德漂亮地完成了任务，他们坚决反对亚特兰大的报纸对治安官的批判，还为其百般辩护。里德像主持一场欢闹的乡村大集一样执行了一场处决，想方设法保证欧内斯特·诺克斯和奥斯卡·丹尼尔不是被隐蔽在 15 英尺高的栅栏后面，而是在众目睽睽之下被吊死。在挤满观众的行刑现场用一把斧头利落地砍断绞刑机关的里德，如今成了全县最受赞颂的英雄之一。

然而，一些亚特兰大的编辑批评这位治安官压根不应该把处决变成表演，而卡特伦少校也不应当允许他将处决进行下去。《亚特兰大宪法报》宣称："政府出钱（让军队）大老远赶到卡明……就是为了确保这样的事（不会发生）……结果处决还是在大约 5000 人的围观下进行了，他们都是专程前来围观的。"[1]佐治亚州国民警卫队的统帅威廉·奥比尔将军（General William Obear）批评卡特伦没有将处决推迟到栅栏被重新建好后再进行。当布朗州长听说那里发生的一切之后，他对军队指挥官和里德本人都进行了猛烈地抨击，称福赛斯县的执法者是佐治亚州"最软弱无能的治安官"之一，一心只顾着拉选票，根本没

154 有勇气对抗暴民。

这样义愤填膺的批判出自布朗之口未免有些讽刺，因为仅仅三年之后，他自己也加入了莫里斯法官的绑架团体，并协助在玛丽埃塔外的树林中将利奥·弗兰克私刑处死。当布朗号召

像里德这样的治安官应阻止私刑暴民的时候，他肯定不是说他们应当阻止自己和莫里斯这样的人。相反，真正让布朗觉得受冒犯的似乎是里德的行为不够精明巧妙。诺克斯和丹尼尔无论如何都会在当天被处死，无论是否有数千名欢呼雀跃的白人见证，也无论里德是否将处决变成被里三层外三层的观众围绕着的马戏表演。与其说争议的核心是公平正义，倒不如说是形式礼仪。《亚特兰大宪法报》也认为里德的首要罪名是公然"迎合暴民"。其编辑还暗示说，这样的滑稽表现对于佐治亚州的声望和作为一个州的抱负有百害而无一利。一位批评者总结道："一名官员可以昧着自己的良心，表现得像个傻子，（但是）他没有权利让整个州因他而受到指责。"[2]

对里德来说，更麻烦的是绞刑结束没几天就被刊登出来的一篇文章。经历了一整个月的"兴奋"之后，福赛斯县本应恢复到法治和有序的状态，开始进行已拖延了很久的收割工作。然而 10 月 29 日的《亚特兰大宪法报》报道说，一位名叫达布纳·埃利奥特（Dabner Elliot）的白人男子在前一晚遭到了袭击，"这位福赛斯县的富有农场主被打碎了头骨，今天还处在病危状态"。[3]

整个县的居民都为这条消息而不安起来，不仅因为埃利奥特是一名富有且广受爱戴的种植园主，更因为失去意识的他被发现的地点和袭击者的作案手法。《亚特兰大宪法报》描述：

今天早上，拉默斯副治安官前往卡明以北 7 英里处的犯罪现场进行调查。袭击发生在前一天晚上 10 点前后，埃利奥特先生正驾着马车走在这个很少有人经过的路段上。

155

他是从盖恩斯维尔回来的……（但是）他已经无法提供任
何线索了，因为他此时还处在昏迷中……他显然是被钝器
击中了头部，枕骨都被敲碎了。[4]

福赛斯县的人都不敢公开说埃利奥特遭受的袭击与两个月
前梅·克罗所遭受的存在着明显的相似之处。无论趁夜伏击埃
利奥特马车的人是谁，反正此人是在埃利奥特从盖恩斯维尔返
回，走到"卡明以北 7 英里处"时作案的，也就是说，此案的
作案地点距离奥斯卡维尔村那条宁静的小交叉路不远。而且埃
利奥特被袭击后的状态也与梅·克罗相同：他也被拖进了路边
的树林，同样是因头部受了重伤而昏迷不醒。

当医生宣布埃利奥特重伤不治之后，人们就认定这是复仇
心重的黑人袭击者为了给爱德华、诺克斯和丹尼尔报仇而杀死
了达布纳·埃利奥特，几乎没有一个白人愿意考虑除此之外的
任何可能。不过私下里，肯定会有人对埃利奥特几乎以和梅·
克罗完全一样的方式、在几乎相同地点丧命的事实怀有疑
问——被宣称是杀害克罗的凶手的人不是都死了，奥斯卡维尔
的所有黑人不也都被赶出了县界了？卡明的领袖们迫切想要将
这段死亡和暴力的时期抛在脑后，他们显然希望两个人被处以
绞刑已经终结了福赛斯县的"麻烦"。但唯一的问题是：在奥
斯卡维尔树林中的某个地方，一个杀人凶手仍然逍遥法外，伺
机而动。

156　　巴克·丹尼尔一家还在为奥斯卡、欧内斯特和简的丈夫罗
布的死而哀痛，无疑也因为简的证言是将她的弟弟和表亲送入
坟墓的关键而寝食难安，他们在逃亡的最初几天里暂时住到了

在霍尔县县治盖恩斯维尔西部郊区形成的一个棚户区里。因为有一条向南通往亚特兰大、向北一直通往波士顿的铁路，盖恩斯维尔对于乡村地区的黑人一直很有吸引力。自从奴隶获得解放之后，从农村向城市迁移的黑人数量一直很稳定。在此前的40年里，盖恩斯维尔的黑人居民数量从1870年的60人增长到1910年的1600人。到1912年秋天，有色人种占了盖恩斯维尔人口的近1/3。[5]即便是最宽容的白人也会为移民的数量感到惊讶，《亚特兰大宪法报》就用文章敲响了警钟，宣称"盖恩斯维尔正受到入侵，好像这里是某种难民的避风港……黑人聚居区里人满为患，寻求安全庇护的黑人越来越多，不少小棚屋或房子里最多住着六个家庭"。[6]

不管丹尼尔一家是何时进城的，反正他们是踏入了另一个世界，它与只有宁静农田和雇农居住的小棚屋的奥斯卡维尔完全不同。1912年的盖恩斯维尔是一个旅游胜地，想要到北佐治亚山区中寻求清凉的人经常会在节假日期间来到这里。这里有豪华的酒店、繁忙的火车站和坐在闪闪发光的机动车里的游客。城市需要雇用大量非洲裔美国人，他们可以做保姆、厨师、司机或管家，相对于福赛斯县那些一贫如洗的雇农，城里黑人的生活更加稳定。1908年邓拉普水力发电大坝（Dunlap Hydroelectric Dam）建成后，盖恩斯维尔成了巴尔的摩（Baltimore）以南第一个在人行道上安装使用电能的路灯的城市。[7]

走在灯光明亮的城市街区中的时候，巴克和卡蒂肯定能在模糊不清的陌生人群中发现几张熟悉的面孔，用难民的话说就是其他"从福赛斯县出来的"家庭的成员。被迫离开的不仅仅是贫穷、不拥有土地的黑人，还包括其他各行各业的黑人：丹尼尔家族这样的雇农和佃农、牧师、拥有土地的黑人种植园主，还有受过教育的黑人学校教师等。抵达城中之后不久，这些家族就开始在霍尔县创造新的印记。

利瓦伊和伊丽莎白·格林利（Elizabeth Greenlee）的儿女们就是其中的代表，他们会在这里建立一座格林利殡仪馆，这个建筑在建成后几十年里都是盖恩斯维尔的地标性建筑，他们家族的生意也是北佐治亚最成功的由黑人拥有的事业之一。另外一个名叫伯德·奥利弗的黑人在定居霍尔县不久之后，结识并最终迎娶了名叫比拉·拉克的年轻妻子。后来奥利弗帮助拉克建立了一座塔斯基学院样式的学校，这座为非洲裔美国人建立的学校被称作州工业高中（State Industrial and High School），它在长达 40 多年的时间里一直致力于让北佐治亚的黑人接受教育。[8]最后还有像威利·布赖恩特（Willie Bryant）这样的孩子们，当时才 14 岁的他已经能够记住曾经发生的暴民袭击事件，但因为年纪尚小，所以可以迅速适应城市里的新生活。到 1920年，布赖恩特在南方铁路获得了一份工会工作，并且已经走上了加入盖恩斯维尔中产阶级黑人群体的道路。人口普查记录显示，像布赖恩特一样，很多其他福赛斯县的难民都在霍尔县开启了新生活——他们当然还要忍受种族隔离制度的沉重负担，但是至少也体验到了电气化、工业化的 20 世纪的便利，这正是查利·哈里斯拼命想要带给卡明的。

即便是简·丹尼尔似乎也在河对岸找到了一些幸福。被从富尔顿塔释放之后，简返回了北方，最终在盖恩斯维尔和家人团聚。1913 年时，她在城中一户有钱人家里洗衣服，还认识了一个名叫威廉·巴特勒（William Butler）的年轻人。穿着制服，开着小型运货车，在盖恩斯维尔制冰公司（Gainesville Ice

Company）做司机的巴特勒在简眼里肯定就是一个真正的城市男孩。没过几个月，习惯被简称为威尔的巴特勒就向这个被他称作贾妮（Janie）的姑娘求婚了。1914 年 2 月 5 日，巴特勒夫妇成婚，并在盖恩斯维尔黑人社区的中心位置——亚特兰大街 9 号——组建了新家庭。[9]

关于那些朝其他方向逃离的黑人家庭的书面记录非常少，大多数情况下，古老的故事就是他们踏上走出福赛斯县尘土飞扬的红土路的旅程留下的唯一痕迹。8 岁的奥林·柯林斯（Olin Collins）和自己的兄弟克拉伦斯（Clarence）一起被父母乔治和凯蒂（Katie）放上车，他们在两个男孩的身上盖了一条旧被子，然后赶着拉车的骡子以最快的速度连夜离开了福赛斯县。他们没有明确的目的地，只求先走出福赛斯县就好。一开始他们朝着临近的切罗基县的坎顿走，最终到达了西北 20 英里之外的一个名叫泰特（Tate）的小镇。

到这里之后，乔治·柯林斯要么是下定决心主动拜访，要么就是碰巧幸运地获得了与塞缪尔·泰特先生（Mr. Samuel Tate）的见面机会，后者是镇上唯一的工厂——佐治亚大理石公司（Georgia Marble Company）的所有者。[10]像盖恩斯维尔那些会保护在自己的磨坊里干活，给自己洗衣服、做饭的黑人的富有白人一样，泰特先生很快就成了柯林斯一家的新雇主和守护者。所有记录都显示，如有任何人胆敢威胁对于开采粉色大理石生意至关重要的黑人劳动力，"上校"泰特都会毫不犹豫、毫不留情地予以反击。

像柯林斯一家这样的贫穷黑人逃离时只带走一些拿得走的东西就行了，但是那些富裕、不甘心就这么抛弃财产的家庭则还抱着一丝希望，那就是有朝一日返回此地，或是至少能以接近公平的市场价出卖财物。作为本县拥有土地最多的黑人，约瑟夫和伊丽莎·凯洛格不愿出售他们在肖尼山附近积累起来的200英亩农田，他们甚至不愿出售自己在卡明镇广场上拥有的小块地产。[11]当他们别无选择，不得不逃跑以躲避暴民的时候，凯洛格在向南去往玛丽埃塔前，从自己的白人邻居们那里借了些钱，并用自己的地契作为抵押。这样的做法有两层好处：第一，借款让凯洛格有足够的钱支撑一大家人在逃亡时期的生活，当时他还在希望这种情况只是暂时的；第二，那些借钱给凯洛格的人如今有必要在他不在的时候好好照管他的地产、农用工具和附属建筑——因为一旦凯洛格不能还钱，这些东西就都属于债主们了。当然，这也意味着避免约瑟夫和伊丽莎返回是对白人邻居们最有利的选择。

对于许多白人来说，无论他们是选择参与、抵制，还是无视福赛斯县夜骑者的突袭活动，黑人地产所有者遭遇的灾难都给他们带来了此生难遇的绝好机会。20世纪初，山麓地带的地产价格直线上升，因为使用了化学肥料和农业机械，原本的贫瘠土地转变成更多产、更值钱的农田。土地价值和农作物产量的激增意味着进入20世纪20年代之后，约瑟夫·凯洛格在肖尼山附近的大片地产在让没有土地的白人艳羡不已的同时，也变得远远超出了他们的购买能力。

在一个让土地所有者越来越富有的市场环境中，福赛斯县的贫穷白人肯定已经意识到，如果他们想要从经济阶梯的最底层爬上去，只能等待某些机遇的出现。1912年的最后一个季度，当一个接一个的黑人家庭被用枪逼着卷铺盖走人之后，这样的机遇终于出现了。随着约瑟夫·凯洛格这样最骄傲、最兴旺的黑人家庭也迫于威胁背井离乡，福赛斯县突然变成了一个买方市场，这在还活着的人的记忆中可是头一遭。

即便是最温和的白人也明白，随着暴力的升级，以及越来越多的黑人群体四散奔逃，黑人土地所有者可能会愿意接受低于实际价值的报价。一位福赛斯县的土地所有者在《亚特兰大宪法报》上刊登了一则广告，出售"（在）福赛斯县的 200 英亩土地……和（一间）位于卡明公共广场上的商用街角地皮，面积 100×175"。这个描述符合约瑟夫·凯洛格在 1912 年时需要缴税的 200 英亩土地和一块镇上地皮的情况，看来这个匿名的挂牌出售广告应该就是凯洛格做出的最后努力之一。这些财产是他的家族凭借辛勤劳动、坚强意志和精明的商业头脑经过 40 多年才积累下来的，凯洛格希望尽量减少损失，找到愿意按接近实际价值的价格购买他财产的人。凯洛格可能是希望通过在亚特兰大报纸上登广告找到一个不是完全了解他的困难处境，因此也不会充分利用这种机会打压价格的买家。

在广告的最后，卖家补充说如果不能以现金交易，他也愿意用自己在福赛斯县的农田"交换黑人聚居区的土地"[12]。这样的提议暗示了卖家希望在远离福赛斯县的夜骑者和纵火犯的地方重新定居，以此躲避与白人为邻的固有风险。仅凭这个用土地交换"黑人聚居区的土地"的要约就足以证明，无论这个登广告的人是谁，他似乎已经承认了一个很快就会被所有人看清的现实：无论他有多么兴旺、能做出多少贡献，福赛斯县都容不下一个黑人。

与此同时，上流社会的白人们还在继续高唱反对暴力的论调——他们抗议的不仅是清洗运动的不公，还有由此造成的经济损失。贫困的白人恐吓他们的黑人邻居并不是什么新鲜事，但暴力的"南方白人穷鬼"开始威胁富裕的白人雇主和地主就是另外一回事了。早在 12 月初，一位有此遭遇的种植园主就开车前往亚特兰大专程拜见约瑟夫·麦基·布朗。他警告州长说：

161

"如果不采取措施制止这种运动，劳动力状况……会变得非常艰难……我们的妻子和女儿很快就要被迫去洗衣服、做饭，甚至是承担下贱的仆役劳动。除此之外，农场主们也会遭受巨大的损失，因为他们找不到去田里干活的人。"[13]

到 1912 年底和 1913 年初的时候，出现了一条清晰的战线。布朗州长在州议会发表演讲时，提到了夜骑者带来的更大的威胁。他说：

> 我已经获得可靠消息，今年，福赛斯县有相当数量的农场因为缺乏劳动力而荒置，那些人就是因为受到这些威胁才逃走的……这些农场没有理由失去它们的生产力，本州的白人妇女也不应当被逼到灶台边或洗衣盆前。[14]

布朗呼吁法律和秩序完全是出于实用主义目的：因为白人农场主们要想获得利润，上流社会的白人家庭要想像以往那样正常运转，这种"欺凌"就必须停止，那样才能恢复到有黑人雇工在田里干活、有黑人妇女在家中洗衣服做饭的模式。

然而在福赛斯县，有些地主并不同意州长的说法，即黑人雇工是本州经济的关键因素。他们争论说，干农活正在迅速变为"白人的工作"——银行家本杰明·亨特（Benjamin Hunt）在《亚特兰大宪法报》上就是这么说的。亨特引用了 1910 年普查时收集的"棉花大县"的数据，在分析时，他竟把福赛斯县也纳入棉花大县的行列，由此得出结论：佐治亚州生产力最高的县一律是"白人农民多的"，生产力最差的一律是"黑人多的"。[15]

有很多原因可以解释"白人县"和"黑人县"在生产力方面的差异，包括非洲裔美国人面临的信贷限制、他们买不到最好的地块，更不用说执行吉姆·克罗法的南方在文化和法律体系中想尽办法给黑人设置的五花八门的障碍。尽管如此，亨特还是认定佐治亚州的棉花帝国是白人智慧的产物和"白人的生计"。他写道："美国在棉花事业上的成就应当归功于白种人，而不是黑人奴隶和黑人劳动力。"

一种修正主义版本的历史就是这么否认每个佐治亚人都亲眼见到的事实的：自他们有记忆以来，该州绝大部分的棉花田就是由黑人在种植、照管和收割。亨特提出的棉花是"白种人的农作物"的说法抹杀了受奴役的黑人在过去两个世纪中的辛勤劳作，也无视了像约瑟夫和伊丽莎·凯洛格这样的黑人农民获得的成功。他的观点还让白人可以宣称自己对于这个棉花帝国享有独占权——至少在亨特看来，这个帝国就是由白人独立建造的。

不过这个说法仍然不能解决的问题是：在一个非洲裔美国人都被赶走且永远被禁止返回的地方，地主们要如何种植农作物。早在英国殖民统治时期，很多白人就指出在佐治亚州烈日灼人、潮湿闷热、易患疟疾的气候中进行农业种植的核心要素是强迫劳动，没有奴隶制度，白人根本养不活自己。正如一位名叫托马斯·斯蒂芬斯（Thomas Stephens）的殖民者在 1742 年说的那样：

> 这里的极度高温，以及在开垦荒地时的极度困难和危

险……（还有）糟糕的收成……都使得白人绝无可能靠自己在这里进行任何有成果的种植……佐治亚的这些可怜人要想不依靠黑人生活……就像希望他们自己变成黑人一样不可能。[16]

但是在依靠黑人劳动力生活了200年之后，本杰明·亨特却宣称白人农民如今可以不依靠他们而兴旺地生活下去，因为20世纪初的科技发展了。亨特说："我希望这个世界能认识到……机器带来的经济变化（已经）让劳动者的劳动环境发生了革命性改变。正确的思考方式是，我们应当从这个自由的白人劳动力时代的角度，而不是从过去的黑人劳动力时代的角度考虑问题。"[17]

面对着家中女人们的抱怨，承办诺克斯和丹尼尔处决的卡明医生安塞尔·斯特里克兰也开始像1913年初的本杰明·亨特一样思考应对之道。当卡明的上流社会家庭艰难地适应福赛斯县新的"仅限白人"时代时，斯特里克兰给《北佐治亚人报》写了一封信，就那些不适应家务劳动的人要如何解决这些基本问题提出建议。斯特里克兰说道：

> 好吧，老伙计，既然黑人都离开福赛斯县了，你最好跟我一样卷起袖子干起来吧。在过去33年里，我一直雇用黑人为妻子洗衣服，这可是一笔不小的开支。然而在1912年10月22日上午，我的黑人洗衣妇通知我说洗衣服的工作只能由我妻子承担了，（因为）人们没有给黑人恰当的保护。我明确地告诉她，如果让她留下来洗衣服意味着我

163

要把女儿送给黑人男孩糟蹋，那么她可以滚了。

因为仆人胆敢抗议福赛斯县的暴民暴力狂潮而将他们开除之后，斯特里克兰告诉读者说：

> 我立刻订购了更好的洗衣盆、洗衣桶、绞干机等，还准备和家里的男孩一起承担洗洗涮涮的重活。（这种新）洗衣桶可不是糊弄人的……我看到北方的女人就是用这种高级的机器洗衣服的，（相比）佐治亚人洗衣服的老办法，她们洗衣服的日子就像去野餐一样轻松。

有了现代设备，也接受了黑人仆从已经离开且永远不会回来的现实之后，斯特里克兰骄傲地宣称他的家庭已经"采用了清洗合作计划，我们不用依靠黑人……我将致力于让洗衣服的日子变成能让女士们感到愉悦的日子"。[18]

斯特里克兰显然为"不用依靠黑人"感到骄傲，而且还想说服福赛斯县的其他人相信，这种新机器完全可以取代突然消失的黑人雇工——根据 1910 年的人口普查结果，黑人虽然只占本县人口的 1/10，但其提供的劳动力占全县劳动力的比重可远高于这个数字。正如本杰明·亨特想象新机器和化学肥料能够弥补农场中黑人劳动力的流失一样，斯特里克兰也为福赛斯县的家庭主妇们描绘了一个用现代洗衣桶和绞干机取代女仆、男管家和洗衣妇的远景，他甚至还要把家务活变得"让女士们愉悦"。

20 世纪 20 年代，像斯特里克兰和亨特这样富有的种植园主完全有理由感到乐观，因为美国农场生活就是因为新科技的应用而出现了彻底变革。最早在 19 世纪 70 年代，发明家们就开始尝试使用蒸汽动力的农用机械。不过蒸汽引擎体形笨重、使用成本高，所以根本无法与骡马竞争。尤其是在佐治亚州的山区农村里，这种劣势更加明显，因为这里的农场规模比较小，在农场上种植作物产生的收益根本不足以抵消这样大笔的投资。1900 年时，美国仍然有 2100 万匹马和骡子，平均每个农场有 4 匹。[19] 它们可以犁地、拉动打谷机和收割机，可以把松土壤，还可以作为穷人和富人同样使用的主要交通工具。对内燃机的改进让固定式燃气发动机在 19 世纪和 20 世纪之交获得了广泛的应用；这些机器并没有取代马匹，不过它们被越来越多地应用到抽水、搅拌黄油，以及前面提到的洗衣服等工作中。

1902 年，一个真正具有革命性的发明问世了：第一批以汽油为动力的自推进牵引机样品被制造了出来，它们很快就因其简称"拖拉机"而出名。这些体积更小、更稳定可靠、价格也更便宜的机械不仅取代骡马成了犁地的工具，还使对劳动力需求最大的大部分收割工作实现了机械化，这些变化使得庄稼产量实现了增长。1913 年，当安塞尔·斯特里克兰描绘福赛斯县农场的未来时，他设想的白人解决劳动力不足问题的方法是不仅要用属于同一阶层的白人劳动者，还要用这些不知疲倦、闪闪发光的机器来替代消失的"黑人雇工"。仅仅四年之后，斯特里克兰设想的一切就实现了，因为亨利·福特（Henry Ford）推出了第一台真正实用的小型拖拉机——福特森（Fordson）。该产品在 1917 年时的售价是不到 1000 美元，它很快就成了农用机世界中的福特 T 型车。[20]

即便是在今天，福赛斯县举办的一年一度的 20 世纪初拖拉机大游行仍然是闻名整个佐治亚州的活动。每年 7 月 4 日，这些拖拉机都会在卡明广场上拉响汽笛，喷出滚滚烟云。对于长期居住在此的居民来说，这些颜色艳丽，费尽心思修复、保养的拖拉机就是"美好往昔"的象征，那个时候，农耕还是该县最主要的产业，如今这里已经变成了亚特兰大的富裕郊区。

每年的拖拉机大游行上从未被提及的事实是，这些机器就是在种族清洗活动刚刚结束之后的几年里开始出现在福赛斯县的。那时的农民们望着满是残茎的农田，自这个县成立以来第一次意识到，打理每一寸耕地都要靠白人亲力亲为了。"白人雇工控制的机械设备"才是未来的发展方向，反正像本杰明·亨特这样的人是这么认为的。当第一批烧汽油的拖拉机开始用它们的圆盘耙耙松福赛斯县的红土地时，白人肯定盼望着这些新机器能够将本县打造成一个更加繁荣兴旺的地方——这些机器也确实发挥了这样的作用。成群结队、全副武装的白人清除了这个地方上的黑人住所、黑人教堂和黑人本身。此时，拖拉机将确保他们既不用和黑人劳动力竞争，也不用担心黑人劳动力带来的复杂问题。

就在福赛斯县的种植园主们努力适应新出现的仅限白人劳动力的状况时，伍德罗·威尔逊总统也参与了在美国最高级别政府内部进行的另一种形式的种族清洗运动。威尔逊是弗吉尼亚州的民主党人，他是一位支持奴隶制的牧师的儿子，在佐治亚州的奥古斯塔（Augusta）度过了性格成型期，之后，威尔逊先后担任过普林斯顿大学校长和新泽西州州长等要职。1912年，他在总统竞选活动中把自己打造成一个改革者和工人阶级之友的形象，最终击败了进步党候选人西奥多·罗斯福。他关于帮助那些"渴望实现个人利益的人"的誓言获得了大批黑人

166

选民的支持——黑人们对威尔逊寄予厚望，甚至忽略了他的南方血统和他在普林斯顿大学任职时期公开支持种族隔离制度的表态。1909 年时，威尔逊认为招收黑人学生是"完全不明智的"[21]。可是在 1912 年选举活动高潮期间，他向黑人选民发表声明，保证会让黑人得到"绝对公平的对待"[22]。

1913 年 3 月，杜波依斯在《危机》上写了一封致新就任总统的公开信，明确指出非洲裔美国人选民对他的支持是建立在一种期许的基础上的，那就是威尔逊能够遵守诺言，利用总统的职权为种族平等做出贡献。杜波依斯写道：

167

> 先生，您的就职……对于有色人种来说是一个历史性事件……我们黑人用选票帮助一个（能）成为自亚伯拉罕·林肯之后最让他的国家受益的人上台执政……战斗开始了，而您，先生，从这个月起就踏入了竞技场。
>
> 我们希望被当作人对待。我们想要拥有选举权，我们想要自己的孩子接受教育。我们想要私刑不再发生。我们想要不再如牛马一样被集中在电车或火车的特定位置。我们想要谋生的权利、拥有自己的财产的权利、不受限制和诅咒地消费自己收入的权利……以您的祖先和我们的祖先一起流血流汗建成的共同的国家的名义，威尔逊总统，请忠实于美国民主的最高理想。[23]

杜波依斯放弃共和党候选人威廉·霍华德·塔夫脱（William Howard Taft），改为支持威尔逊，并帮助新总统赢得了比之前民主党总统候选人获得的都多的非洲裔美国人选票，这位《危机》杂志的主编显然是想提醒威尔逊总统：他欠美国黑人一个大大的人情。

然而没过多久，威尔逊就用一个尖锐的回击"报答"了杜波依斯对他的信任：他很快着手授权内阁成员按照种族对政府办公楼内的洗手间和食堂进行隔离，以及在自重建时期起一直是种族融合的公务员体系中实行种族隔离制度。威尔逊在任命新的政治官员时从不考虑非洲裔美国人候选人。1914 年，当一份黑人报纸的主编门罗·特罗特（Monroe Trotter）前往华盛顿要求总统"遵守总统的职责，并兑现当选前对有色人种选民的承诺，取消这些种族隔离措施"时，威尔逊依然顽固不化。总统告诉特罗特及其他黑人领袖组成的代表团，联邦政府的隔离制度"不是一种羞辱"，而是"一种福利，你们这些先生们也应当这样看待这个问题"。之后，威尔逊就将代表团请出了白宫，还说如果黑人领袖们再想获得面见总统的机会的话，他们必须"另找一位代言人"。威尔逊在批评特罗特这个哈佛大学的美国大学优等生荣誉学会（Phi Beta Kappa graduate）成员时说："你的举止冒犯了我……你的口气充满了愤怒。"[24]

1913—1921 年，在担任总统的两届任期里，威尔逊持续在华盛顿推行吉姆·克罗法，认为非洲裔美国人候选人不够格获得绝大部分政府职位，连美国财政部和邮政部门都在内阁高级官员的命令下实行了种族隔离。[25]1918 年时，威尔逊在其著作《美国人的历史》（*History of the American People*）中谈到了自己的偏见。他写道，美国内战之后，"伟大的三 K 党"崛起，帮助南方消除了"无知的黑人选民给政府带来的难以承受的负担"。[26]

因为在白宫中有这样一位总统，全国各地，特别是曾被威尔逊称为家乡的南方的白人至上主义者变得越发有恃无恐。这

168

片地区的邮政局和政府机构中的大批黑人员工遭到解雇，他们还被禁止从事其他政府工作，而这些工作原本就是有色人种进入中产阶级的为数不多的几个途径之一。1913 年，亚特兰大的税务局局长让人们清楚地看到：威尔逊对种族隔离的支持给所有非洲裔美国人，特别是像佐治亚州这样地方的黑人带来的打击是毁灭性的。这位局长说："南方政府中没有黑人的位置，黑人就应该在玉米地里干活。"[27]

然而，尽管有威尔逊在白宫倒行逆施，阻碍了种族问题方面的进步，还有像安塞尔·斯特里克兰这样的福赛斯县人大肆宣扬种族清洗后纯洁的白人劳动力的好处，但是卡明的很多家庭主妇们都已经为缺少黑人"仆役"而感到厌烦，为承担所有家务而感到精疲力竭。1912 年的种族清洗运动刚刚进行了几个月的时候，劳拉·霍肯赫尔（Laura Hockenhull）就催促丈夫——卡明医生约翰·霍肯赫尔想办法联系他们曾经雇用的仆役，无论他们逃去哪里，也要将他们引诱回来。显然是抵挡不住霍肯赫尔提出的高薪诱惑，而且是在得到了会保证他们人身安全的承诺之后，布莱克一家、史密斯一家和格雷厄姆一家在 1913 年 2 月初搬回了他们在归霍肯赫尔所有的土地上的小木屋里，试图静悄悄地恢复以前的生活。

奥费利娅·布莱克（Ophelia Blake）是一名 53 岁的寡妇，她在夜骑者迫使她逃走之前已经在霍肯赫尔家做了很多年的女仆。和她一起逃走的是八个孩子中最小的两个儿子，18 岁的路易（Louie）和 16 岁的阿德金森（Adkinson）。[28]亚历克斯和弗洛拉·格雷厄姆（Alex and Flora Graham）在被赶走之前也租住在霍肯赫尔的土地上，他们的儿子伦纳德（Leonard）4 岁，亨利才 2 岁。弗兰克·史密斯（Frank Smith）也是一个雇农，和他住在一起的有其妻子安妮（Annie）和四个孩子：12 岁的拜尔（Byel）、8 岁的埃迪（Eddie）、6 岁的罗斯福（Roosevelt）和 3 岁的卢拉（Lula）。

劳拉·霍肯赫尔的仆人们竟然答应返回这件事就足以说明福赛斯县的难民在外面的前景有多么艰难，再加上由秋入冬之后，收割带来的对劳动力的稳定需求也消失了。虽然三家人一起返回肯定能让他们安心一些，但是他们在这里的处境依然岌岌可危，不仅与曾经熟悉的黑人群体完全脱离了，而且只有在归霍肯赫尔所有的土地范围内才不会受到白人暴民和私刑者的骚扰。

他们的回归并没有引发什么反应，如果说这还让奥费利娅·布莱克看到一点福赛斯县已经重新变得安全的希望，那么这种希望没过多久就破灭了。《亚特兰大宪法报》报道称，1913 年 2 月 19 日星期三晚上，"身份不明的人"潜入霍肯赫尔的私人土地。他们向布莱克家、格雷厄姆家和史密斯家的大人小孩正在睡觉的"黑人木屋"下面的架空部分扔了一捆炸药，炸药上连着长长的引线，这些人蹲在黑暗之中，唯一暴露他们存在的只有划火柴时一闪而过的亮光。一位目击者称，在归霍肯赫尔医生所有的土地上发生的爆炸"几乎惊动了整个镇子……（而且）爆炸产生的冲击让许多建筑都出现了晃动。刚刚返回卡明不久的黑人们……被吓得魂飞魄散。镇子上的人还没有弄清楚发生了什么，点燃炸药的人们就逃得无影无踪了"。[29]

报道中没有提这三家人是生是死，自此以后，他们就从福赛斯县的所有书面记录中彻底消失了。奥费利娅·布莱克、弗

170

兰克·史密斯和亚历克斯·格雷厄姆想要重返家乡，然而无论他们多么小心、多么低调，白人在那个深夜给出的回应传达了一个再明白不过的信息：福赛斯县已经是一个仅限白人的地方了，就连在这里出生、长大的黑人也要被迫看清夜骑者给他们的警告。如果他们像霍肯赫尔一家及他们的雇农这样违抗命令的话，那就是在自寻死路。

位于霍肯赫尔私人领地边缘的"黑人木屋"被炸成了一堆碎片，不过霍肯赫尔医生和妻子劳拉居住的大宅则毫发未损。受到不知姓名、不露面目的夜骑者的惩罚之后，这位医生和他的妻子似乎终于接受了自己生活在一个种族清洗后的世界中的现实，尽管他们并不支持这种事，但是已经被吓得不敢公开表示反对了。1922 年，被亲切地称为"约翰医生"的霍肯赫尔去世时，福赛斯县的居民纷纷表达了对他的敬爱之情。报纸上的公告说他"温和、善良，对自己遇见的最卑微的人也能体贴关照"。[30]

在接下来的几年里，几乎没有非洲裔美国人绝望或鲁莽到要跨过县界进入福赛斯县。但是在少有的几次黑人出现在"仅限白人"区域内的情况中，这些黑人往往会遭到逮捕并被指控犯下了罪行。1914 年 4 月，有报道说一个名叫威尔·菲利普斯（Will Phillips）的 32 岁男子，因试图在卡明偷盗商人的财物而被抓获，人们"跟随他在泥泞中留下的脚印从卡明一路追到他在比福德的住处"。《亚特兰大宪法报》的一位记者写到这个黑人"聪明透顶"，还宣称：

他盗窃的方法（是）在夜深人静时潜入商人家中，偷走放在他们裤兜里的店铺钥匙，然后再到店铺里将放钱的抽屉洗劫一空。

听到这样的指控后，拉默斯副治安官在菲利普斯位于比福德的家中逮捕了他，然后像对待 1912 年的囚犯一样，把菲利普斯送到了亚特兰大的富尔顿塔。[31]

菲利普斯当然有可能真的在卡明偷了熟睡中的商人们的店铺钥匙，然后偷走了镇广场上的商店钱箱里的钱。但考虑到福赛斯县作为私刑者、纵火犯和挥舞着霰弹枪的夜骑者的家乡的名声，我们真的很难相信一个黑人会选择卡明作为实行盗窃的地点。威尔·菲利普斯住在比福德，那里是南方铁路线上的一站。在每个工作日结束营业后，那里都会有装满钱财的钱箱放在各个店里。要接受当时逮捕他的理由，我们就得相信菲利普斯放着近在咫尺的目标不偷，却非要向西走上 13 英里来到卡明，进入这片仅仅在几年前还有数以千计的黑人被白人暴民枪击、威胁，甚至炸毁或烧毁他们的房子的地方以身涉险。

更可能的情况是，菲利普斯因为进入福赛斯县范围内而被抓的。逮捕他是为了巩固人们对于一个曾经熟悉的信息的认识：福赛斯县不允许非洲裔美国人踏入半步。菲利普斯在 1914 年 5 月被带回北方受审，他在福赛斯县监狱度过的那一夜肯定令他惊恐万分。第二天上午，他被认定罪名成立，并被判处在佐治亚州服刑 40 年，其间还要和其他囚犯被锁链锁在一起进行体力劳动。[32]

1915 年 10 月的记录中有另一个类似的案件。一个名叫乔·史密斯（Joe Smith）的黑人被指控在卡明入室盗窃。报纸上的报道称，法院签发了逮捕令，"卡明的里德治安官奉命将史密斯捉拿归案,据说后者居住在利昂县(Leon County)"。[33]利昂县位于佐治亚州南部与佛罗里达州的交界之外,不过比尔·里德仍然不畏路途遥远前去抓捕嫌犯。无论是什么吸引史密斯擅入"属于白人的"福赛斯县,法律的触手最终还是伸出了300多英里将他逮住。

此类起诉活动强化了福赛斯县作为白人至上主义的阵地和佐治亚州种族歧视最严重的县的名声。尽管有些非洲裔美国人居民可能是回来寻求报仇机会的,但更可能的情况是,他们不过是想找回丢失的或被偷走的财物而已,比如牲畜、家具、农具或其他在匆忙躲避夜骑者时没来得及带上的贵重物品等。然而,不论这样的返回有多么短暂、多么隐蔽,如今他们都必须明白,身为黑人,光是出现在福赛斯县就足以让他被逮捕。

14. 驱逐，1915—1920

在伍德罗·威尔逊的两届总统任期内，种族隔离的规定在
南方变得更加僵化严格、更具有压迫性，不过没有哪个地方比
福赛斯县更致力于彻底的种族清洗制度。即便是本州其他地方
的人在接触到这种"仅限白人"规则的执行者时，也会觉得就
算是在执行吉姆·克罗法的南方，他们的行为也远远超出了一
般标准，福赛斯县因此恶名远播。

1915 年 9 月，佐治亚州南部托马斯维尔（Thomasville）的
《时代企业报》（*Times - Enterprise*）刊登了一篇旨在让读者感到
震惊的报道：在佐治亚州的山区里，竟然确实存在着一个"没
有黑人的县"。记者写道："所有（黑人）家庭都被赶出了该
县，如今连一辆载着黑人仆从的汽车都别想从那里通过。这个
事实已经获得一位刚刚去过那里的医生的证实。"1 这位名叫赫德
森·穆尔（Hudson Moore）的医生是一位亚特兰大富人，他在
1915 年 9 月 4 日这天前往福赛斯县法院办事，随同他向北而来
的包括"一位黑人护士和一个黑人司机"。目击者称，穆尔进
入法院，把护士和司机留在外面等候，就在穆尔和官员谈话时，
"他听到外面爆发了骚乱，赶快跑出来看，结果发现已经有数百
人聚集在一起，把他的两个仆人围在中间，并向他们发出威胁。
于是穆尔先生带着自己的两名雇员坐进车内，飞一样地开出了
该县边界"。2

穆尔医生显然没有意识到，他的黑人雇员出现在卡明广场

上这个行为在当时就足以被很多本地白人视为他们犯下了应当接受绞刑的罪过。在穆尔先生令人恐怖的行程之后不久，另一群白人贵族也犯了和他一样的错误，因为他们乘坐汽车在北佐治亚山区旅游的时候，他们的黑人司机把车开到了黑人不该进入的查特胡奇河西岸。

佐治亚州商会计划利用最近疯狂流行的风光的驾车旅行活动来吸引资本，于是，在1915年秋天组织了一场名为"看看佐治亚"（Seeing Georgia）的活动。活动内容是带领一群热爱驾驶机动车的人穿越本州北部地区，人们每晚还可以在不同的镇上过夜。"看看佐治亚"活动吸引了镇长、商业领袖、上流社会妇女，以及想要在南方寻找投资机会的北方资本家的关注。参加活动的人员名单中不乏一些大名鼎鼎的重要人物，比如佐治亚州商会主席查尔斯·J. 黑登（Charles J. Haden）、州农业部部长詹姆斯·普赖斯（James Price）和亚特兰大的佐治亚州理工学院院长K. G. 马西森（K. G. Matheson）。除他们之外，还有一些显赫的生意人，比如亚特兰大的第一位斯蒂旁克汽车经销商A. C. 韦布（A. C. Webb），以及曾经的赛车选手、如今的凡士通轮胎和橡胶公司区域经理怀利·韦斯特（Wylie West）。[3]

当卡明镇镇长查利·哈里斯得知这个活动将吸引一批有钱有势的人进入山区时，他动用了自己在佐治亚州商会里的人脉关系，让福赛斯县成了建议路线中的一站。哈里斯知道"看看佐治亚"是一个宣传自己的家乡，也是向整个佐治亚州证明一旦亚特兰大东北线完工，人们可以在这里赚多少钱的难得机会。

从梅肯到米利奇维尔（Milledgeville）再到阿森斯之后，活

1915 年 10 月 3 日，"看看佐治亚"活动的
参与者们前往福赛斯县途中

动的第二段路程就要在北佐治亚的山区里进行了。游客们可以在途中欣赏颜色艳丽的秋日彩叶，并在当时最先进的塔卢拉瀑布（Tallulah Falls）水力发电厂附近过一夜。之后，游客们的行程是向南进入霍尔县，然后从那里继续向西，在卡明做短暂停留。

不过，当游客们在盖恩斯维尔吃午饭的时候，一群霍尔县居民强烈敦促活动领队谢绝查利·哈里斯的邀请，彻底绕过福赛斯县。他们担忧的理由正是：大部分载着众多白人男女的汽车都是由穿着制服的黑人司机驾驶的。听到关于疯狂的白人暴民的提醒之后，有些司机请求雇主允许自己从盖恩斯维尔乘火车回家，为的就是避免进入赫德森·穆尔的雇员在仅仅一个月之前差点被私刑处死的"白人县"。

根据记者的说法，当哈里斯听说游客们可能放弃前往时，他立刻派出一名信使，以不要命的速度开车赶到盖恩斯维尔。哈里斯的人抵达时，活动组织者们正在讨论是否绕过福赛斯县。这个信使安抚车队中的所有黑人司机说他们不会遇到任何问题，

176

卡明镇镇长亲口保证了他们的人身安全。

10月4日星期一上午一直在下雨，盖恩斯维尔和卡明之间的红黏土路变成了泥泞的沼泽。负责为《梅肯电讯报》报道"看看佐治亚"活动的记者埃玛·马丁（Emma Martin）称，一长串的机动车在向西行驶的过程中多次出现要依靠本地人的帮助才能继续前进的情况。她写道："无论什么时候车子打滑，都有好几十名霍尔县的朴实农民前来施以援手，他们骑马或步行陪着我们一直行进到福赛斯县边界。"

不过当他们转过最后一个弯角，看到布朗桥就在前面的时候，马丁才得知，现如今，就连霍尔县的白人农民都认为福赛斯县已经是一个完全不同的世界了，而且并不把交界线仅仅当作两个地方政府管辖范围的标记而已。马丁说：

> 他们都不愿意过桥，原因是队伍中有黑人司机。我们多次接收到关于进入福赛斯县的风险提示……但是我们得到了卡明镇镇长和社会群体中优秀成员的亲口保证，说那里不会有麻烦，也不会有危险。[4]

选择信任查利·哈里斯，甚至是把自己司机的性命交到他手中的游客很快就意识到自己犯下了一个严重的错误。从查特胡奇河上那条又窄又吱嘎作响的木板桥上通过之后，长长的车队驶入了一个位于交叉路附近的宁静聚居区，这座村庄在地图上被标为奥斯卡维尔。这显然就是组织者向游客承诺的在这次旅行中能够看到的古朴乡村。不过，根据《亚特兰大佐治亚人报》记者的描述：

小村子里的农民看到来自亚特兰大的 W. A. 麦卡洛 177
（W. A. McCullough）车上的黑人司机，就开始追赶他。有
人朝他们扔了一块柴火，几乎砸中这个受到惊吓的黑人司
机的头部，麦卡洛先生和他的客人们也险受殃及。[5]

另一位目击者说：

当麦卡洛的车进入人们的视线之后，有一个人看到是
黑人司机在开车，就大声喊了起来："伙计们，看那边，抓
住他，抓住他。"当车飞速从他们身边开过时，一个男人抓
起一根木头就扔了过来……从这里开始到进入卡明的过程
中，咒骂、威胁和向汽车投掷石块等行为曾多次出现。[6]

参加这次旅行活动的上流社会成员们都出身自佐治亚州最
富有的一些家庭，不难想象当他们透过沾满污泥的挡风玻璃向
外看去，第一次见识不停咒骂、凶恶暴力的福赛斯县白人"山
地人"时，会有多么心惊胆战。黑人司机狠踩油门，在被雨水
浸透的土路上不断打滑，像鱼尾一样左右摇摆着驶出了奥斯卡
维尔，向着他们希望能成为避难港湾的县治飞驰。

满脸笑容的查利·哈里斯早就在卡明广场等候了。当听到
游客们在奥斯卡维尔的"遭遇"后，镇长向众人保证，艰难的
路程已经结束，黑人司机此时都是绝对安全的。《亚特兰大宪法
报》称哈里斯"无比诚恳地安抚游客说任何人都不会受到伤
害……（与此同时）学校的孩子们排成一排唱起了歌"。然而，
当有黑人坐在卡明法院外排成一串的机动车上的消息传开后，
整个镇里的"暴民精神"沸腾了。孩子们刚刚结束他们的表

演，游客们就匆匆回到车上快速离开了，因为"情况开始向着非常糟糕的方向发展"。记者报道说：

178

> 几个人聚集在一辆罗马车周围，威胁要抓走车里的黑人司机……一个男人抓着黑人胳膊，说道："我抓住胳膊了，谁去抓住他的两条腿。"辛普森先生（Mr. Simpson）一边警告这些白人不要将他们的威胁转化为行动，一边让司机加速，（直到）他的车冲出了车队，从其他车旁边开了过去。[7]

经过几个月的期盼，"看看佐治亚"活动终于为福赛斯县带来了查利·哈里斯渴望的商人和大投资者——那种能够帮助他将卡明转变为繁荣且拥有铁路的城镇的人。结果他唯一能做的只有惊恐地看着一辆接一辆的机动车飞快地从主街道上全速逃离，后面还跟着一边吼叫一边朝汽车扔石头的白人暴民群体。

埃玛·马丁告诉她的读者，自己和其他几位参与活动的女士"被转移到一辆车速较快的福特车上……她们像从 12 厘米口径的炮口中射出的炮弹一样飞速驶离卡明，然后又一路开出了福赛斯县……为的就是躲避恶毒的咒骂和投来的石块"。马丁说此时这辆车是由一位白人游客驾驶的，黑人司机"则和我一起坐在后座上，坐在前座上的沃尔夫人（Mrs. Wall）手里还抓着一把手枪"。

当他们的车飞快地驶向福赛斯县边界时，马丁一直弯腰躲在车窗高度以下，她还看到坐在自己身边的黑人因为恐惧而"面色苍白"。最后她说，"我们的车经过一个小木屋，木屋的门廊上坐着一位黑人妇女"，直到此时，"黑人司机才直起身来说：'我知道我们现在回到上帝的国度了'……他说的没错"。[8]

袭击的消息传到亚特兰大后引发了极大的愤慨，很多"看看佐治亚"活动的参与者都发誓要公开谴责那些试图对自己的雇员实施私刑的暴民。当旅行车队在泰特停下来吃午餐时，一位名叫赖特·威林厄姆（Wright Willingham）的律师，也是曾经的高等法院法官对记者们发表了讲话，并号召州政府的领袖们针对福赛斯县的种族禁令采取行动。威林厄姆说：

179

> 一种责任心让我无法对在风景优美的福赛斯县发生的事保持沉默，这种义务是突然被推到我们眼前的……我们在那里直面了这个县很多居民秉持的一种，与我们在其他地方发现的美德完全相反的精神。原因就是这里的黑人男女和儿童都被赶出了他们的家乡，以及我们的一些游客雇用了黑人司机……情况最糟糕时，一些福赛斯县公民甚至要在卡明广场上从我们的车里强行抓走黑人司机，天知道他们想要怎么对待他。[9]

威林厄姆还说，要不是一位白人乘客"掏出了他的转轮手枪"，卡明广场上可能就要再出现一场私刑处决了——而且还是当着他们的镇长、躲在车里参加"看看佐治亚"活动的游客，以及站在一旁、胳膊下面还夹着歌曲集的小学生的面。威林厄姆接着说道：

> 我们不能再这么无所谓地看待这些事，而是必须将它们交给本州的爱国人士处理。佐治亚州的州长、在立法机

构里代表这个州的议员们及高等法院的法官们都不能对这个州内滋生的混乱状态置之不理……如果（这种情况）不受到控制，（它）最终会将自己的毒牙深深地插进我们的国家。[10]

1915 年 10 月 5 日上午，坐在自己位于卡明法院内的办公室里浏览各份报纸头条新闻的查利·哈里斯肯定会感到沮丧失望。就在一天前，第一次到访北佐治亚的记者们还在描述"这片地区里的奇迹让人们心中充满一种难以描述的感觉，我们认为自己穿过的是一片资源丰富的土地，（而且）……感受到了对于这些乡村发展潜力的深刻敬意"。南方各地的商人都读到了达洛尼加蕴含的丰富矿藏、"令人着迷的纳谷基山谷（Nacoochee Valley）"，还有在霍尔县内正处于建造之中的铺了路面的道路网等消息。[11]可是到了星期二上午，在哈里斯努力了几个月，好不容易确保旅游车队会经过卡明之后，记者们却报道了与之前那些描述完全不同的福赛斯县的故事。全州的读者都读到了游客妻子举着手枪抵挡暴民靠近的内容。甚至连远在肯塔基州、俄亥俄州、印第安纳州和纽约州的报纸都从谈论哈里斯家乡的资源和商业机会变为介绍那里普遍存在的偏见了。一篇头条文章的题目是《佐治亚州的南方白人穷鬼朝黑人司机扔石头》（Georgia Crackers Rock Negro Chauffeurs），另一篇的则是《被佐治亚州暴民扔石头》（Stoned by Georgia Mob）。[12]

被传达给哈里斯在亚特兰大的投资人的信息是无比明确的。哈里斯从 1912 年起就在尝试向他们保证福赛斯县是连接州首府和山麓地区的铁路岔道的最理想的终点站。但第一批接受了镇长和佐治亚州商会邀请的商业领袖代表团刚来就被满嘴咒骂、怒不可遏的白人用石头砸回去了，他们甚至还想抓住客人的黑人司机，对其处以私刑。

这之后不久，查利·哈里斯终于放弃了他屡受挫折的铁路建造计划。1916 年，州际商务委员会（Interstate Commerce Commission）向另一个竞争团体颁发了执照，许可他们修建"一条从佐治亚州亚特兰大向北至罗斯韦尔（Roswell），然后向东北经阿尔法勒特（Alpharetta）抵达卡明……的城市间线路"。[13]这就是哈里斯从 1908 年起一直努力想要建造的那条。不过与哈里斯的亚特兰大东北铁路一样，这条铁路也永远不可能建成。

作为替代，镇长将他的注意力悄悄地转向了南方，在远离毁灭了他在福赛斯县的一切努力的"无法无天的行为"的地方，新的机会已经出现。1915 年，佐治亚州出现了象鼻虫，南佐治亚的棉花经济因此迅速遭遇重创。这意味着就在哈里斯开始寻找新的商业机会的同时，南佐治亚也开始有大片已经荒废的农田被低价变卖。1919 年，哈里斯决定孤注一掷，举家从卡明迁往了克里斯普县的县治科迪尔（Cordele，Crisp County），在这个位于福赛斯县以南 200 英里外的小镇上定居。[14]哈里斯一到这里就建立了南佐治亚土地和拍卖公司（South Georgia Land and Auction Company），然后与本地的科迪尔银行和信托公司（Cordele Bank and Trust Company）的合伙人一起，开始购买和出售南佐治亚的大片农田。20 世纪 20 年代，查利·哈里斯在科迪尔赚了很多钱，他把让他成为福赛斯县领袖之一的精力、才华和渴望全都投注到了这里。

哈里斯的离开从很多方面来说就是停止抵抗清洗运动的开始，随着温和派一个接一个离开，或者是干脆选择像约翰和劳拉·霍肯赫尔那样接受现实，卡明的未来就落入了安塞尔·斯特里克兰之类的人手中，他们都相信福赛斯县曾经是，也应该一直是"一个属于白人的县"。

米切尔·盖伊·拉默斯副治安官在1912年时曾英勇地试图阻止人们对罗布·爱德华兹处以私刑，还曾两次试图将比尔·里德从县治安官的位子上拉下马。不过1914年他第二次竞选失败之后不久，拉默斯也受够了这个问题重重的家乡。如果新世纪的火车轨道不会修到福赛斯县了，那么拉默斯决定主动搬到它们能够连通的地方去。

1917年，拉默斯应征参加第一次世界大战时，他正住在亚特兰大，他在那里的工作是佐治亚铁路和能源公司（Georgia Railway and Power Company）的一名城市有轨电车司机。曾经的副治安官似乎很快就适应了城市生活，他把自己的第二任妻子和孩子都留在了卡明，但他本人再也没有回到福赛斯县生活。[15]

拉默斯租住的地方是詹姆斯·特拉维斯（James Travis）在皮埃蒙特大道（Piedmont Avenue）上经营的食宿公寓，那里距离位于巴特勒街的铁路站场非常近，所以也是在电车司机和火车乘务员中非常流行的一个租住地点。不过也有很多其他各行各业的工人和商贩住在这片区域，比如制鞋匠、机械师、剃头匠、泥水工、书商、家具商和杂货商。根据20世纪20年代拉默斯住所所在的亚特兰大第六区的人口普查记录，无论白人还是黑人、基督徒还是犹太人、"土生土长的"美国人还是从世界各地刚刚抵达的移民都相安无事地住在这里。[16]每天早上，拉默斯沿着皮埃蒙特大道向巴特勒街的铁路站场走去的时候，他可能会从正在用俄语、德语、意第绪语、西班牙语、汉语、土耳其语或意大利语聊天的人身边经过。即便是他的美国人邻居也都是从美国的各个地方来到亚特兰大的。虽然从特拉维斯的廉价出租屋开车到被拉默斯抛下的北边的"白人县"只需要一个下午的时间，但从任何方面来说，这里和福赛斯县都像是地球的两极。

拉默斯和哈里斯曾经是福赛斯县黑人居民最明显的白人同盟者，不过大驱逐几年之后，他们也都离开了。随着他们的离开，最后一点儿对于种族清洗活动的公开反对也销声匿迹了。被他们抛弃的这个地方与其他也出现过夜骑者或进行过种族清洗活动的县不同，福赛斯县真正成功地将非洲裔美国人拦在了县边界之外。没有一个人留下来公开批评这种偏见和恐吓，这里的居民表面上也恢复了和佐治亚州其他乡村里的人没什么两样的生活，但实际上，福赛斯县仿佛是像瑞普·凡·温克尔（Rip Van Winkle）① 一样进入了一种与世隔绝的沉睡中。福赛斯县白人在 1912 年犯下的共同罪行是激烈的和爆发性的，但将这样的历史渐渐抹去的过程则是缓慢的、悄无声息的，而且是用一个栅栏接一个栅栏逐渐封闭起来的。

---

① 《瑞普·凡·温克尔》（*Rip Van Winkle*）是美国作家华盛顿·欧文（Washington Irving，1783—1859）创作的著名短篇小说，背景是荷兰殖民地时期的美国乡村，故事描述了一个荷兰裔美国村民瑞普·凡·温克尔在山上睡着，20 年后才醒来，发现小镇已经人事全非。——译者注

15. 抹除痕迹，1920—1970

　　记者埃利奥特·贾斯平（Elliot Jaspin）对于土地交易的详细调查显示，尽管福赛斯县的一小部分黑人土地所有者因尽早出售土地而卖出了接近公平市价的价格，但绝大部分黑人要么是以极不合理的低价出售土地，要么干脆两手空空地离开，因为他们知道自己的白人邻居最终还是会将这些财产据为己有。贾斯平写道：

> 每笔交易都被详细地记录在一个巨大的登记簿上……这个登记簿就放在福赛斯县法院的地下室里，每次廉价出售都代表一个黑人如何（在福赛斯县）努力谋生，结果却被恐怖活动彻底毁灭的故事……总共有 24 个非洲裔美国人土地所有者和 7 座教堂……出售了他们的土地，（而且）他们出售土地的时机显示了当时人们感受到的恐慌有多强烈。最糟糕的一笔买卖是亚历克斯·亨特（Alex Hunter）在大驱逐三个月前刚刚花 1500 美元买下了一个农场，当不得不在死亡和逃离中做出选择时，亨特于 1912 年 12 月以 550 美元的价格将该农场卖掉了。[1]

　　贾斯平还发现，尽管亚历克斯·亨特不得不以土地价值 1/3 的价格出售土地，但他依然是比其他很多人幸运的，因为还有不少人离开时失去了一切。贾斯平写道：

就另外 34 个黑人土地所有者来说，根本没有他们出售土地的记录存在。但这并不能改变任何结果。等白人带着钱来为这些并不属于他们的土地缴税的时候，法院书记员就会将其记录为交易完成……直接无视这中间的所有权间隔……在大驱逐三年之后，那些原本归黑人所有且并没有经过买卖的农田中，有近 2/3 都通过这样的方式被侵占了。[2]

当时的种族禁令依然被严格粗暴地执行着，白人确信黑人土地所有者们不可能再回到这里来重新主张他们的权利了。如果有人冒险尝试，据说白人们不仅会用霰弹枪和手枪来保卫自己侵占的土地，而且还会给自己找到所谓的法律依据，即普通法中的"逆权侵占"原则：如果一个人到县法院签署一份宣誓书，宣誓自己"持续地、公开地、众所周知地"占据某块土地并为该土地缴纳了税款，那么根据本州法律规定，原本的"逆权侵占"将在七年之后"转变为所有权"，因为原所有者没有采取任何行动来收回自己的财产。[3] 在佐治亚州，设立这种法律权利的初衷是鼓励有效地使用荒废土地，它还规定了任何新所有权"不能是通过欺诈手段得来的，（而且）必须是公开的、持续的、排他的、不间断的及和平的"[4]。

黑人土地所有者抛弃他们在福赛斯县的土地的原因有很多：比如拿着武器的人的闯入、纵火、放置和引爆炸药，但是佐治亚州的人都知道，这些原因里没有一个能与"和平的"沾边儿。尽管如此，当白人居民走进法院要求将很久之前就被自己用栅栏圈起来据为己有的土地登记在自己名下时，县政府的书记员根本不会提出任何异议。1912 年时，福赛斯县对于黑人的

185 大驱逐成了全国各大报纸争相报道的新闻，但是关于随后出现的盗窃行为获得州政府法定认可这件事，却没有引起除被驱逐的黑人土地所有者之外的其他人的关注。用贾斯平的话说就是："土地就摆在那里任人侵占，有人能为它缴税，（县）税务官何乐而不为。"[5]

到了20世纪20年代初，在卡明小学上学的白人小孩都已经是对于曾经合法拥有那些被偷走土地的黑人没有任何记忆的一代人了。他们中的大多数人从来没有，也永远不会在福赛斯县看到一个黑人居民。如《梅肯电讯报》在1921年刊登的一篇文章中写到的那样："福赛斯县人多少都会为他们将黑人全赶走这件事感到骄傲。"[6]再加上1912年的那些暴力突袭活动已成为过去，这里的市政领袖们终于有了可以吹嘘的事：当北佐治亚各个地方持续遭受"种族冲突"的困扰时，福赛斯县完全不用担心这样的尴尬。

非洲裔美国人曾经在福赛斯县生活过的印记也开始消退，只有那些知晓其中含义的人才认得出仅存的属于那个旧世界的残留物。1921年1月，一位驾车从亚特兰大向北行驶的记者写道："跨过查特胡奇河后不久……（就能看到）一根砖砌的烟囱矗立在一片焦黑的废墟中间……再向前走1英里（还能看到）一个旧锅炉竖在一堆碎石上，那原本是一个小教堂兼学校的地基。"[7]很多读者读到这里肯定会想起暴民们将1000多名黑人居民从福赛斯县赶走时的情形，然而这篇文章根本没有提到废弃的房子为何会变成"焦黑的废墟"，也没提到曾经使用那座如今只剩一堆长着青苔的碎石的"小教堂兼学校"的人是谁。

20 世纪 20 年代初期，佐治亚州其他一些县市的夜骑者依然会成为报刊上的头条新闻，不过在曾经被认为是无法无天之地的福赛斯县，人们却发现这里曾经发生的"种族冲突"很快就被很多白人遗忘了，连整个县的声望也已经恢复了。1923 年，《亚特兰大宪法报》请一个名叫阿诺德·B. 霍尔（Arnold B. Hall）的北佐治亚人描述一下福赛斯县，结果他完全没有提及那些驱逐活动，反而称这里是"老佐治亚州一个美名远播的县，有富饶的土地，施行轮作，动物产业和园艺活动方面也很先进，这里能够给人们带来全新的目标，是一个充满生机和活力的地方！"[8]

福赛斯县的白人辩护者们很快还提出 1912 年的种族清洗并不像人们普遍认为的那样绝对。有记录证明，尽管在 1910 年人口普查中被登记为黑人或"黑白混血儿"的 1098 名居民几乎全部在 1920 以前离开了福赛斯县，但当名叫维斯特·比伊斯（Vester Buice）的人口普查登记员于 1920 年 2 月进行人口普查登记时，他最终还是在福赛斯县与它南边的米尔顿县交界处附近的比格溪区域发现了一小拨黑人家庭。[9]

这几户居民分别是埃德和伯莎·穆恩（Ed and Bertha Moon）一家、威尔和科里·斯特里克兰（Will and Corrie Strickland）一家，以及马文和鲁比·罗克斯（Marvin and Rubie Rocks）一家。他们都聚集在福赛斯县南部边界最边缘，尽管还在福赛斯县境内，但是已经尽最大可能远离奥斯卡维尔了。这个群体中最兴旺的是威尔·斯特里克兰一家，他的父亲詹姆斯在 1850 年出生时就是斯特里克兰种植园里的奴隶。[10]因为斯特里克兰种植园对待奴隶是出了名的恶劣，所以老哈迪得到了一个人尽皆知的"哈恶魔"的绰号。不过詹姆斯·斯特里克兰在奴

186

隶获得解放后依然留在福赛斯县，[11] 1867 年时，他也到卡明法院签署了效忠誓言，成为新获得自由的年轻黑人之一。[12] 与约瑟夫·凯洛格一样，他似乎也一直非常勤劳、耐心。经过几十年作为佃农的辛勤耕作和积累，到 1900 年时，詹姆斯和妻子罗莎娜（Rosanna）已经成为他们在比格溪耕种的那片土地的所有者。1910 年时，耕种这片土地的人变成了詹姆斯的儿子威尔，他也做得不错，至少足够养活自己那个有十个孩子的大家庭。[13]

187　　为福赛斯县辩护的人总是会以 1920 年的人口普查作为依据，称居住在威尔·斯特里克兰农田附近的这 23 名黑人证明了非洲裔美国人没有被赶出该县。然而很明显的是，在 1000 多人被赶走之后，仅仅 23 人返回并不意味着清洗运动不像报纸上报道的那样充满暴力且涉及面广泛。相反，这其实暗示了只有白人斯特里克兰家族的雇员获得了某种赦免或至少是某种保护，因为这个家族在本县的势力是无人能及的。

　　我们已经无从得知在第一波暴力狂潮中，斯特里克兰、穆恩和罗克斯这三个黑人家庭各自去了哪里，不过有切实证据证明他们也和其他非洲裔美国人一起逃走了。当埃德·穆恩在1918 年应征入伍参加第一次世界大战时，他的居住地是在卡明以东 40 英里之外的梅斯维尔（Maysville）。这个小镇是白人斯特里克兰家族于 19 世纪在杰克逊县（Jackson County）帮助下建立的。[14] 杰克逊县碰巧是福赛斯县最大的奴隶主——哈迪、托尔伯特和奥利弗·斯特里克兰（Oliver Strickland）的出生地，他们家的不少亲戚当时仍然生活在那里。一个可能的情况是，当福赛斯县的暴民威胁像埃德·穆恩这样的黑人雇工离开时，白人斯特里克兰家族干脆将这些黑人转移到了位于杰克逊县境内的家族农场里。等暴力形势有所消退之后，1920 年人口普查开始之前的某个时间，斯特里克兰家族又把他们的黑人劳动力悄悄地带回了福赛斯县，只要这些黑人待在斯特里克兰家族领地范围内，与外界隔绝，就可以获得保护。

无论是受到了工资的诱惑，还是惩罚的威胁，或者只是因为没有其他更好的选择，在 1918 年之后的某个时间，这 23 名黑人冒着极大的风险跨过了那条隐形的福赛斯县边界，并且在 1920 年时被列为福赛斯县居民。报纸上没有提过他们的存在，暴民群体也没有聚集到斯特里克兰领地的边缘。除了维斯特·比伊斯在他的人口普查登记簿上草草写下的记录外，没有关于这些黑人存在的其他记录。本地人对此也许和看到"看看佐治亚"活动中的黑人司机时一样怒火中烧，不过他们大概也明白挑战有钱有势的白人斯特里克兰家族并不是个好主意。1930 年的人口普查显示，这个黑人群体中还剩 16 个人。[15] 到 1930 年之后的某个时间，这些人已经全部离开了。穆恩一家去了盖恩斯维尔。威尔和科里·斯特里克兰向南迁移 9 英里，去了米尔顿县的阿尔法勒特附近。至于马文和鲁比·罗克斯的去向，则没有任何记录。

在查特胡奇河对岸的霍尔县，简·丹尼尔正计划一个更有野心的逃离——不是仅仅躲开福赛斯县的私刑者和夜骑者，而是要彻底离开南方。在 1920 年的人口普查记录中，我们仍然能够找到当时 29 岁的简靠在自家后院里为白人洗晒衣物为生的记录，她的丈夫威尔则在盖恩斯维尔的其他某个地方通过操控木头控制杆来移动钢钳子，好把重量 50 磅的冰块送到白人宅院的后门。不过当人口普查登记员于 1930 年再次回到亚特兰大街时，邻居们告诉他说巴特勒夫妇已经离开了，他们从盖恩斯维尔的火车站登上一辆向北行驶的火车，加入了同属于他们这代人的众多年轻黑人组成的迁移大军。[16]

20 世纪 30 年代初，简·丹尼尔和威尔·巴特勒在底特律的天堂谷（Paradise Valley）地区租下了西奥多街 467 号（467 Theodore Street）的房子。[17]在福赛斯县的乡村长大，之后移居有火车站的小城盖恩斯维尔的简突然发现自己正置身于一个繁荣的工业化大都市。人口普查结果显示，简和威尔居住的这个街区住满了出生在佐治亚州、亚拉巴马州、南卡罗来纳州、弗吉尼亚州和密西西比州，之前一直以租地耕种或在农场里干活为生的人，不过他们如今变成了厨师、女佣、砖瓦匠和夜间看门人。

为底特律的黑人居民提供最多工作岗位的地方还要数汽车城的各个繁忙的工厂，比如位于皮盖特和圣安托万大道（Piquette and St. Antoine）交叉处的费希博德车身制造厂（Fisher Body），位于克拉克街（Clark Street）的凯迪拉克底特律装配中心（Cadillac's Detroit Assembly），以及杰斐逊大道（Jefferson Avenue）边的哈德逊汽车制造厂（Hudson Motors plant）。前半生都在以松树林、棉花田和平静无波且呈深绿色的查特胡奇河为背景的乡村环境中度过的简，将在四周都是冒着烟的烟囱和闪着光的钢锭的环境中度过后半生。在这个城市最繁盛的时候，一位来访者形容它的脉搏就是"锤子敲打钢板发出的声音"[18]。

简那一代人中的一位移民，将她抛诸身后的执行吉姆·克罗法的南方生活形容为"睡在一个随时可能喷发的火山上"[19]，简和威尔一起定居底特律之后，肯定也有类似的松一口气的感觉——离开佐治亚州，逃离那些杀死了简第一任丈夫罗布、还

1942 年 2 月，底特律悬挂的抗议黑人租户
入住索杰纳·特鲁思住房建造项目的标语

在她弟弟奥斯卡和表亲欧内斯特被吊死的尸体前欢庆的白人。简和威尔没有孩子，不过他们在底特律的侄子侄女们都知道姑姑和姑父来自遥远的地方，那里有佐治亚州的南方白人穷鬼和三 K 党成员。很多年后他们说："佐治亚州不是贾妮姑姑喜欢谈论的一个地方。"[20]

不过，如果巴特勒一家以为自己已经避开了白人恐怖主义，那么他们和其他有同样想法的底特律人一起，在 1943 年夏天被现实粗暴地惊醒了。因为城里的白人决定划定一个种族纯洁的区域，把黑人限制在这条隐形的界限外，任何想要跨界的黑人都要面临失去生命的危险。

在第一次世界大战后，当载着来自南方的移民的火车抵达时，不同种族之间的紧张情绪就开始不断累积。1910 年，城中的非洲裔美国人只有 6000 名。到 1929 年，大约 12 万新增的黑人居民在底特律定居，十年后，这个数字在 1940 年时几乎翻了一番，达到了 20 万人。[21] 同样是在这个时间段里，欧洲移民也在以前所未有的数量涌入美国，他们来此的原因大多相同：高薪和低失业率的吸引力，以及避开他们在本国遭受的暴力和掠夺。

到 20 世纪 40 年代初，城镇中白人和黑人之间的紧张情绪已经达到了临界点。1942 年冬天，冲突彻底爆发了。这一年，联邦政府展开了一项新的索杰纳·特鲁思住房建造项目（Sojourner Truth housing project），目的是为贫困的黑人家庭建造专门的住房，但是建房地点却选在了主要是白人居住的天堂谷北部区域。1942 年 2 月 28 日，当最初一批租户前来入住的时候，附近的白人在距离住宅楼不远的一片空地上点燃了一个十字架。到第二天早上，又有 1200 名带着武器的白人暴民聚集在一起，阻止黑人居民入住——尽管大多数黑人已经签了租约并支付了第一个月的房租。白人在住宅楼前面组成了一条警戒线，当两辆黑人驾驶的汽车试图强行通过封锁时，冲突爆发了。直到骑着马的警察带着霰弹枪和催泪瓦斯赶来才终止了这些暴力行为。

1942 年 4 月，在底特律警察和 1600 名密歇根州国民警卫队（Michigan National Guard）士兵的保护下，168 个黑人家庭终于搬进了住宅楼。[22] 其中绝大多数家庭都是像简和威尔·巴特勒一样从南方迁移到底特律的。加入索杰纳·特鲁思项目的第一晚，黑人住户们只能伴着从新建成的高楼窗口中传进来的白人含有种族歧视内容的嘲弄声入眠，他们之中不少人一定在想，自己是不是刚躲过了一群夜骑者，又遇到了另一群。

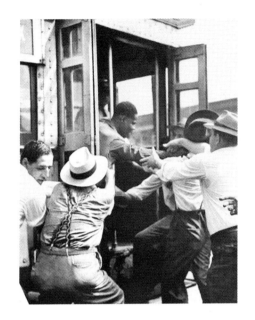

白人暴民将非洲裔美国男子从底
特律的有轨电车上拽下来，1943 年 6 月 21 日

191

索杰纳·特鲁思项目引发的骚乱不过是简和威尔在接下来
的一个夏天里经历的各种灾难的前奏。那个夏天，25000 名帕　　192
卡德汽车制造厂（Packard）的工人离开了生产线，就因为黑人
雇员获得升职，可以和白人做一样的工作了。一个怒不可遏的
男子在工厂外表示：“我宁愿看到希特勒和裕仁胜利，也不会和
黑鬼一起工作。”[23]

在 1943 年 6 月 20 日晚间，帕卡德工厂外的推搡和叫嚣发
展成为更严重的暴力活动。当时，两名年轻的黑人男子被驱逐
出了底特律河上的贝尔岛公园（Belle Isle Park）。一群黑人和一
群白人在连接公园和城市的桥上发生小规模冲突。冲突结束后，
“黑人在贝尔岛桥上强奸并杀死了一名白人妇女”的谣言迅速

传遍了全城。[24]

很多人肯定都明白，这不过是在过去半个多世纪里充斥在南方私刑体系中的一个"俗套的谎言"。不过一旦一群怒火冲天的白人相信有一群黑人男子"侵犯"并谋杀了一名白人女子，然后将她的尸体扔进河中，这个故事根本不是真的这一点已经不重要了。如果简有胆量在那之后的三天里进城，她肯定会看到一个似曾相识的景象：成群结队的白人拉拽着黑人穿过街道。

目击者讲述了暴民突袭并殴打从有轨电车上下来的黑人乘客的事：一个名叫摩西·基斯卡（Moses Kiska）的 58 岁黑人男子因为在城中的白人地盘等车遭到枪杀；另一个不知名的黑人男子在伍德沃德街（Woodward Avenue）上被人用棍棒殴打，当时还有四名白人警察在一边袖手旁观。简和威尔的房子距离伍德沃德街仅隔两个街区，这一地区很快就成了战区。当军队抵达镇压暴乱的时候，已经有 34 人确认死亡，[25]其中大部分受害者都是被用木棍活活打死的。

兰斯顿·休斯（Langston Hughes）写道，在北方，他至少有能够"躲在里面向外射击的窗口"。在 1943 年 6 月的底特律，像简和威尔·巴特勒这样的黑人居民就是这么做的：他们举着装满子弹的步枪，紧张地提防着暴民前来。很多袭击者其实操着欧洲口音而非南方口音，不过他们的面部表情也因为简在福赛斯县看到过无数次的相同的仇恨而扭曲狰狞。她唯一能做的就是像她一生中总是在做的那样：寄希望于未来会有所不同。底特律市政厅上飘扬的密歇根州旗帜上的拉丁语箴言就是这么说的："我们期待更好的事情（*Speramus meliora*）。"[26]

简和威尔在北方努力打造新生活的那几十年里，福赛斯县依然像沉睡了一样对外面的变化视而不见，在它的周围，整个佐治亚州都越来越深地陷入了白人极端主义的深渊。1933 年州长竞选的获胜者是南佐治亚农场主尤金·塔尔梅奇（Eugene Talmadge）。他喜欢看奶牛在州长大宅前的草坪上吃草，他获得农村地区贫困白人的选票的方式就是把自己打造成防御"黑人接管"的最后一道防线。塔尔梅奇在 1933 年至 1943 年间完成了三个任期。作家吉尔伯特·金（Gilbert King）称他为"在三K 党猖獗的地方进行统治的种族仇恨的煽动者"[27]。1942 年时，塔尔梅奇在一次典型的竞选演讲中回答了一个关于学校完整性的问题，为此他重申了自己的种族分离立场："朋友，我在上帝面前向你保证，只要我是州长一天，黑鬼就别想到白人的学校上学。"[28]

在这一时期内，对于福赛斯县内部的仅有的一点了解来自一个名叫海伦·马修斯·刘易斯（Helen Matthews Lewis）的白人妇女。1934 年，10 岁的刘易斯跟随当上县邮递员的父亲搬到福赛斯县居住。她记得当时福赛斯县的人仍然抱着最初的无端恐惧，也仍然为将"黑鬼赶出去"而觉得骄傲。刘易斯说：

> 他们给（还是孩子的）我讲他们怎么在法院周围吊死黑人的故事。我知道他们曾经私刑处死了一个被指控（强奸了梅·克罗的）人。这样的故事很多。我闭上眼就能在脑海中想象出法院四周挂着许多尸体的景象。[29]

194

20 世纪 30 年代，刘易斯还会不时看到黑人投递员胆战心惊地经过福赛斯县："（那时），开着卡车给商店送货的黑人都不敢从车里出来……他们都会躲在车后面。"刘易斯还记得很多福赛斯县的居民对于哪怕最微不足道的破坏种族界限的行为也会迅速做出反应——无论对象是躲在货车后面的黑人送货员，还是骑着自行车向北前往霍尔县途中无意错入福赛斯县境内的黑人老者。刘易斯说：

> 有一天父亲送完信回家，说自己看到一个黑人老者骑着自行车，穿过福赛斯县前往盖恩斯维尔。父亲说"我担心老者可能得从切斯特蒂（Chestatee）穿过"……（遇到）粗暴的切斯特蒂男孩。（父亲）说"老者肯定过不了那一关"，于是他开着车走了，说他"要找到这位老者"，找到之后，父亲就把老者送到了盖恩斯维尔。[30]

刘易斯还记得另一个 20 世纪 30 年代末的外来者打破这个不成文规矩的例子：一位妇女带着服侍自己很长时间的黑人女仆搬到了福赛斯县。刘易斯说：

> 我当时在（福赛斯县高中）上学，这位老师……带着一名黑人妇女……来到镇上。黑人妇女既是她的陪伴者，也是她的女仆。据说黑人妇女此前一直在这位教师家里服务。这位教师是教音乐的，黑人妇女一直和她生活在一起，（直到）那些年轻人……半夜三更带着火把来到她家，包围了她的房子，让她起床带着她的黑人女仆返回亚拉巴马。[31]

195 2010 年采访刘易斯的记者听到这些内容后忍不住惊叹了一声

"天啊"，刘易斯却说20世纪30年代和40年代"我在福赛斯县生活的经历就是这样的"。她还说"那里有一种……不寒而栗的感觉"。

刘易斯显然是被在电话杆上随便吊死人的故事，以及黑人员工穿过卡明时要躲在防水布下面的情景吓坏了。不过对于她的同学来说，"只有白人的福赛斯县"似乎就是万物最自然、最永恒的法则。1941年刘易斯从福赛斯县高中毕业时，福赛斯县的黑人群体留下的痕迹早已被烧掉、毁掉或悄无声息地融入了白人的领地。

对于曾经的那段时光，仅剩的不过是转瞬即逝的一些景象，而且是要非常仔细观察才能发现的。刘易斯记得，自己搬出福赛斯县之前不久，有一次走到一个朋友家门口时，她发现通往房子的踏脚石上有一些模糊的刻字。当跪下来仔细查看后，刘易斯才意识到自己刚刚走过的这条路就是用有黑人时的福赛斯县的残留物铺就的。她说："那些石块（都是）墓碑，是一个黑人公墓里的墓碑。有人把这些墓碑挖出来，带回家，然后把它们当石板用。"[32]

20世纪50年代和60年代的民权运动风暴来而复去，并没能改变福赛斯县乡村居民的平静生活。在"二战"后的几十年里，福赛斯县的人们一直忙于在原本的玉米田和棉花田里搭建鸡舍，蓬勃发展的美国家禽业给北佐治亚带来了新的兴旺。从福赛斯县县治开车前往埃比尼泽浸礼会教堂（Ebenezer Baptist）并没有多远，这个教堂是马丁·路德·金担任牧师的教堂，也是美国民权运动的中心之一。然而因为没有黑人居民可被隔离，卡明的法院里没有带着"有色人种"标志的水龙头，卡明的餐馆和路边的旅馆也不用在玻璃窗上悬挂"仅限白人"的告示。
相反，当整个南方的种族分离主义者都要面对自由乘车运动者、
民权运动游行者和午餐柜台静坐者的斗争时，福赛斯县这个白
人至上主义的堡垒几乎完全被忽略了。

尽管福赛斯县之外的整个国家都在发生变化，但其古老的、
不言而喻的规则依然维持着，每一代新人甚至还会更加坚定地
遵守从他们的父辈和祖辈那里传下来的禁令。1968 年 5 月，也
就是马丁·路德·金被刺杀一个月之后，住在一个亚特兰大住
房项目中的十名黑人小学生组成了一支队伍，他们向北来到福
赛斯县，这是他们教区露营活动的一部分。带队的两名白人辅
导员是门诺派教徒（Mennonite），他们不知道福赛斯县的种族
禁令。黄昏时分，当孩子们在拉尼尔湖边一个风景优美的露营
地扎帐篷时，一群白人从黑暗中现身，要求他们离开，并警告
他们说"我们不允许黑鬼在天黑之后待在本县"。[33] 一周后，当
亚特兰大的活动家返回这里抗议那些白人的恐吓行为时，他们
不得不接受佐治亚州巡逻队提供的人身保护，因为白人聚集在
他们的帐篷周围齐声大喊："天黑之后等着瞧！"[34]

被问到这次冲突时，卡明银行总裁罗伊·P. 奥特维尔
（Roy P. Otwell）向记者保证，他"读到新闻时很遗憾……这样
的事并不能代表福赛斯县……当我们遇到这种状况时，人们总
是描述得很过火，形容得很夸张，（而且）福赛斯县的人民
（被）大大地误解了"。[35]

20 世纪 70 年代初，很多曾经的私刑者和夜骑者开始一个
接一个地去世，关于大驱逐的最后记忆也被他们带进了坟墓。
这些人的身份可能永远无法确定了。不过根据一位名叫马库

斯·马什伯恩（Marcus Mashburn）的本地医生的叙述，那些人当中的大多数无疑都是本地有头有脸的人物，在向自己的黑人邻居发起了一个月的恐怖行动之后，他们就恢复了原本平静的农场主、商店主、生意人的生活，一个个都成了敬畏上帝、定期去教堂的基督徒。

马什伯恩是一位在福赛斯县行医几十年的老医生，他在晚年时曾向一位采访者透露道："在本县各地出诊治病的过程中……（我）目睹过很多参加了暴乱和私刑的人的临终时刻。"马什伯恩描述了许多因为 1912 年的事件而遭受愧疚折磨的老人。他说自己看着他们之中的一部分"因为自己在私刑处死黑人的活动中扮演的角色而死得很惨"。[36] 即便是 60 年后，医生仍然小心地不提及任何人的姓名，或太过直接地说出那个显而易见的结论：罗布·爱德华兹不是被"无法确定身份的人"谋杀的，也不是被山上冲下来的三 K 党成员杀害的，而是像露丝·乔丹记得的那样，死于"县里的普通人"之手。[37]

在几代人的沉默之后，这个公开的秘密反而成了要被小心保守的隐私。知道的人也只有到了人生的最后时刻才会向精心选定的少数几个人吐露真相。马什伯恩医生说，"随着年龄的增长，他们的心灵因为自己参与过谋杀而不堪重负"，到了临终时刻，"他们知道，自己做的那件事是错的"。[38]

197

16. 谋杀米格尔·马塞利未遂

198 　　在很长一段时间里，没有人踩到福赛斯县的雷区，甚至没有人注意到雷区的存在，至少大部分佐治亚州的白人就不知道，而对于非洲裔美国人来说，这个县的恶名已经深深地印在他们脑海中，所以几乎不会有人误走进该县境内。偶尔有来自亚特兰大或查塔努加的黑人卡车司机会冒险从福赛斯县境内抄近道，但他们不仅会加速通过，还要一直祈祷自己的车千万不要半路没油或爆胎。大多数情况下，佐治亚州的黑人会想尽办法避免经过福赛斯县，即便那可能意味着要多开几小时的路程，或是要跟白人同事换班，反正他们坚决不会进入这个自己从小就被警告过的属于暴力的南方白人穷鬼的县。[1]

　　我们一家是1977年搬到福赛斯县的，我的父母认为卡明是一个能让我们逃离亚特兰大郊区的世外桃源——近到能够让他们往返于这里和城中的工作之间，但又远到还保留着一片田园景象，有连绵起伏的草场和风格古雅的镇广场。我们的房子在布朗桥路上，距离东边的奥斯卡维尔仅几英里。虽然我们听到过关于福赛斯县有很多种族主义者和三K党成员的传闻，但在20世纪70年代，这个描述可以被用来形容几乎所有佐治亚州乡村县市。

199 　　当时7岁的我只能模糊地感觉到福赛斯县曾经发生过"不好的"事情，但我完全不知道那些事竟发生在距离我家仅几英里的地方。我在卡明小学的同学用20世纪30年代时海伦·马修斯·刘易斯的长辈向她解释问题的方式，向我这个初来乍到的新生解释了为什么"福赛斯县没有黑鬼"。1978 年，当我们这些少年棒垒球联盟球队成员爬上一辆皮卡的敞开式车厢里参加卡明的国庆节游行时，我看到一群肖尼三 K 党成员走在我们后面，他们全都戴着尖顶兜帽、穿着白色长袍，一边招手，一边向人群抛撒泡泡糖。

尽管如此，福赛斯县在还是孩子的我看来似乎没有什么不同寻常的。这是一个悠闲、成员间关系紧密的群体，如本地人喜欢说的那样，这里的男孩打棒球和垒球，女孩骑马、跳芭蕾。我朋友的爸爸每周末都去钓鱼、打猎。每个周五晚上，几乎所有人都会出现在福赛斯县高中的橄榄球场看台上。我学会了在朋友们讲"黑鬼笑话"时静静地坐在一边，闭口不提我家人持有的自由派观点。我的父母是在乔治·华莱士（George Wallace）和"公牛"康纳（Bull Connor）当政时期的伯明翰长大的，我们在福赛斯县看到的这种根深蒂固的偏见对于他们来说并不新鲜。我的父母曾经在种族融合的问题上与他们的父母抗争过。我父母在伯明翰和亚特兰大参加民权运动游行示威时，也曾遭到过种族主义者的嘲讽。他们告诉我，我们要做的就是用同样的方法，从福赛斯县内部促进变革。

然而，在 1980 年 7 月，也就是我们搬来三年之后，这里发生了一件我知道肯定是不同寻常的事情。起初我是从母亲那里听说这件事的。她是《盖恩斯维尔时报》的自由记者，有一天她接到报社编辑 C. B. 哈克沃斯（C. B. Hackworth）打来的电话。他说前一晚，在距离我家不远的地方发生了枪击，他让我母亲开车到阿森斯公园路（Athens Park Road）了解一下事件的始末。

在那个年代，听到枪响并不稀奇，无论是从拉尼尔湖上传来的，还是在松树林中回荡的枪声，可能都只是南方的村民在打白尾鹿或驱赶鹌鹑而已。所以当母亲前往阿森斯公园的时候，她以为等着自己的无非是打猎意外、家庭暴力，或某些农民乱射流浪狗之类的故事。

不过，在花了一下午时间，挨家挨户地调查采访之后，她开始意识到前一天在阿森斯公园路上发生的完全是另外一码事。没有人愿意谈论这次枪击，不少人在得知她的来意后，甚至当着她的面摔上了门。在接下来几个星期中，她最终了解到了事实真相：福赛斯县的白人再次因为一个黑人跨过县边界而袭击他。

1980 年 7 月 26 日上午，米格尔·马塞利（Miguel Marcelli）和女朋友雪莉·韦布（Shirley Webb）受邀前去参加一个由韦布工作的单位——总部设在亚特兰大的复杂数据研究电脑公司（Sophisticated Data Research）举办的野餐活动。[2] 活动组织者选择了拉尼尔湖作为野餐地点，那里是职场青年们都很喜欢的周末休闲场所，在 400 号公路的延长线让从亚特兰大北部开车到湖边变得非常方便之后就更是如此了。

28 岁的马塞利是亚特兰大的一名消防队员，他出生在美属维尔京群岛，她的女朋友、37 岁的雪莉·韦布是在接受了复杂数据研究电脑公司的工作之后，从家乡芝加哥搬到亚特兰大的。所以，当他们沿着双车道的乡间公路行驶，前去与公司同事们一起聚会时，无论是马塞利还是韦布都完全不了解福赛斯县。当他们开车驶入有雇员和宾客正在摆放餐食、支起排球网的公共公园时，看到的就是一派田园诗歌般的景象：高大的松树下，有红色黏土的湖岸边，搭着一个供人乘凉的亭子。

　　不过，就在他们到达后不久，整条阿森斯公园路都传遍了"有一对黑鬼"在湖边欢笑嬉戏，同一群白人朋友聚会的消息。公园里的本地人看到马塞利和韦布来来回回击打排球时都震惊了——不仅因为两张黑人面孔出现在福赛斯县，还因为这个男人和这个女人完全没有意识到自己身在何处，正面对着什么样的危险。

　　梅尔文·克罗（Melvin Crowe）家也属于克罗家族的一支，只是不知他们从何时起决定在自己的姓氏后面多加了一个字母"e"。不过奥斯卡维尔的所有人都知道这个家庭是巴德、阿齐和梅·克罗的近亲。梅尔文的父亲伯顿（Burton）在 1912 年时只有 9 岁，他是和梅的双胞胎弟弟奥比和奥维一起长大的。奥比和奥维也是梅在遭遇袭击前要去接回家的众多弟妹中的成员。1929 年出生的梅尔文·克罗还属于旧时候的奥斯卡维尔，从小听着梅的故事长大。梅的死对他而言并不是什么传说，而是他的父亲、叔伯、祖父和一些表兄弟们亲眼见证过，然后反复讲给他听的真实事件。

　　所以，当梅尔文·克罗听到传闻并亲自开车去查看时，那里的情景让他不敢相信自己的眼睛。这里距离头部遭受重击的梅被发现的地方还不到一英里，距离梅一天天衰弱、最终不治身亡的病床或欧内斯特·诺克斯第一次"供认自己罪行"的地方也不远。然而，如今这里竟然有两名黑人，手牵着手，在拉尼尔湖中水深齐膝的地方涉水前行。

　　克罗看到的这两个黑人的景象可能是有些模糊的，因为据他的邻居们说，他"总是把星期六的大部分时间花在喝酒上，然后开着车在这片地方转悠，偶尔去拜访几个朋友"[3]。克罗当天上午做的就是这些事，在看到马塞利和韦布之后，他开车到一个名叫鲍勃·戴维斯（Bob Davis）的朋友家中，戴维斯的一

202　个名叫布赖恩·威廉姆斯（Bryine Williams）的朋友当时也在，于是这三个人开始计划针对他们看到的一切"做点儿什么"。在他们开车返回阿森斯公园路之前，戴维斯拿了一把手枪。克罗后来说，他们本来是打算把那对黑人吓走："我们谈了把他们的车胎打爆的计划。"为免别人不清楚他的意思，他还补充了一句："我不喜欢有色人种。"[4]

马塞利最初开始感到麻烦靠近是因为他听到一辆皮卡车的轮胎在砾石路上碾过的声音，这辆车非常缓慢地从长满青草的野餐区域驶过。当天下午，这辆车反复出现了好几次，每次都从通向公园外面的土路上开走，但是过几分钟就又开回来。有一次，当马塞利到皮卡车附近捡球时，他说他发现司机"凶恶地看着我"。作为一个在佐治亚州生活的黑人，马塞利曾经无数次见到过满面怒容的白人。他说："我没有把这当回事，我以为他可能什么时候都是那副表情。"[5]

不过到了下午 6 点 15 分，当马塞利和韦布抖落毛巾上的沙子，准备把东西都装进后备厢时，这辆皮卡车又出现了。这一次司机把车停在马路对面，堵住了马塞利他们出去的路线。坐在方向盘后面的是一个中年白人男子，他盯着他们，一言不发，然后猛踩油门开走了。

随着天光逐渐变暗，马塞利和韦布与韦布的朋友们道别，然后坐进车里，迫切地想将刚才的事情忘掉，一想到马上就可以返回亚特兰大，他们都感到松了一口气。可是就在他们驾车上坡驶向干线公路的时候，韦布注意到道路前方有一大团尘埃

云几乎遮蔽了整条路。与此同时，在梅尔文·克罗的皮卡车上，鲍勃·戴维斯抬手示意，他向克罗点点头，然后说："就在这儿停车，让我下去。"

当马塞利和韦布在尘土飞扬的路上艰难地想要看清前面的路的时候，韦布突然接连听到两声闷闷的爆裂声，紧接着就惊恐地发现马塞利无力地倒了下去，身体瘫在方向盘上。马塞利 203 后来回忆说："我突然感到全身无力，接着头和脖子有一种'晃动'的感觉。我听到雪莉在尖叫，我们的车似乎是在自动行驶。"[6]

韦布说当自己转头看向马塞利的时候，她"以为他死了……他的左半边脸上全是血"。当车子开始转向时，韦布努力地抓住方向盘，最后车开上了路边坡，整个翻倒，但车子的引擎和车轮还在旋转。此时前座上的马塞利浑身是血，已经失去意识。韦布从碎裂的车后窗里爬出来。她步履蹒跚地离开翻倒的汽车，大声呼喊求救。这时她看到"一群男人……站在路边的山坡上"，于是就向他们走去。可是随着她的走近，韦布震惊地发现，"他们正一边指指点点，一边开怀大笑"。[7]韦布吓坏了，因为她确信这些人就是刚刚枪击马塞利的那伙人。她转身跑回山下的公路上，声嘶力竭地呼喊求救。

一个名叫基顿（Keaton）的本地人当时正在院子里干活，他听到枪声，接着是轮胎刹车的刺耳声和玻璃的碎裂声后，就跑过去查看情况，并发现一个用他的话形容是"悲痛欲绝的黑人妇女"[8]正从公路上朝他走来。

雪莉·韦布恳求基顿："你能帮帮我吗？你能保护我吗？还有，求求你，救救他。"韦布一边说一边指着损毁的汽车。[9]基顿告诉她自己会"让妻子报警"。当韦布求他开车送自己回公园的凉亭，好让她找到自己的朋友时，他只是又重申了一下自己的妻子会报警，然后就转身回到自己的房子里，一边摇头一边说"我做不了别的"。[10]雪莉·韦布被独自留在街上，她能确定的只有一件事，那就是她仍处于那些带着武器的白人男子的视线范围内。

204　　当梅尔文·克罗站在自家车库门口的车道上，望着子弹射来的方向时，鲍勃·戴维斯正冲进他家房后的树林中。梅尔文看到戴维斯已经脱下了自己的衬衫，用它裹住一把手枪，然后向着松树林深处跑去。几分钟之后，戴维斯两手空空地走了回来。仍然情绪激动、气喘吁吁的他看着克罗说道："我想我杀死了那个婊子养的黑人。"[11]

　　当警察在枪击的第二天来到梅尔文·克罗家调查这起事件时，即便是对于被起诉的恐惧也不足以让他对此闭口不谈，或是减损他为此感到的骄傲。兰迪·西姆斯警探（Detective Randy Sims）把克罗家作为开始调查的第一家，不过是因为他们家距离街上还散落着许多车窗玻璃碎片的位置最近。当他和另一位警官做自我介绍时，克罗脱口而出："我不会告诉（你们）任何事……必须有人把黑鬼阻挡在福赛斯县之外。我很高兴他们这么做了。"[12]

　　与克罗的对话让调查人员相信，他绝不仅仅是一个佐治亚州常见的种族主义者，相反，他把自己视为已经维持了近70年的"仅限白人"原则的守护者。煽动了吓唬马塞利和韦布的计划，并且开车将鲍勃·戴维斯送到案发现场的克罗显然也参与了这起犯罪，当警官们站在草坪上听着很快就朝一种认罪坦白的方向发展的回答时，他们有理由相信就是克罗本人开的枪。不过即便是在克罗意识到自己成了嫌疑人之后，他也没有对警察提到戴维斯或是自己看到这个朋友把手枪藏在森林里的事。在被问到是否知道开枪人的身份时，梅尔文选择了沉默。一辈子都生活在福赛斯县的他似乎对指认"身份不明者"的后果感到畏惧。他对西姆斯警探说："我不会告诉你是谁做的，我不会说的……因为（如果我说了），我会被烧死的。"[13]

整个枪击事件的完整过程是在法庭上作证的埃塞尔·克罗（Ethel Crowe）讲出来的。她是梅尔文的共居人，出生于 1911 年，她也是属于旧时候的奥斯卡维尔的人。她小时候也听说了梅·克罗被强奸并杀死的事，还接受了黑人都是充满淫欲的野兽的教育。作为谨慎、与世隔绝的奥斯卡维尔农民群体的一员，埃塞尔见证了福赛斯县自 20 世纪 20 年代以来发生的令人难以置信的变迁。但即便是在 20 世纪 80 年代，她依然没遇到过一个黑人在阿森斯公园路上朝她走来，最后停在她家前门外的情况。

不过，这样的事在鲍勃·戴维斯跑进树林里隐藏他用来朝米格尔·马塞利射击的手枪几分钟之后，竟然真的发生了。被传唤出庭就当天的情况作证的埃塞尔·克罗描述说自己"看到路上有一名黑人妇女，还听到她在呼救"。根据新闻报道，法庭上坐满了本地白人，他们静静地看着作证的埃塞尔，"她的嘴唇有些颤抖，她的回答断断续续的，中间夹杂着无声的啜泣"。控方律师问她帮助雪莉·韦布做了什么。

埃塞尔·克罗告诉陪审团："我什么也没做，我家门前从没出现过这样的事。"

在自家房屋的车道上，站着一个瑟瑟发抖、满身血迹的妇女，她给梅尔文·克罗的姑姑出了一道让她害怕的选择题：要么走出来帮助这个妇女和她受伤的男友；要么视而不见，装作

205

自己不曾听到枪声、撞车的声音和这个女人的求救声。被问及在发现雪莉·韦布在厨房窗外后她做了什么时，埃塞尔·克罗看着自己的腿，摇了摇头。

"什么也没做。"她说，"我什么也没做……我当时很害怕。"[14]

迈克尔·法内尔医生（Dr. Michael Farnell）是亚特兰大格雷迪医院（Grady Hospital）的外科主任。他作证说米格尔·马塞利是被"9毫米口径的手枪射出的子弹击中了左耳后方"，这个穿透伤距离他的大脑近到"可能让马塞利除了遭受已经形成的创伤之外，还要留下神经方面的后遗症"。[15]经过紧急手术，马塞利康复了，他已经能够在梅尔文·克罗和鲍勃·戴维斯的庭审上出庭作证，讲述他在福赛斯县的这次经历。一个完全由白人组成的评审团最终判定两人加重攻击罪罪名成立。

在近一个世纪之前，佐治亚州的黑人在福赛斯县被私刑处决，被枪击和殴打，还被烧毁房屋以迫使其离开。在随后的时间里，不知道有多少原本归黑人所有的土地被悄无声息地夺走。此时，终于有两名白人因为跟踪和朝一名黑人男子射击而被逮捕并最终定罪。然而，《盖恩斯维尔时报》没有强调克罗和戴维斯是福赛斯县长久的白人恐怖主义历史中第一批为自己行为接受惩罚的人，反而赞美评审团破除了福赛斯县是一个充满偏见、缺乏包容的地方的"传说"。通过给戴维斯和克罗定罪，"十二名男女……击破了这个传说"[16]。与此同时，该报还不忘重申那个老套的理论，称"福赛斯县不寻常的全白状况（不）是有意为之，而是偶然形成的"[17]。

当定罪判决给所有的媒体关注画上一个句号，所有的新闻报道车也都驶上400号公路返回亚特兰大之后，本地人终于大大地松了一口气。然而，平静和安宁并没有持续多久。七年之后，一个大得多的非洲裔美国人群体向北而来，这一次他们不是走错路，而是自主选择跨过福赛斯县的边界，来这里对维持了75年的种族隔离政策进行抗议，并要求在"福赛斯县揭开和平与友爱"的时代新篇章。

很快，整个国家的人们都了解到这个县里竟还有白人认为自己可以不受布朗诉教育局案判决，或《1964年民权法案》或其他一系列针对居住和就业中的种族歧视问题的立法的约束。当站成两排的黑人和白人民权运动游行者在1987年1月17日这一天出现在贝瑟尔景观路（Bethelview Road）上，朝着卡明法院行进时，福赛斯县居民组成的吵闹、无秩序的人群已经聚集起来等着他们了。就像自己的祖父甚至曾祖父一样，聚集在这里的人们依然坚信自己有权生活在一个"全白"的群体里。当摄影师和新闻报道团队支好照相机、摄影机时，人群齐声高喊起了反抗口号，他们还展开了一个长长的白色横幅，上面写着"种族纯洁是福赛斯县的安全之本"。

17. 兄弟会游行，1987

1986 年 12 月，种族冲突成了全国媒体关注的头条，因为纽约市皇后区的霍华德海滩区域内有四名黑人男子遭到一群白人暴民的殴打。23 岁的非洲裔美国人迈克尔·格里菲思（Michael Griffith）在被一群挥舞着棒球棍的白人青少年殴打后不幸去世，袭击者的理由是这个黑人青年擅自跨越了一个口头约定的种族界限。当时，本来已经伤得很重的格里菲思试图逃命，他想要快速冲过一条繁忙的公路，结果被经过的汽车撞到了。[1]作为对这起致人丧命的事件的回应，1986 年 12 月 27 日，阿尔·夏普顿牧师（Reverend Al Sharpton）带领 1200 名示威者在霍华德海滩的街道上进行了抗议。与此同时，愤怒的本地白人则大吼着各种种族侮辱言辞，并要求黑人抗议者从他们的地盘上滚出去。

霍华德海滩抗议不到一个月之后，一位名叫查克·布莱克本（Chuck Blackburn）的人想出了一个他认为对于福赛斯县人来说比较温和的提议：所有反对"恐惧和恐吓"的人都应当聚集起来进行一次短距离的示威游行，路线是沿 9 号公路步行到他教授空手道和冥想的布莱克本学习中心（Blackburn Learning Center）。布莱克本告诉记者："克服对遭受攻击的恐惧是武术的一个基本主题。"而且他想用这次游行证明"种族主义在福赛斯县已经走向衰落了"。[2]

布莱克本是在 20 世纪 80 年代初从旧金山搬到卡明的，他得知自己在亚特兰大的黑人朋友们都不肯踏足福赛斯县之后感到非常震惊。所以在 1987 年 1 月，布莱克本宣布了他关于进行公开抗议这种现状的活动计划。他号召一些志同道合的居民用参加被他称为"兄弟会步行"（brotherhood walk）活动的方式来纪念"1912 年事件 75 周年"。除此之外，为活动选定的日期也是为了呼应马丁·路德·金纪念日①，这个节日是前一年刚设立的全国性节日，此时依然在持续引发很大的争议。

1987 年 1 月 17 日，佐治亚州卡明

本地的报纸和电台报道了这件事之后，当地立刻出现了对布莱克本计划的广泛反对。他给地区神职人员写信，希望他们的教区居民中能有人来参加活动。布莱克本告诉记者，但是

---

① 马丁·路德·金纪念日（Martin Luther King, Jr. Day）是美国联邦法定假日，以纪念民权运动领袖马丁·路德·金牧师的生日。日期定为 1 月的第三个星期一，是在他生日 1 月 15 日前后。——译者注

"只有一名牧师回信……而且随后就打了退堂鼓"[3]。这位牧师是夏洛联合卫理公会（Shiloh United Methodist）的吉姆·马丁牧师（Reverend Jim Martin），他撤回自己的支持的原因是他的会众对此激烈反对。马丁牧师在"兄弟会步行"活动几天前说："查克称有一大部分人是支持人们彼此之间像兄弟一样友爱，而且认为种族并不重要的，他们只是没有公开发表这种想法而已。但是，我认为他想错了。我想他已经意识到了这里的情况不是这样的。很多人的想法还都不曾改变。"[4]

当办公室的电话铃开始不分昼夜响个不停，不论男女老少都打电话来警告他如果继续组织示威活动将面临什么后果的时候，布莱克本才知道自己当初的想法有多么天真。来电中声音最温和的一个人是这么说的："我只是觉得你试图让黑鬼到这里来不是个好主意……我们选择在福赛斯县生活的原因就是为了躲开他们。"还有一个上了年纪的妇女在电话中充满感情但也带着明显的威胁说道："你不能改变现状，无论它有多糟糕，或你有多努力，最终的结果只能是你离开这个县，可能是活着离开，也可能是躺在棺材里离开。"

至于那些男人表达的则全是恶意恐吓，以至于布莱克本和他的学生们不得不带上武器，并全天候在他的店面学校前安排守卫。一个来电者说："我知道（有些人的）房子被烧了，所以你也该小心了。"就在布莱克本从百叶窗的缝隙向外观望，并重新检查门锁的时候，他办公室的电话又响了。布莱克本让答录机自动录下了留言，从小小的听筒中传出来的是一个男人压低的声音："我在一颗 30－06 步枪的子弹上刻了你的名字。"[5]

因为担心自己有生命危险，布莱克本取消了原定在 1 月 9 日举行的活动，他告诉《福赛斯县新闻》的记者："那些威胁……比我预想的还要暴力得多，（这个群体中的）好人们还没有做好与之对抗的准备……福赛斯县也没有做好准备。"[6]

当布莱克本宣布自己的决定时，"兄弟会步行"的计划被他的朋友迪安·卡特（Dean Carter）接管了。卡特是一个白人建筑工人，也是和布莱克本一样的武术爱好者。他住在盖恩斯维尔，许多被驱逐出福赛斯县的家庭都在盖恩斯维尔重新安顿了下来。卡特和他的妻子塔米（Tammy）也受到了威胁，其中一个来电者对他们说："星期六之后……你们就没命了。"[7]不过迪安和塔米决定坚持下去，在活动将要举行的前一周，卡特联合到了经验丰富的亚特兰大活动家霍齐亚·威廉姆斯。后者是20世纪50年代和60年代马丁·路德·金进行民权斗争的核心圈子中的重要成员。当威廉姆斯同意凭借他的影响力和经验帮助此项事业之后，更名为"兄弟会游行"（Brotherhood March）的这个活动，以及福赛斯县大驱逐的惊人故事都开始获得全国媒体的关注。

面对大量负面报道，卡明的市政领袖们又搬出了老一套：不但没有承认和面对本县的历史，反而将矛头指向本州甚至全国其他地方因种族问题导致的袭击，还质疑人们为什么偏偏只把福赛斯县提出来横加指责。县委员会委员詹姆斯·哈林顿（James Harrington）说："我从1956年至今一直居住在这里，据我所知，我们没有发生过任何种族相关的事件。"这样的观点令人惊讶，因为仅仅7年前，这里还发生过亚特兰大消防队员米格尔·马塞利被梅尔文·克罗和鲍勃·戴维斯开枪击中的事件。哈林顿肯定也在报纸上读到了1986年11月发生的"在福赛斯县境内为一个卡明人（工作）的五名墨西哥建筑工人……被闯入他们住处的四名男子和一名女子殴打"的报道。这几个墨西

210

哥人说那些白人"让他们离开福赛斯县，否则就要他们的命"。[8]

在游行即将开始的前几天，《福赛斯县新闻》上的主要论调是厌烦，还有想要厚着脸皮把这件事熬过去的企图。在一篇题目为《让我们干点儿更有意义的事》（Let's Get on to Better Things）的专栏文章中，编辑劳拉·麦卡洛（Laura McCullough）提出受这些负面关注侵害的人不是佐治亚州的黑人公民，而是福赛斯县的居民："截至这期报纸被送印的时候，那个自由游行、兄弟会游行，还是武术游行什么的活动就结束了，真是谢天谢地。也许到那时，福赛斯县就可以恢复正常了。你还记得那个位于亚特兰大以北，只有重新规划土地、学生人数膨胀之类问题的宁静城镇吗？"[9]

类似的表示厌烦的论调在卡明也出现过，发表此类观点的人是福赛斯县商会负责人罗杰·克罗（Roger Crow），此人也是梅·克罗的远房亲戚。在游行之前的那个星期四，随着紧张情绪在全县范围内加剧，克罗站在县法院门前的台阶上代表福赛斯县的企业主们发表了公开声明，谴责"外来者"的暴力威胁，还谴责了游行活动的组织者。克罗说："我们不会宽恕那些抱着值得怀疑动机做多余的事的人，他们是在人为地创造大破坏，更何况这些人都来自本县境外。"他还说，有些人"想要将福赛斯县描述为一个无法无天、坚持逆时代潮流的有种族歧视的地方"，但是"这根本不是事实……福赛斯县不应遭受少数莽撞之人的无端诽谤"。[10]

当政治家和商人们为福赛斯县的名誉受损而担忧时，其他人则在忙着召集人员，组建一个被称为"福赛斯县防卫联盟"的组织。他们回应兄弟会游行的工具不是社论文章或新闻发布会，而是装满子弹的手枪、用长绳结成的绞刑套索和在游行同一天组织一个"白人势力集会"（White Power Rally）的计划。整个卡明镇上随处可见张贴的标语和被插在汽车前挡风玻璃雨刷下面的传单，内容都是号召白人"反对支持种族混杂者在福赛斯县举行游行！"虽然县治安官韦斯利·沃尔拉夫告诉记者，防卫联盟只代表了"一小部分激进分子"，但其声明中还提及了白人群体感受到的更广泛的恐惧和担忧，而这些情绪的起因是亚特兰大稳定的向北扩张。

20 世纪 70 年代，佐治亚州的州际公路系统让州首府的边界从原来的市区附近不断向外扩张，以至于亚特兰大的郊区都要扩大到福赛斯县人的家门口了。这正是 20 世纪初，查利·哈里斯始终没有建成的铁路本要给山麓地区带来新理念、新面孔和新的商业机会。当查克·布莱克本在 1987 年建议举行"兄弟会步行"活动时，大批像我父母一样的职场人士都搬到了该县境内的"湖边别墅"中。高速公路不仅带来了新活力和新资金，还带来了大批黑人居民入住福赛斯县的可能性。

白人势力集会的组织者利用的就是白人对于城市的恐惧，他们组织的集会不仅是为了赞颂"白人势力"，还是为了保卫在所有人的记忆中定义了福赛斯县的长久的"种族纯洁性"：

> 我们反对的是支持种族融合的人……是像查克·布莱克本和卡特一家这样，像《福赛斯县新闻》《盖恩斯维尔时报》，以及其他本县境外的挑拨者和共产主义种族融合者之类的想要让我们的群体变得污秽的人。[11]

如果说这种让人们武装起来的号召旨在动员本县居民的话，

那么它确实起到了效果。兄弟会游行两天前,《盖恩斯维尔时报》的编辑预测说"双方各有大约 100 名成员会参与游行示威活动",不过他也和本地执法者一样,严重地低估了参与者的数量。因为"种族融合者"要入侵福赛斯县的想法让很多人惊骇不已,所以在 1987 年 1 月 17 日上午,超过 2500 名白人聚集到了将作为兄弟会游行起点的那个交叉路口。[12]

上午 10 点,位于贝瑟尔景观路和 9 号公路拐角处的一个加油站里全是皮卡车和蒙着白单子或穿着迷彩服、带着打猎工具的男人们。本县居民,同时也是"维持福赛斯县全白委员会"(Committee to Keep Forsyth County White)领导的弗兰克·雪利向记者保证,"绝大部分示威者(是)来自福赛斯县的"[13]。当一辆坐满了民权运动游行者的车从亚特兰大的马丁·路德·金中心出发,沿 400 号公路北上时,雪利已经打开扩音喇叭,煽动人群齐声高喊:"黑鬼滚回去!黑鬼滚回去!"[14]

当一位满头银发、穿着西服和风衣的老者现身时,在停车场周围闲逛的白人们迎来了当天的第一个高潮。这个拄着手杖,沿着贝瑟尔景观路跛行,同时向人群挥手致敬的人叫 J. B. 斯托纳(J. B. Stoner)。在过去几十年中,他一直是南方最臭名昭著的白人至上主义者之一。1977 年时,他因为在 1958 年炸毁位于伯明翰的贝瑟尔浸信会教堂(Bethel Baptist Church)而被起诉,这也让他成了维护种族隔离制度的人眼中的传奇。[15]根据法庭上的证词,斯托纳之所以以弗雷德·沙特尔斯沃思牧师(Reverend Fred Shuttlesworth)和他的贝瑟尔教堂成员为袭击目标,是因为他们在亚拉巴马州的民权抗议活动中发挥了带头作用。斯托纳指示他的手下在教堂外放了一个装着 16 根炸药的燃烧的油漆罐。在这个简易爆炸装置被引爆之前,一个过路人发现了它。沙特尔斯沃思牧师的警卫们迅速将炸弹转移到了街上。几秒钟之后炸弹就爆炸了，北伯明翰所有建筑的窗户都被震得咯咯作响，第28大道的地面还被炸出了一个火山口那么大的圆坑。

逃避起诉多年之后，斯托纳终于在1980年被定罪，他因下令放置爆炸装置而被判处十年监禁。1986年11月，就在福赛斯县举行白人势力集会仅仅两个月之前，斯托纳获得假释，提前出狱。曾经以不知悔改的种族恐怖主义者形象登上各大报纸头版头条的斯托纳获释后不久，就带着某种持偏见者中的名人的派头来到贝瑟尔景观路，他身边挤满了迫切想要和他握手、得到他签名的福赛斯县年轻男子。在被记者问到为什么要来福赛斯县时，斯托纳回答："为了帮上帝清除犹太人、半犹太人和黑鬼……让黑鬼进来，就等于让艾滋病和毒品进来。而我们不想要艾滋病和毒品。"在人群欢呼着表示赞同的时候，斯托纳又补充了一句："我们也不想要黑鬼。"[16]

对于成百上千名围绕在他身边的人来说，斯托纳就是"永不停息"地反对种族融合精神的化身，尽管在1987年时，绝大多数种族分离主义者早在几十年前就已经放弃了这场战斗。数以百万计在晚间新闻中看到斯托纳影像的人认为他就是一个活生生的不合潮流的人——一个依然活在20世纪50年代、满嘴仇恨言辞，会在教堂放置爆炸物的种族主义者。不过1987年1月17日那一天，在吉姆·华莱士（Jim Wallace）开的加油站的停车场里等待着与即将到来的马丁·路德·金中心的示威者交战，以保卫只有白人的福赛斯县的这些人无疑都是斯托纳的同类，他们还像欢迎英雄一般欢迎了斯托纳。[17]

214

1987 年 1 月 17 日，第一次兄弟会游行当天，斯托纳在散发传单，传单上面写着"感谢上帝让他们患上艾滋病……种族隔离是必须的，因为艾滋病是一种种族疾病"

215   当斯托纳的出现带来的兴奋之情平静下去之后，人群就准备好展开真正的行动了。县治安官韦斯利·沃尔拉夫在附近的草场上用绳子隔出了一片区域，并要求防卫联盟的支持者们到指定的区域内活动。这些人不情愿地向草场中走去，一边走还一边挥舞着南方邦联旗帜和写着"维持福赛斯县全白！"标语的牌子。直到此时，沃尔拉夫治安官才注意到参与敌对游行的人数已经远远超过所有人的预期。佐治亚州调查局（Georgia Bureau of Investigation，GBI）探员邦妮·派克（Bonnie Pike）后来承认说："随着人群不断扩大……我们意识到自己没有足够的人手。"[18]

快到上午 11 点的时候，人群开始喧闹起来，沃尔拉夫治安官转头看到一辆大巴车正从 400 号公路上沿一个斜坡开上来，然后停在了贝瑟尔景观路的路肩上。车内的霍齐亚·威廉姆斯手里拿着一个扩音器，站在下车台阶的最后一级上，听着他的现场指导员们最后一次对游行者宣讲注意事项。威廉姆斯最初是从马丁·路德·金那里学到这些规则的：比如找一个同伴，两人一组，列队前进，不大声叫喊；无论其他人对你说什么、做什么，也无论他们说的或做的有多么粗俗、多么带有歧视性、多么含有威胁、多么充满暴力，游行者都要做到不还手、不还嘴。

这种不接触策略不仅深植于马丁·路德·金的基督教理念和他对于甘地的非暴力抗议的研究中，还是他从实际经验中总结而来的成果：严格的纪律准则和不动摇的非暴力方式有利于让新闻媒体和旁观者看清楚游行者是受害者，而非煽动者。特别是在塞尔马发生"血色星期天"屠杀之后，威廉姆斯更加清楚白人男子袭击和平抗议者的画面比所有演讲和布道加在一起更能启发人们觉醒。威廉姆斯的团队在车上指导着游行者们：如果有一个词是带着愤怒说的，那么这个词一定不能是抗议者说的；如果有人挥了一拳或扔了一块石头，这个人一定不能是我们队伍中的人。

沃尔拉夫治安官指示大巴车司机把车开过敌对游行参与者所在的区域，到更远一点儿的地方再让乘客下车，以便尽可能隔开这两批人。当车门打开时，游行队伍的领导们先下到了柏油马路上，在一片灰蒙蒙的日光下踩上了佐治亚州著名的"白人县"的土地。当他们的眼睛适应了车外的光线之后，他们才发现那些聚集到附近的本地白人并不是看热闹的旁观者，而是某种更接近暴民团体性质的人群。当那些人看见霍齐亚·威廉姆斯之后，他们之中有数百人强行翻过带刺的铁丝网，朝游行者的方向跑过来。

216

**1965 年 3 月 7 日，霍齐亚·威廉姆斯（前排左侧）和约翰·刘易斯
（John Lewis，前排右侧）带领游行者穿过埃德蒙·佩特斯大桥**

　　人们普遍相信，而且很多报道也是这么说的，那就是和平游行者全都来自福赛斯县以外。《福赛斯县新闻》说："福赛斯县的人……显然都没有加入（兄弟会）游行的队伍中。"[19] 然而尽管大部分活动家都是来自亚特兰大的，但例外也是存在的。比如我的母亲、父亲和我 18 岁的姐姐雷切尔（Rachel）就一直坐在我们的老旧别克车上，紧张地看着加油站方向由无数南方邦联旗帜组成的海洋，他们在贝瑟尔景观路已经等了半个上午了。

　　我父亲下了车，和游行领导者说明虽然他是白人、是南方人、是福赛斯县的居民，但是他来到这里是想要加入他们的游行队伍，想要和他们一起传达渴望改变的声音。虽然他们在车上等待的时候没有被敌对游行者发现，但是当我父母和姐姐站

217

进游行者的队伍之后，白人人群中就开始有人指着他们大喊：
"喜欢黑鬼的人！"听到这些喊声时，我母亲和姐姐只是面无表
情地站在队里，等待游行开始。站在距离我父亲只有几英尺远
的一个男人朝他吐口水说："和其他人一起滚回亚特兰大去，滚
回黑鬼镇去吧，你们这些白黑鬼！"

**1987 年 1 月 17 日，霍齐亚·威廉姆斯（画面中央）在福赛斯县领导
第一次兄弟会游行**

随着第一次兄弟会游行终于在福赛斯县拉开帷幕，敌对游
行者们不再假装听从治安官的安排。沃尔拉夫治安官向威廉姆
斯承认，他被这里出现的大批人群搞了个措手不及，包括本地
副治安官、州公路巡警和佐治亚州调查局的警官在内，他总共
只有 70 人的警力，却要试图控制白人势力集会召集来的数千
人。[20]鉴于人群的规模和狂热情绪，发生袭击看起来是不可避免
的。再说所有警力都将主要精力放在了保护游行者队伍上，所

以几乎没剩几个人手去把敌对游行人群控制在道路边缘以外。最终，游行者才按照计划走出几百码，愤怒的白人就站满了道路两边，形成了一个游行者不得不冒着风险穿过的夹道。[22]沃尔拉夫治安官指示司机将他的大巴车开上来与霍齐亚·威廉姆斯并排，然后让车以步行的速度随着队伍继续向前，这样至少能够为队伍提供一点儿掩护。

游行者们确实是需要被保护的，因为虽然大多数站在道路两边的人只是在高喊"黑鬼滚回去！"或"维持福赛斯县全白！"的口号，但是其他一些人则开始向游行者投掷任何他们能找到的东西，比如木棍、土块、砖块、破碎的啤酒瓶和石块。当威廉姆斯被投掷物砸到一边脑袋之后，沃尔拉夫治安官将游行领导者们集中在一起，警告他们自己无法保证每个人的安全。不过威廉姆斯决心继续游行。当天晚上，人们在全世界的新闻频道上都看到了这段让他们目瞪口呆的景象：一个须发斑白的61岁老人，一边躲闪着朝他飞来的石块，一边不可置信地摇头，同时坚持继续向前。

霍齐亚·威廉姆斯，1926年出生于佐治亚州的阿塔普格斯（Attapulgus），从小在执行吉姆·克罗法的南方长大。他在13岁时还几乎遭遇了与欧内斯特·诺克斯和奥斯卡·丹尼尔一样的命运。当时，一群来自迪凯特县（Decatur County）的白人暴民冲到威廉姆斯家门口，指控他强奸了一个年轻的白人女孩。根据威廉姆斯本人的叙述，他的祖父举着霰弹枪抵挡这些人，直到"一位友好的白人邻居前来调停，才避免了更暴力的场面发生"。[22]

　　第二次世界大战期间，威廉姆斯在一个完全由黑人组成的陆军部队里服役，战争结束后，他还因为在一次纳粹轰炸中英勇负伤而被授予紫心勋章。1945 年，从战场上回到家中养伤期间，穿着军装的威廉姆斯在佐治亚州阿梅里克斯（Americus）的一个汽车站差点儿被一群人殴打致死，原因是他竟然敢穿着军装，还试图在一个带有"仅限白人"标志的饮水龙头上喝水。用威廉姆斯的话说："我曾亲眼看着自己最好的战友遭到折磨、被杀死、被炸成碎片。毫不夸张地说，法国战场的土地上洒着我的鲜血……所以在那个时刻……我意识到为什么上帝一次又一次把我送到死神门前却又总是将我拉回来……因为他还要让我在这场人权运动的战争中冲锋陷阵。"[23]

后来，威廉姆斯成了南方基督教领袖会议（Southern Christian Leadership Conference）中的领袖之一，还是马丁·路德·金的密友。马丁·路德·金喜欢称呼他为"我的狂人，我的卡斯特罗"[24]，因为威廉姆斯敢于挑战法院的命令、藐视挥舞着警棍的警察，甚至是在最危险的白人至上主义者面前游行。詹姆斯·厄尔·雷（James Earl Ray）在 1968 年刺杀马丁·路德·金的时候，威廉姆斯也在孟菲斯的洛林旅馆（Lorraine Motel）内。这场谋杀发生后，威廉姆斯发誓会将马丁·路德·金的事业延续下去。他比南方基督教领袖会议中的其他人都更多地参加到了街头斗争中，在整个 20 世纪 70 年代亲自领导游行和抗议活动。在这个过程中，威廉姆斯成了亚特兰大政界一个声名显赫，但也充满争议的角色，尤其是在他因被指控酒后驾车和交通事故后逃逸而遭逮捕之后，很多白人都借此嘲笑他。[25]

到 1987 年，也是马丁·路德·金去世近 20 年之后，威廉姆斯早已经过了自己最辉煌的年代，而且还成了佐治亚州广播节目中经常被拿来开种族玩笑的笑料。不过，当他在漫天的石块和酒瓶中行走在福赛斯县的时候，他仿佛也重新走上了他取得过人生最大胜利的那个舞台，重新扮演起了那个总是能够展示他老派勇气的角色，这正是他最伟大的力量源泉。贝瑟尔景观路上吼叫、威胁的暴民越多，威廉姆斯越能感受到自己的力量。就如马丁·路德·金曾经教导他的那样，也如他们在伯明翰、萨凡纳、圣奥古斯丁（St. Augustine）和塞尔马做过的那样，威廉姆斯用非暴力对抗暴力。在朝佐治亚州种族隔离的最后一个堡垒——福赛斯县法院前进的过程中，威廉姆斯一直紧握着扩音器，用他沙哑、颤抖的声音带领游行者一遍一遍喊出他们的口号："我们终将胜利。"

在游行者的四周，本县警察和佐治亚州调查局警员正忙着实施逮捕。当对被戴上手铐的人进行搜身时，他们发现很多来参加白人势力集会的人都把装满子弹的枪插在牛仔裤上或藏在外套下面。在沃尔拉夫治安官告诉威廉姆斯他担心如果示威活动继续下去，可能会发生枪击之后，游行者才不情愿地同意回到大巴车上。车门打开，游行者们开始上车的同时，暴民们都发出了欢呼的嚎叫。

作为最后的反抗，游行者们乘车驶过了进入卡明的最后几英里，然后在镇外不远处的布莱克本的学校门前象征性地步行走过了终点线。即便如此，用记者埃利奥特·贾斯平的话说："兄弟会游行如果想用这种象征性的举动证明自己战胜了种族主义，那么他们不可能说服任何人。"[26] 在乘车返回马丁·路德·金中心的归途中，所有参与活动的人都清楚地意识到，自己被那群挥舞着南方邦联旗帜、朝他们扔石头的白人大军击败了，那些白人可不打算放弃自己的祖先从 1912 年起就在捍卫的领地。要结束福赛斯县长达 75 年的种族隔离，仅靠一个下午是肯定不够的。

记者们收集了双方对当天事件的反应，并采访了来自冲突双方的人员，包括：沮丧的行动家们；狂喜的白人敌对游行参与者；还有宣称问题根源不是福赛斯县的驱逐历史和种族暴力，而是媒体对一个平静群体的不公报道的县领袖。

霍齐亚·威廉姆斯还是一如既往地直率，他告诉《纽约时报》的记者：“我从没见过这么深的仇恨，我参加民权运动已经 30 年了，我可以告诉你在亚特兰大的后院就有一个南非……那里有 10 岁或 12 岁的青少年在用尽全力嘶吼着‘杀死黑鬼’。”在被问到是否计划重返这里进行第二次游行时，威廉姆斯回答：“我想我必须回去。”[27]另一位民权斗争中的老兵 R. B. 科顿·雷德牧师（Reverend R. B. Cotton Raeder）的话呼应了威廉姆斯感受到的震惊，他说：“我曾无数次身处这样的环境，但没有一次比这里的更糟糕。”[28]

代表商会、卡明市和本地教会的发言人们全都迅速进入了损失控制模式。商会的罗杰·克罗承认这些暴力行为“令人难堪”，但是他将数百名袭击了游行者的本地人全部归为“外来者”，还说道：“绝大多数（福赛斯县）公民支持每个人的权利，他们都是敬畏上帝、辛勤工作，而且大都是遵纪守法的人。”[29]第一浸信会教堂的 B. V. 富兰克林（B. V. Franklin）也认可这样的说法：“我不认为我们看到的景象能够代表这里的居民。”[30]即便是当各个电视台都在播放孩子们挥着拳头、齐声高喊“黑鬼滚回去！”的镜头时，县委员会委员詹姆斯·哈林顿还在向记者保证说“这里的人不会教导自己的孩子憎恨任何人"。

92 岁的老罗伊·奥特维尔是本县最显赫的大家族之一的家长，他的话概括了绝大多数居民的心愿，那就是让那些要求终结福赛斯县种族隔离以及清算历史的人别再计较这些事了。奥特维尔说："如果他们别来打扰我们，这些事情会慢慢平息下去，那时人们也许能更容易接受黑人。"[31]奥特维尔亲眼见证了1912 年的事件。那时 17 岁的他一辈子居住在这个没有显示出任何会发生变化的迹象的地方。然而，即便是在夜骑者第一次恐吓福赛斯县黑人居民的行动已经过去 75 年之后，奥特维尔依然死守着只有时间和耐心才能给这个县带来种族融合的观念。他相信游行只是一种没有必要的刺激。

为了宣称福赛斯县的"大多数人"都是无辜的旁观者，像克罗和奥特维尔这样的领袖人物不得不假装听不见其他本地人在记者面前发表的声明。在被问到为什么要参加白人势力集会时，34 岁的福赛斯县男子威廉·格里芬（William Griffan）说："我想他们应该找一个比卡明更合适的地方游行。我的祖父曾在1912 年为将黑鬼赶出这里做了贡献。他们还吊死过一些黑鬼。"[32]另一位一辈子都生活在福赛斯县的雷福德·格林德尔（Rayford Grindle）告诉记者："这里绝大多数人都不希望有黑人入住本县。"和他一起站在第二浸信会教堂门口接受采访的妻子贾尼丝（Janice）一边点头表示同意，一边补充说："这里是我们的家，一直以来都是只有白人的。"[33]

另一位本地人罗恩·西曼（Ron Seaman）是骑着马来参加敌对游行的，他骑马狂奔时，身后还有一面敌对游行者的旗帜随风飘动，这让他在白人势力集会中成了一个非常醒目的形象。在被问到如何看待敌对游行者时，西曼回答："他们应该印一些……靶子，等黑鬼一下车就发给他们。"[34]

即便是那些留在家中、没有参加集会的福赛斯县居民也大多是支持福赛斯县防卫联盟的。凯莉·斯特里克兰（Kelly Strickland）居住在距暴力行为发生现场仅一英里处，她在游行结束几天后给乔·弗兰克·哈里斯州长（Governor Joe Frank Harris）写信说：

> 哈里斯州长，我对这些感到厌烦。我只希望所有这些快点儿结束，我（还）希望所有人都别来打扰我们……我绝对愿意邀请一个黑人来我家吃饭。我爱他们，也尊敬他们，我只是不愿意和他们生活在一起。我很抱歉，但这是我的权利。[35]

一个名叫比尔·博尔顿（Bill Bolton）的福赛斯县男子在写 223给州长的信中不但不谴责人们对游行者施加的暴力，反而为白人要因此忍受的困扰抱不平：

> 我们福赛斯县居民一直被利用、被辱骂、被指责，然而这些人根本没有这样做的正当理由。我们的民权谁来保障？……福赛斯县的人民不过是想开创一份事业、建立一个适合组建家庭的体面的地方……我们没有打扰外面的世界，所以外面的世界为什么非要来打扰我们？[36]

其他一些人也写信向州长保证，引起"麻烦"的都是外来者，而不是福赛斯县的历史或福赛斯县多数居民对于黑人的态度——尽管新闻报道的内容与他们的说法恰恰相反。用卡明的一位哈茨菲尔德夫人（Mrs. Hartsfield）的话说：

> 绝大多数的被逮捕之人都不是本地人。据我所知，那天都没有人冒险进城去……福赛斯县可以说是我们能想到的最友好、最安全的地方。路上的人都会互相招手问候……这个地方一直很低调，我们一直过着平静、和谐的生活。可是现在一切都被打破了。我们没伤害过任何人，我们当然也不希望整个国家的人都把我们当成坏人。[37]

福赛斯县的暴力过往被抹杀得太彻底了，以至于很多居民都真心相信哈茨菲尔德夫人告诉州长的话：没有哪个地方比福赛斯县更宁静祥和，也没有哪个地方比福赛斯县更不应该因袭击兄弟会游行者而遭到外界的愤怒谴责。对于一辈子生活在"种族纯洁"保护罩里的人来说，维持福赛斯县"全白"似乎是世界上最自然不过的事了。

18. 沉默即认可

全国的电视观众都被第一次兄弟会游行时的景象震惊了：
年轻的白人女子对着和平的抗议者大喊"黑鬼！"；儿童被举在
父母的肩膀上和他们一起高呼"白人势力！"；像霍齐亚·威廉
姆斯这样的民权运动领袖在躲避向他扔来的石块和玻璃瓶。没
过几天，随着游行组织者的重新集结，关于举行第二次示威活
动的消息也传了出来。迪安·卡特告诉《盖恩斯维尔时报》，
第二次游行将一路走到县法院，而且县治安官韦斯利·沃尔拉
夫也承诺他们会做好准备，"哪怕需要调用 300 名州警察和所有
佐治亚州调查局探员也在所不惜"[1]。当天气预报员祈祷游行当
天下大雪的时候，霍齐亚·威廉姆斯告诉记者："无论当天天气
冷得像冰，还是热得像地狱，我们都会（再次）到福赛斯县
游行。"[2]

1987 年 1 月 24 日早上，我是被直升机从我家房子上方飞过
的隆隆声吵醒的。直到我们被拦在一个在卡明外设立的军事检
查点，等待炸弹探测犬探测了我们的车之后方可通过时，我才
意识到第二次游行将与第一次完全不同。1 月 17 日那天，福赛
斯县的白人至上主义者们也许占据了新闻头条，不过一周之后
的此时，无论整个福赛斯县如何挣扎，都不能避免被连拖带拽
地拉入 20 世纪的现实。这一次，1500 名敌对游行参与者都被
350 名州警察、185 名佐治亚州调查局探员及 2000 名佐治亚州
国民警卫队士兵，控制在指定区域之内了。[3]

第二次兄弟会游行是这个福赛斯县故事中最广为人知的一部分，因为全国乃至国际新闻媒体都对此进行了报道。200 辆包车沿 400 号公路行驶，将 2 万多名和平游行者送到佐治亚州最臭名昭著的"白人县"的镜头被播放给了全世界。参加游行的人包括 20 世纪 50 年代和 60 年代的著名民权运动老兵约翰·刘易斯、安德鲁·扬（Andrew Young）、朱利安·邦德（Julian Bond）、约瑟夫·洛厄里（Joseph Lowery）和科雷塔·斯科特·金。科雷塔称这次抗议是"一次家人、运动参加者和所有马丁·路德·金的追随者的大聚会"[4]。佐治亚州参议员萨姆·纳恩（Sam Nunn）和威奇·福勒（Wyche Fowler）、全国有色人种协进会主席本杰明·胡克斯（Benjamin Hooks）、美国总统候选人加里·哈特等数十位名人和媒体人也都出现在了队伍的前方。

就连曾经在奥斯卡维尔遭到枪击的消防员米格尔·马塞利也从亚特兰大赶来，这是自 1980 年他差点儿被梅尔文·克罗和鲍勃·戴维斯杀死之后第一次重返福赛斯县。他告诉一位记者："七年前，我差点儿毫无理由地死掉，而且永远都不知道自己是为什么死的……不过现在我要为马丁·路德·金的自由和梦想而游行。"[5]马塞利的回归是当天具有代表性的事例，这一天既是美国民权运动者的重聚，也是福赛斯县对自己长久以来的不包容的历史的持续否认。如约瑟夫·洛厄里牧师站在法院前的台阶上对本地人讲话时说的那样："我们来福赛斯县不是为了让你们感到恐惧，我们来……是为了激励你们过一种有尊严的生活。"[6]

直到接近黄昏时分，卡明广场上的讲话才终于结束。我和父母，还有姐姐一起走向我们的车。我们看着那几十辆大巴载着疲倦的和平游行者从福赛斯县的县级公路上驶出，驶上返回亚特兰大的坡道。在我们周围，国民警卫队士兵都朝公路商业区前面的一片停车场走去，那里是他们的行动指挥基地，他们在那里登上运兵车，然后那些笨重的绿色卡车就排成长队开走了。最后，卫星新闻车也开走了，大批的记者摘下衣领上的话筒，合上笔记本，收起摄像机，纷纷驾车离开了。

1987 年 1 月 24 日，进行第二次兄弟会游行的巴士抵达

　　这是我们在一周之内第二次被单独留在福赛斯县。我们开车回到在布朗桥路上的房子，这段路程不远，我们到家时天才刚黑。这栋坐落在拉尼尔湖边的房子就在奥斯卡维尔以西几英里外，这里的样子一直没有变：房子周围有松树林、绿草地，还有很多出身于福赛斯县最古老家族的邻居，比如马什伯恩家和凯恩家、卡斯尔伯里家和斯特里克兰家、惠特洛家（Whitlows）、本森家（Bensons）和克罗家。我们知道这些家庭起码是为游行引发的关注和不便感到厌烦的，甚至可能一想到 227

数千名黑人和像我们家这样的白人支持者聚集在卡明广场上就会怒火中烧。即便如此，我的父母还是感到欣喜若狂，就像他们在20世纪60年代参加抗议游行时感受到的一样。他们确信我们做了一些具有历史意义的壮举：通过公开抗议福赛斯县的种族隔离制度，我们正在改变人们的感受和想法，这将引领落后的福赛斯县走向一个更加公正的未来。

不过虽然我当时只有16岁，但我也有我的疑问。根植于福赛斯县如此之深的恐惧文化真的能够被一次和平游行改变吗？哪怕这是一次有2万人参加并被播放给全世界观看的游行。在75年根深蒂固的偏见和一个下午输入的种族和谐之后，我们是否真的可以就此宣布福赛斯县已经从长久的"种族纯洁"的噩梦中觉醒了？我们真的能够像白人观察者们自1912年以来一直自说自话的那样相信"卡明很平静……不会再有麻烦了"吗？

兄弟会游行者走向福赛斯县法院

1987 年 1 月 24 日，国民警卫队士兵和敌对游行者　　228

　　第二次兄弟会游行当天晚些时候，福赛斯县商会会长罗杰·克罗在接受记者采访时耸耸肩膀，说道："当这些人完成他们的哗众取宠之后，我们就可以恢复正常生活了……我们一直是这么做的。"[7]另一位福赛斯县居民给《盖恩斯维尔时报》写信，认可一旦游行者回家，福赛斯县就可以恢复正常了。这位写信者说道："白人不想让黑人（来这里），我们需要终结这件事，然后把它忘掉，过去 75 年里我们一直能够不想这些……抛开这个话题，因为如果你不抛开的话，一定会有麻烦出现。"[8]在《盖恩斯维尔时报》上的一篇评论文章中，一个名叫史蒂夫·惠特迈尔（Steve Whitmire）的人总结了大部分本地人的感受。惠特迈尔相信，兄弟会游行是某种"反福赛斯县运动"的一部分。尽管长达数小时的新闻影像记录了完全相反的内容，但他依然向读者保证："我从没看到过任何福赛斯县人侵扰任何

人。"惠特迈尔在文章结尾还回应了霍齐亚·威廉姆斯提出的福
229 赛斯县白人应正式为 1912 年大驱逐致歉的要求，他说："霍齐
亚，你以为这是在让你搭顺风车吗？这个世界不欠你什么，福
赛斯县更不欠你什么。"[9]

1987 年 2 月初，奥普拉·温弗瑞（Oprah Winfrey）刚刚成
为电视谈话节目主持人不满六个月，她来到卡明广场录制一期
《奥普拉·温弗瑞秀》（*The Oprah Winfrey Show*）时，前面提到
的这类蔑视性的言论正充斥在整个国家的电视节目中。奥普拉
说节目的目标"只是要问问为什么福赛斯县在过去 75 年里不允
许黑人在这里居住"。为了得到诚恳的回答，奥普拉和她的制作
人决定只允许福赛斯县居民参加节目录制，这意味着除了奥普
拉和她的工作人员之外，这场被拍摄下来的非正式公开集会就
是一场"全白"的活动。[10]

在一个坐满本地人的餐馆中，奥普拉把麦克风传给一个又
一个白人受访者，问他们为什么仍然支持一个持续了 75 年的种
族禁令。很多现场参与者说他们为最近发生的暴力行为感到遗
憾，但即便是面对奥普拉，绝大多数人还是承认，他们宁愿
"维持福赛斯全白"。

奥普拉向一位中年妇女提问时说："你不认为其他种族的人
有权利住在这里吗？"这位妇女的回答是："他们有权住在他们
想住的地方，但是如果我们想要一个白人社区，我们也应当有
权这样选择。"

奥普拉的目光从一位观众转到另一位观众，然后她提出了
一个问题："你们害怕黑人会做什么？"一位身材高大、留着络
腮胡的二十几岁男子站起来说，比所有事更让他害怕的就是

"他们来到福赛斯县"。他说"我以前住在亚特兰大",但现在"那里变成了鼠害肆虐的贫民窟!"当坐在他周围的人鼓掌、点头表示同意的时候,他补充说:"他们不在乎,他们根本不在乎!"

在被问及他说的"他们"是否指"全部黑种人"时,这个人回答说不是,"只是黑鬼"。奥普拉挑了挑眉毛,然后问道:"你认为他们之间有什么不同?"这名男子主动要求帮助她理解其中的区别。

"黑人是黑人,黑鬼是黑鬼。"他说道,"黑人?他们不会 230 想要来这里,他们不会想要引起任何麻烦,这种人是黑人。黑鬼则总是想来这里找麻烦。这就是他们的区别。"当在场的许多人都为那名男子鼓掌时,奥普拉垂下了拿着话筒的手,只是盯着摄像机的镜头。

节目录制结束后,奥普拉得出的结论是:"这个群体中的很多白人(不仅惧怕黑人)甚至会惧怕其他白人。"她还告诉记者,作为一名黑人女性,她"在福赛斯县感到非常不舒服"。她的团队在天黑之前打包离开是有原因的,当被问及她第二天有什么安排时,奥普拉回答说:"我要走了。"[11]

第二次兄弟会游行不到一周后,深受鼓舞的霍齐亚·威廉姆斯组建了一个"终结福赛斯县恐惧和恐吓联合会"(Coalition to End Fear and Intimidation in Forsyth County)。这个组织的执行委员会成员包括他本人,以及全国有色人种协进会主席本杰明·胡克斯,马丁·路德·金中心的科雷塔·斯科特·金,亚特兰大的犹太教圣殿的阿尔文·休格曼拉比(Rabbi Alvin Sugarman of the Temple),以及南方基督教领袖会议主席约瑟夫·洛厄里。此时的兄弟会游行已经获得了整个国家的关注。霍齐亚的联合会认为，将这个具有象征意义的胜利转化为实质性胜利的方法是与福赛斯县官员进行谈判。

1987年1月30日，威廉姆斯给罗杰·克罗和其他市政领袖写了一封信，信中列出了联合会的要求，并发誓如果得不到回复，他们将组织第三次兄弟会游行。威廉姆斯这样写道：

> 我们认同福赛斯县的大多数公民是忠诚、爱国的美国公民。但是也有一个人数不少的群体仍然抱有一种暴力的三K党的思维，这些迷失方向、丧失美国精神的男男女女必须受到救赎。是的，我们知道这是最困难的工作，但是如果像你们和其他有责任心的福赛斯县领袖这样的好人能够坐在"兄弟友爱的桌子前"和我们一起解决问题……在上帝的眼中一切都是可能的。[12]

在这样一个安抚、温和的开头之后，威廉姆斯话锋一转，列出了县领袖要避免前一周的游行再度发生而必须采取的行动。威廉姆斯提出，第一，最重要的是"那些有土地（被）非法占有的人应获得完全的赔偿"；第二，要调查在平等受雇机会方面违反联邦法律的情况；第三，调查违反《1968年公平住房法案》（1968 Fair Housing Act）的情况；第四，"本地执法机构必须雇用相当数量的黑人"；最后，威廉姆斯还要求"在福赛斯县和（亚特兰大的）富尔顿县之间……进行教师、学生、牧师和执法机构警官的教育交流"。[13]

威廉姆斯用这个清单表明，联合会不会被模糊的承诺和带着笑脸的保证糊弄过去，相反，他们要求具体、切实的行动。

在 29 年之后的今天看来，霍齐亚的信就是一幅直击根深蒂固的偏见，挑战顽强地存在于众多美国人群体之中的机构性种族歧视的蓝图。而这些顽疾即便是在 21 世纪的美国也依然随处可见，比如弗格森（Ferguson）、查尔斯顿（Charleston）、巴尔的摩和斯塔滕岛（Staten Island）。联合会不需要甜言蜜语，他们要求的是财务上的赔偿，是联邦法律得以贯彻，是招收并留用黑人警官的积极行动，是通过教育打破种族壁垒的全面计划。最本质的问题是，他们相信 1987 年的福赛斯县"种族问题"能够通过 1912 年时就在霍尔县实行成功的同一种方式解决：依法制裁针对黑人受害者的犯罪者，不再让福赛斯县白人认为自己可以不受美国宪法和美国国会制定的法律的约束。

联合会的要求清单是一个大胆的开场，但接下来发生的事几乎是对他们所有目标的否决。卡明的领袖们同意组建"卡明/福赛斯县双种族委员会"（Cumming/Forsyth County Biracial Committee），但既不认可该组织的人员构成，也不认可其宗旨和任务。霍齐亚提出他的联合会应当占据该委员会的一半席位，另一半委员人选则从福赛斯县的各个组织中选出。但卡明的白人领袖们却说占据双种族委员会一半席位的非洲裔美国人应当由不特定的"黑人群体中的领袖"担任，而且委员会应当以广义的种族关系问题和"回应最近几周出现的问题"为工作内容。[14]

在将自己的一生奉献给为争取平等对待而进行的斗争后，在度过了一直被告知南方白人需要耐心和时间做出改变的 20 世纪 50 年代和 60 年代之后，霍齐亚一眼就看出了这些计划中隐含的骗局。他对此做出的回复是毫不含糊的：

232

> 先生们，你们的做法几乎让人难以置信……请你们明白，（为了）将福赛斯县改造成为一个公平、民主的社会……我们不会接受你们在本州寻找一些受白人利益控制的黑人"山姆叔叔"。

霍齐亚还明确表示，整个双种族委员会要讨论的不是广义的美国种族问题，而是联合会详细地分条列出的那些不公：

> 双种族委员会的首要责任是解决我们在之前的沟通中提出的要求。如果你们不愿意解决这些问题，那么我们别无选择，只能在福赛斯县再次举行我们曾经在伯明翰、塞尔马、萨凡纳……及其他种族歧视的堡垒进行过的同样坚决抵制的运动。[15]

233　　在兄弟会游行喊出了迎接新黎明的豪言壮语之后，2月初的局势其实是这样的：尽管联合会中包括马丁·路德·金的遗孀和全国有色人种协进会主席、亚特兰大的领袖拉比及南方基督教领袖会议主席这样的人物，一群本地白人领袖仍不愿意接受威廉姆斯的团队为与他们平等的伙伴。福赛斯县的白人也不愿意调查违反联邦就业和住房法律的情况，更不愿意认真考虑赔偿1912年大驱逐受害人的事。

　　新闻媒体的摄像机拍下贝瑟尔景观路上暴民采取暴力活动的影像仅一周之后，福赛斯县法院的会议室里也充斥着关于种族主义的争吵，因为本地的律师和商人们拒绝接受福赛斯县亏欠霍齐亚·威廉姆斯及其代表的黑人群体的说法。

　　乔·弗兰克·哈里斯州长最终通过选定双种族委员会成员构成的方式解决了这个争议。他任命了卡明白人支持的六名委员，又任命了霍齐亚的联合会认为满意的六名委员。威廉姆斯本人没有获得任命，但是他的女儿伊丽莎白·奥米拉米（Elisabeth Omilami）是委员之一。这个卡明/福赛斯县双种族委员会在接下来的十个月里举行了多次会议，州长给委员会安排的任务是改进福赛斯县的种族关系。

　　双种族委员会于1987年12月22日提交给哈里斯州长的官方报告最醒目的特点是，它并非一份调查结果，而是两份：一份意见书是由本地的白人成员撰写的，另一份则是由大部分在亚特兰大居住的联合会的黑人成员撰写的。换句话说，即便已经在一起工作近一年之久，两个种族依然像福赛斯县一直以来的状态一样隔离着，而且他们对于委员会讨论的第一个问题——对1912年受害者的赔偿问题的看法也是截然相反的。

　　双种族委员会中的不少白人委员都在福赛斯县拥有大片的地产，他们毫不令人意外地拒绝了将土地归还受害者并做出经济赔偿的想法。他们对于这个要求在本地群体中引发的恐慌大书特书。委员会联合主席之一、卡明律师菲尔·贝蒂斯（Phil Bettis）激烈地否认了土地最初是被偷来的说法，还说1912年的黑人集体出走只在"一定程度上"与白人的暴力活动有关。

　　双种族委员会中的福赛斯县成员在他们的意见书中承认"种族事件……据说导致了大量黑人离开福赛斯县境内"，但他们宣称"经济因素在黑人出走的问题上也发挥了作用"。他们声称"象鼻虫的出现、经济萧条的初期迹象和亚特兰大黑人人口情况的变化……肯定都在黑人出走的问题上发挥了同等的作用"。在他们看来，福赛斯县的1098名黑人难民中的绝大部分

234

是"自愿迁移"的。[16]很难说福赛斯县意见书的作者是否知道象鼻虫最早是 1915 年才出现在佐治亚州的,[17]但他们肯定知道——因为这里的白人已经吹嘘了好几代——福赛斯县的黑人大规模出走与暴民的暴力活动不是碰巧同时出现,而是后者直接导致了前者的发生。

尽管像菲尔·贝蒂斯和罗杰·克罗这样的人在 1987 年时还在坚持抵赖,但当记者埃利奥特·贾斯平在 2007 年前往调查时,他依然发现了大量能够证明黑人土地所有者遭到了掠夺的证据——所谓"被遗弃"的土地慢慢地、悄悄地被算进了曾经的白人邻居的财产范围。[18]讽刺的是,这些证明了盗窃行为的书面文件就被储存在县法院的地下室里,双种族委员会还在这一层上面的会议室里开过会。即便如此,福赛斯县白人写出的意见书的结论依然是"非法占有土地的罪名……是缺乏法律和事实依据的指控"[19]。

235　　　时至今日,那些土地中的绝大部分都不再是鸡舍、奶牛草场或猪圈,而是成了郊区住房开发用地,那里建造了很多价值上百万美元的房屋。曾经在县法院挤挤眼、点点头就被白人据为己有的土地如今成了亚特兰大大都市范围内最有价值的房地产之一,福赛斯县也已经跻身美国最富有的前 25 名县市之列。[20]

在拒绝了霍齐亚·威廉姆斯号召改变的要求之后,白人领袖们反而在提交给州长的意见书中谴责了被驱逐家庭的后裔。报告责怪他们"抓住引发不和、人为创造的争议不放",用"永不停息的指责"骚扰本地白人,报告说就是他们的行为"助长了深刻的、还可能是不受控制的怨恨"[21]。

扭转局势、倒打一耙的卡明白人领袖们将"引发不和"的原因归咎于非洲裔美国人抗议者，还号召黑人"放弃对抗和恐吓的策略"。在报告的结尾处，他们宣称"福赛斯县是大都市亚特兰大的一个兴旺、现代的郊区县，与1912年时的福赛斯县……已经完全不同。福赛斯县不需要向任何人道歉。福赛斯县也不会给别人施舍，这里只欢迎公平和努力……已经有150年历史的福赛斯县就是凭借这两种特质建立起来的"。[22]

贝蒂斯和其他白人委员仍然认为他们"不需要向任何人道歉"。这说明，"全白"的福赛斯县对事实的否认不是种族主义导致的结果，反而恰恰是引发种族主义的首要原因。通过将过去的罪恶记忆从脑海中抹去，一代又一代在其他方面正直、守法的白人公民就能够继续让自己相信，每次出现新的暴力都是一次特殊的事件，他们不应为此负任何实际责任。

双种族委员会中的非洲裔美国人成员意识到了这种否认和抵赖在延续福赛斯县的偏见中扮演的角色，他们在提交给哈里斯州长的报告中也是这么论述的。委员会成员费尔克·沃德（Felker Ward）写道：

> 在福赛斯县，似乎有一种盛行的哲学，如果对仇恨煽动者和有暴力倾向者做出的……不受欢迎的举动……视而不见，那么这些不好的事就会自己消失。然而事实是……第一次游行后被逮捕的八个人当中，有七名是福赛斯县居民。（这种）否认和不作为使得充满仇恨的哲学和行动不断增多并广泛蔓延。沉默都被理解为了认可。[23]

为了与卡明领袖们这种传统悠久的，而且确实已经被一代代暴力的白人"理解为认可"的保持沉默做斗争，委员会中的黑人成员建议州长帮助福赛斯县实施"能够明确推行一种民主气氛的机构性变革"。

黑人委员的意见书号召创建永久性的种族关系委员会，让它与"执法部门（及）民间的、宗教的、社区的机构紧密合作，以消除仇恨群体和那些利用种族问题引发暴力的人的影响力和存在感"。意见书还提及，这样一个委员会"应当拥有调查投诉、举行听证、收集信息……提供争议协商和监督本县人际关系发展状况的权力"。[24]

换句话说，非洲裔美国人群体的代表们号召在卡明建立永久性的监督机构，并依法授予该机构调查种族问题引发的犯罪的权力；当暴力事件真的发生时，这个机构有权指认行为人，以及确保所有人依法获得同等的保护，即便是在佐治亚州这个臭名昭著的"白人县"境内也不例外。

双种族委员会的报告是在 1987 年 12 月 22 日被提交给乔·弗兰克·哈里斯州长的。建立这样一个机构的提议在当时听来一定是让他觉得过于激进了。他当然不会依据这个建议做出行动。然而实际上，这个想法在比人们以为的早得多的时候就存在了。如果哈里斯利用州长办公室的权力让它成为现实的话，福赛斯县就会彻底恢复到它在 120 年前的 1867 年时最后出现过的样子。就是在那一年，威廉·J. 布赖恩少校把联邦自由民局的登记簿打包装箱，锁上了他在卡明广场的办公室大门，将福赛斯县留给了本地治安官管理。

现在去卡明的话，你会发现时间给这里带来了许多霍齐亚·威廉姆斯的联合会在 1987 年时费尽心力斗争而不得的变化。那时，双种族委员会提交的由黑人和白人分别撰写的两份对立的报告，并没有被州长视为福赛斯县正在上演的种族隔离的解决方案，反而被当作了证明这个问题有多么棘手的证据。结果，在威廉姆斯最初提到的任何要求都没有获得解决之前，在县领袖没有认真讨论过任何赔偿方案之前，在很多人认为对于福赛斯县未来的种族融合至关重要的种族关系委员会也没有建立之前，哈里斯州长就解散了双种族委员会。

哈里斯这个支持经贸、支持发展的民主党人在对记者讲话时，反而呼应了福赛斯县白人领袖们的观点："美国各处……都有福赛斯县这样的地方。这不是只有佐治亚州才有的问题。只要是有人的地方，就会有这些问题。"在被问及是否会采取行动阻止福赛斯县的暴力和恐吓时，哈里斯对法律救济一带而过，反而强调经济发展的重要性。他说："人们的态度从很多年前就开始发生变化了，我想我们现在拥有的这种发展和趋势就证明了这个事实。"[25]

1988 年 1 月，兄弟会游行一周年纪念时，霍齐亚和白人敌对游行者都再次进行了活动，不过这一次双方的人数都变少了。为避免引发负面关注，绝大多数福赛斯县人都选择留在家中。在被问及游行是否给福赛斯县带来任何变化时，一位名叫汤姆·普鲁伊特（Tom Pruitt）的本地居民摇摇头说："他们游行不会让我觉得困扰，但会引发（某些人的）敌对情绪……你不能逼别人逼得太紧，他们会发狂……就像响尾蛇那样。"[26]

1988 年，南方贫困法律中心（Southern Poverty Law Center）以阴谋剥夺兄弟会游行者民权的罪名成功起诉了三 K 党组织者。我母亲作为证人参加了庭审，就她在 1987 年 1 月 17 日的亲身体验提供证言。这场集体民事诉讼的结果是判决三 K 党领

238

袖赔偿近 100 万美元，这几乎让隐形帝国（Invisible Empire）和南方白骑士（Southern White Knights）破产。[27]

认为这样的胜利能够让福赛斯县在一夜之间发生改变的想法虽然是好的，但现实是在 20 世纪 80 年代末 90 年代初，依然没有多少有色人种敢于或愿意搬到福赛斯县去，尤其是在全国的电视屏幕上都播放着成群的白人在卡明广场上大喊"黑人滚回去！"的镜头的情况下。游行结束几年后，绝大多数佐治亚州黑人依然将福赛斯县视为不惜一切代价避免前往的地方。用全国有色人种协进会地区主管纳尔逊·里弗斯（Nelson Rivers）的话说："对于这附近绝大多数非洲裔美国人来说，福赛斯县具有一种负面的含义……就像孟菲斯永远是马丁·路德·金遇刺的地方，卡明则永远是兄弟会游行的地方。"[28]

1990 年的人口普查显示，福赛斯县的总人口在 44000 人以上，其中共有 14 名非洲裔美国人。虽然从严格意义上说这些黑人是居住在福赛斯县边界以内的，但认为他们是福赛斯县文化和社会生活的参与者，或者说他们走在卡明的街道上会觉得像在家中一样自在肯定是错的。相反，这些最早的跨越古老种族界限的人，似乎只是几个居住在诸如阿尔法勒特、约翰溪（Johns Creek）和萨旺尼（Suwanee）这样的亚特兰大北部郊区的黑人，他们的房子只是刚好跨过了福赛斯县的南部边界。这些人有可能是数以十万计刚刚来到佐治亚州的移民中的一员，他们对于县边界的确切位置和搬到福赛斯县会给他们带来什么样的危险都不清楚。

不论原因为何，反正这些黑人家庭迈出了尝试踏入这个古老的"仅限白人"区域的第一步。这也是在世之人记忆中第一次出现非洲裔美国人的到来似乎被默默接受的情况。到 1997 年时，福赛斯县的总人口是 75739 人，其中黑人居民的数量增加到了 39 人。根据《纽约时报》的报道，这样的比例确保了福赛斯县仍然是"全国人口最多的前 600 个县市中白人比例最高的……这个数字达到了 99.3%"。[29] 又过了三年，在进入新世纪的时候，人口普查登记员登记的选择在福赛斯县生活的佐治亚州黑人有 684 人，但是对于总人口已经接近 10 万的福赛斯县来说，黑人的比例依然只有 0.7%。不过，到 2010 年，居住在此的非洲裔美国人的数量上升到了 4510，占全县居民总数的比例也上升到了 2.6%。[30]

这些数字说明，在兄弟会游行之后的 20 多年里，时间、财富和经济增长已经缓慢，但稳步地将福赛斯县改造成一个能够包容少量黑人居民，不再通过暴力措施执行有近一个世纪历史的种族禁令的地方。随着成千上万在亚特兰大工作的人和新企业的雇员搬进福赛斯县居住，这里的人口也从 1987 年的 38000人增长到 2015 年的 20 多万人。原本那些福赛斯县的守卫者和传统的"种族纯洁"的拥护者在人数上已经被与本县历史无关或对它的种族主义过往只有最模糊印象的人超越。在 21 世纪最初几年，福赛斯县是整个国家中人口增长速度最快的县之一。到亚特兰大郊区的扩张大潮最终冲破界线，席卷卡明之后，这个地方就发生了翻天覆地的变化。根据佐治亚大学社会学家道格·贝克特尔（Doug Bachtel）的说法，古老的种族禁令最终"自然死亡"[31]了。

240

2007 年，第一次兄弟会游行 20 周年纪念日这天，《盖恩斯维尔时报》注意到，1987 年时曾有白人至上主义者袭击民权游行者的那个交叉路口周围，如今有了"几家银行（和）小饭馆、一个超市，以及真正的郊区生活的标志——一家星巴克咖啡店"[32]。曾经是松树林和绿草地的地方如今都变成了大片的房地产地块，还有人给它们取了诸如"肖尼种植园""查特胡奇橡树林""贝瑟尔景观草地"之类的名字。

居住在这些规划整齐并安装了大门的小区中的绝大多数住户还是白人，其中有很多人都是为在本县设立了总部的跨国公司工作的，比如西门子公司（Siemens）、泰森食品公司（Tyson Foods）和拉法基集团（Lafarge）等。不过，在1987年时几乎没有非白人居民登记在册的福赛斯县如今已经拥有10%的拉丁裔居民和8%的亚裔居民。非洲裔美国人群体仍然只占人口总数的3%，但是这个比例每年都在上升，而这个县的偏见的旧名声则随着亚特兰大郊区的繁荣一点点儿淡去。亚特兰大的中产阶级黑人们也被那些吸引了大批白人移民的特点吸引到这里，比如距离亚特兰大北部很近，住宅存量充足，又有本州最好的公立学校体系之一等。如一位名叫阿兰达·沃勒（Alanda Waller）的福赛斯县新非洲裔美国人居民告诉一位记者的那样："我是家长教师联合会的财务主管……你从这一点肯定能看出来，这里已经发生了很大变化。"[33]

尾声　一群野狗

如果你现在开车到卡明转转，你会看到白人中间也有不少黑色和棕色肤色的人——他们就在福赛斯县的商店里工作或购物，在镇广场的街道上散步，或送自己的孩子到本地学校上学。不过，你在这里无法找到1912年的一丝痕迹，也不会看到任何对在20世纪绝大部分时间里定义了这个县的种族清洗的承认。相反，如今这里展现的看不出时间、辨不出地域的标准美国郊区风貌，已经彻底地遮盖了它的过去，以至于在县里做收银员的黑人年轻男女们似乎都没有意识到，就在短短几十年以前，福赛斯县还是一个"仅限白人"的县，他们自然也意识不到，被这些小区、商场和大型购物中心占用的地皮，曾经属于诚实、勤劳的黑人农民。

他们怎么可能知道这些呢？这里没有被私刑处死的罗布·爱德华兹的纪念碑。这里也没有像约瑟夫和伊丽莎·凯洛格、利瓦伊·格林利和伯德·奥利弗这样的黑人领袖的照片，而南方邦联人物的肖像却摆满了县历史学会纪念馆。这里更没有任何标识能让现在的新黑人居民知道，他们绝不是第一批居住在福赛斯县的非洲裔美国人。

相反，你朝广场上望去就能看到一座宏伟的青铜雕塑。那是南方邦联国会议员、美国众议院议员，自诩为"白人统治黑人"秩序的守卫者的海勒姆·帕克斯·贝尔。贝尔是著名的本地人之子，他在华盛顿时最出名的事件出现在1874年11月，彼时夏威夷的卡拉卡瓦国王（King David Kalākaua of Hawaii）作为一国元首来美国访问。卡拉卡瓦国王在国会发表讲话时，有人听到这位佐治亚州的议员跟一位同事开玩笑说在南方还施行奴隶制的时候，这位国王"肯定能卖 1500 美元"。贝尔的第二个任期结束前，他的南方民主党党团会议（caucus of southern Democrats）成功地推翻了非洲裔美国人在国会重建期取得的一切成果。被称为"上校"的贝尔直到人生晚期还在为帮助镇压了被他蔑称为"想要让非洲人和白人平起平坐的社会革命的企图"[1]而感到骄傲。

从贝尔的雕像走到主街道和特里布尔·加普路（Tribble Gap Road）的拐角处，你能发现福赛斯县新收获的财富的迹象比比皆是：高耸的新法院，有玻璃幕墙的新县监狱，还有各大主要银行的营业网点，等等。不过这里没有任何提示能告诉你，在 1912 年 9 月 10 日的下午，罗布·爱德华兹是在哪里被吊在电话杆上的。你也看不到一张旧街道上站满了政府军队士兵的老照片，那些士兵都是被派来镇压福赛斯县的暴民，平息这里反复出现的"暴动状态"的。

向西朝凯莉·米尔路走去，你会看到一座美丽的大宅，这是修复后的安塞尔·斯特里克兰医生故居，如今它是卡明—福赛斯县商会（Cumming-Forsyth County Chamber of Commerce）的办公场所。走进这栋房子，你会受到兰德尔·图森特（Randall Touissant）的热情接待，他是经济发展部的副主任。福赛斯县拥有支持商贸的良好环境的福音就是由这位年轻的非洲裔美国人传达至世界各地的。

从斯特里克兰故居再向南走，经过索舍尔瑟克尔（Social　243
Circle）的公共住房项目，再沿一片长满青草的山脊向下，你就
能到达一块尚未被开发的土地，不过已经修好的水泥人行道和
供残障人士使用的斜坡都说明这里即将有新的建筑工程拔地而
起。朝三面环绕的青翠山坡上望去，你也许就能意识到自己身
处何地了：木匠曾经在这个"天然的露天剧场"中央搭建莫里
斯法官要求的栅栏，不过这些著名的栅栏很快就被烧毁了。
1912 年 10 月 25 日上午，5000 名带着毯子和孩子的围观者就是
在这些山坡上庆祝两名黑人青少年被处以绞刑的。从布朗桥路
开车朝奥斯卡维尔的普莱森特格罗夫教堂驶去，你能看到全县
唯一与 1912 年事件相关的纪念物：巴德和阿齐·克罗的长女梅
的墓碑。

如果历史都是由胜利者书写的，那么在大驱逐之后的 100
年里，获得胜利的福赛斯县白人已经成功地将种族清洗的历史
彻底从人们的脑海中抹去了。任何了解 1912 年发生的那些罪行
的人都希望看到反思、道歉甚至是真相和和解的表现，然而他
们得到的只是震耳欲聋的沉默。如今，福赛斯县人融入了亚特
兰大的勇敢的新世界，并获得了他们那些耕地、杀猪、赶骡子
的祖先想都想不到的财富，大多数土生土长的福赛斯县人显然
想要忘掉关于谋杀、私刑、窃取和恐怖活动的故事，让这些内
容只留存在尘封的本州档案中，或安全地隐藏在众目睽睽之下。
只有数量很少且还在日益减少的一些曾经听前辈亲口讲述过这
些故事的人，才知道那些地点的重要意义。

或者，你可以向南前往亚特兰大，到马丁·路德·金的
出生地奥伯恩大街（Auburn Avenue），等待有人给你开门后进

入马丁·路德·金中心档案馆。你可以填写一个要求查看"福赛斯县的盒子"的表格。你会在这个盒子里发现一摞布满灰尘的老式磁带，每个磁带盒上都贴着白色标签，标签上面用铅笔写着："卡尔·迪克森"（Carl Dickerson）、"约翰·伯德·特里"（John Byrd Terry）、"安妮·李·布莱克"（Annie Lec Blake）。

如果你想听这些磁带，馆员会将你带到一个房间，里面有一张桌子、一把椅子和一个老式的磁带播放器。你要把耳朵贴近银色的小扩音器，才能在空调和录音机嗡嗡的背景音下听清一些在1987年春天已经风烛残年，但在1912年秋天还都是孩子的老人们用低微、虚弱的声音接受的采访录音。他们会靠近话筒，伴随着静电干扰带来的杂音，讲述他们的家庭在一片黑暗中准备好骡子车，把破旧的被子蒙在头上，听着木制车轮在多碎石和泥泞的车辙的道路上磕磕绊绊的声音，伴着夜色或黎明前的紫色天光，永远地离开福赛斯县的经历。

凯瑟琳·哈钦斯·安德森（Kathleen Hutchins Anderson）8岁时的一天晚上，她的祖母凯瑟琳·布莱克（Catherine Black）突然出现在查特胡奇河对岸正对着福赛斯县的比福德。接受采访时已是老人的安德森回忆了看到总是处变不惊的祖母突然流着眼泪出现在她家的房子里时，自己感到多么震惊。

安德森还记得，乔治和凯瑟琳·布莱克都出生于"奴隶时代"，所以在1911年，当他们的儿子阿朗佐（Alonzo）在肖尼山附近给他们买了一栋房子和一小块地的时候，他们感到多么难以置信。房子距离他们的朋友约瑟夫和伊丽莎·凯洛格家不远。这是乔治和凯瑟琳一生中第一次拥有一间朴素的小木屋和

13 英亩农田，外加一匹马和一头骡子。[2]

　　这些财产让两位老人能够在佐治亚州的红黏土上开创出一份平静、简单的生活。据他们的孙女回忆，两位曾经的奴隶都认为这是上帝赐给他们的意外之喜。一生中的大部分时间里，他们都是属于一位白人主人的财产，到年老时，他们想要的只是一份平静的生活，自己种菜、自己从井里打水，随心所欲，别无他求。安德森说："他们在自己的房子里过得那么幸福——被奴役的时候，他们一无所有……甚至没有鞋……然而如今他们有了一个家——他们觉得无比满足。他们有四五个房间，我爸爸曾经在周六晚上带我们去祖父母家，我们会在那里过夜……他会把我们放在马车上，我们赶车去，然后（我会）睡在他们的床脚处。"[3]

　　当采访者问到她祖母逃离卡明的恐怖威胁的那个晚上时，安德森说：

　　　　她到我家时天已经快黑了，我只记得她是哭着来的。妈妈拥抱了她……大人让我们几个孩子去另一个房间，然后他们坐下说话。（祖母）一直在说她太难过了。他们不得不抛下所有东西逃命……不得不离开他们的家。他们以前从没拥有过任何东西。我想她一直没有从发生的一切中恢复过来……我知道她会哭泣。她受到了深深的伤害。[4]

当八岁的凯瑟琳从另一个房间里偷偷出来，爬进祖母怀中时，她的爸爸试图让她走开，说祖母累了。但是凯瑟琳·安德森记得自己问祖母落在她家的娃娃怎么样了。

　　熬过了奴隶制、吉姆·克罗法，又从举着火炬的福赛斯县

245

夜骑者手下逃生的凯瑟琳·布莱克把孙女转过来和自己面对面，然后说她很抱歉，"一群野狗进了她家"把娃娃咬坏了。她一边抹去小女孩棕色面颊上的眼泪，一边说："我会给你买一个新娃娃，等我们回到家，我就给你买一个新娃娃。"[5]

作者后记

没有娜塔莎·特雷休伊（Natasha Trethewey）友善但坚决的
敦促就不会有这本书，正是她在十多年前激励我讲出这个故事。
在工作中经常需要与种族问题做斗争的娜塔莎向我提了一个问
题。那时我们在纽约共同乘坐一辆出租车，她转过身问我为什
么她这个来自南方的黑人女子一直在撰写关于"身为黑人"的
文章，而我这个来自全美种族歧视最严重地方的白人男子却从
来没有针对"身为白人"发表过只言片语。娜塔莎说："你为
什么觉得自己与这个问题无关？"回想当时的我如何为自己的沉
默寻找借口让我感到羞愧，不过我可以自豪地说，正是她的问
题促使我开始写这本书。

我知道要发掘我的家乡隐藏的过往需要一些时间，而且我
有一个最根本的难题需要克服：我居住在布鲁克林，而我打
算发现的和我需要知道的东西都在近 1000 英里之外的南部。
为了找到重返家乡的办法——也是为了更接近档案馆、图书
馆、法院和那些还保留着大驱逐之前福赛斯县痕迹的家庭故
事，我必须依赖于新老朋友的慷慨帮助。德鲁大学（Drew
University）批准我享受一个学术休假，没有这个假期，我永
远不可能前往佐治亚州进行那些重要的研究之旅。安德鲁·W.
梅隆基金会（Andrew W. Mellon Foundation）提供的艺术和研究
经费资助（Arts and the Common Good Grant）帮我支付了飞机
票、租车费，以及在莫罗、阿森斯、盖恩斯维尔、比福德及卡

明的酒店住宿费。

当我试图梳理越来越多，而且往往是令人难以招架的报纸文章、信件、军方报告、录音采访、地图、照片、案件记录和人口普查记录等材料时，我很幸运地拥有两位经验丰富、乐于助人的良师益友。一位是我的经纪人和朋友唐·费尔（Don Fehr）。他从一开始就支持这本书，如果没有他的鼓励和参谋，我永远不会写出这本书。另一位是泰德·吉诺维斯（Ted Genoways），他曾多次为我指明前进的方向，他作为记者的出色工作就是指引我的榜样。我永远为获得他的友谊心怀感激。

在我开始在佐治亚州的法院、图书馆和档案馆挖掘资料时，我意识到还有另一个问题很难解决。1912 年时，福赛斯县虽然有受过良好教育的黑人传道者、教师和土地所有者，比如利瓦伊·格林利、格兰特·史密斯和约瑟夫·凯洛格，但该县的绝大部分非洲裔美国公民都是佃农和雇农，比如巴克·丹尼尔和伯德·奥利弗。这后一类人从不曾拥有一英亩土地、没签过一份契约或者支付过哪怕一美元的房产税。这几乎自然而然地意味着，福赛斯县种族清洗运动的受害者在留存下来的记录中是毫无话语权的，许多人甚至没有留下过任何书面痕迹。当逝者的声音在我周围响起时，我最迫切想要听到的，往往也是最微弱和最难以辨认的。

1912 年难民的后代帮助我填补了许多空白。在过去的四年中，我很幸运地能够与被迫迁离福赛斯县的非洲裔美国人家庭的曾孙辈、孙辈，（少数情况下）甚至是亲历者的儿女充分地面谈或通信。我尤其要感谢戴德丽·布朗－斯图尔特（Deidre Brown－Stewart）和查尔斯·格罗根（Charles Grogan），乔治和鲁迪·拉克（George and Rudy Rucker），罗杰·贝利（Rojene Bailey），查尔斯·莫罗（Charles Morrow），杰拉尔丁·奇克斯·斯蒂芬斯（Geraldine Cheeks Stephens）和梅布尔·李·萨顿（Mabel Lee Sutton），埃尔马·布鲁克斯（Erma Brooks），塞思·斯夸尔（Seth Squires），琳达·卡鲁斯（Linda Carruth）和邦妮·拉特利（Bonnie Rateree）。

249

我跟安东尼·尼尔的交谈比与其他任何后代的都要多，尼尔给我讲述了他的祖先约瑟夫和伊丽莎·凯洛格的故事。尽管他已经是第五代后人，但尼尔依然为他的高曾祖父母摆脱奴隶制、成为福赛斯县土地所有者的壮举感到自豪。他们为拥有这超过 200 英亩的土地付出了巨大的努力。约瑟夫和伊丽莎·凯洛格还创建了凯洛格家族重聚活动（Kellogg Family Reunion）——这个活动从 1916 年就开始了，至今从未间断。在各地开枝散叶的凯洛格家族成员每年都要团聚一次，团聚地点在亚特兰大和芝加哥二者之间交替，也就是让那些留下来的人和那些离开了佐治亚州并沿着铁轨向北迁移的亲友们相互拜访。尼尔说，虽然家庭成员之间的距离很遥远，但是亲人之间的联系一直很紧密。因为这是他的祖先们的愿望。他说，在失去了他们曾经拥有的一切之后，家人对于约瑟夫和伊丽莎·凯洛格来说就是一切。

盖恩斯维尔—霍尔县黑人历史协会（The Gainesville – Hall County Black History Society）也欢迎我参加了他们 2014 年的年度会议。我在那天晚上结识了芭芭拉·博德斯·布鲁克斯（Barbara Borders Brooks），她不仅成了我的良师益友，还是我在盖恩斯维尔黑人社区的向导。我们一起开车走遍了霍尔县，为的是寻找离散在各处的福赛斯县人。芭芭拉和我访问的大多数后代都太年轻，不曾亲身经历那次大驱逐，但他们尽力回答了我的问题，包括从壁橱里翻找出褪色的照片，还帮助我联系上他们更多的亲属。有时候，受访者甚至会靠在椅背上，闭上眼睛，从记忆深处召唤出最遥远、几乎被遗忘的关于福赛斯县的故事。

2015 年 7 月，我终于找到了奥斯卡·丹尼尔的侄女玛蒂（Mattie）。我惊讶地发现她就住在盖恩斯维尔郊区的一家养老院里。我已经花了一天时间挨家挨户地敲门打听，并追逐了一个又一个错误线索，所以当我被带进她的房间时，我的脉搏都加快了。"我是来询问关于你家人的故事的。"我一边说一边走近玛蒂的病床，我手臂下夹着的马尼拉文件夹里塞满了家族谱系图、新闻剪报和长长的问题清单。"家人？我没有家人。"玛蒂说。这位肤色很黑、头发花白的女士此时已经 82 岁了。她看了我一眼，然后就将目光转回了正在播放《幸运轮盘》（*Wheel of Fortune*）的电视机上。经过半个小时的连哄带骗，我试图勾起她对奥斯卡、欧内斯特、巴克和凯蒂，或曾经住在福赛斯县的任何亲戚的记忆，可是最后玛蒂挥挥手把我赶走了。

当我第二天早上再去的时候，我带了一个插着鲜花的小花瓶作为给她的礼物。这一次玛蒂终于打开了话匣子，可是她说的内容都不是关于福赛斯县、她父亲西塞罗或者奥斯卡叔叔的，最后这位在她于 1932 年出生 20 年之前就去世了。相反，玛蒂谈到的是一个让她脸上的表情都变得柔和、明快的人。当我问她是否知道简·丹尼尔这个名字时，玛蒂的视线从电视转向了我。"贾妮姑姑，"她说，"你说的是贾妮·巴特勒。"

根据我之前的研究，1912 年 10 月在从富尔顿塔楼被释放后，简就完全销声匿迹了。我找了几个月也没发现她的任何信息：她不在盖恩斯维尔或亚特兰大，也不在孟菲斯、芝加哥或纽约。如今，玛蒂一句话就解开了这个谜题。"贾妮嫁给了一个姓巴特勒的男人，威尔·巴特勒。我曾坐火车去底特律和他们住在一起。我在那里上了一年学。"

当我一边翻阅笔记本，一边潦草地做着笔记的时候，我只希望档案能证实玛蒂的故事，结果正是如此：简和她的新丈夫威尔在 20 世纪 20 年代加入了大迁徙，他们定居下来之后，简就让她的哥哥西塞罗把他的女儿玛蒂送到北方来。我问玛蒂那次 1945 年的旅程怎么样——当时她 13 岁，是乘坐火车来到底特律这个忙乱的大城市的。玛蒂转身直视着我回答道："我非常喜欢那次经历，我喜欢北方。"

我在佐治亚州的行程总是很忙乱，上午是采访从福赛斯县逃离的非洲裔美国人的后代，下午是在卡明与福赛斯县白人的后代交谈。在这些白人后代中，我要特别感谢洛伦·维尔（Lorene Veal），她生动地回忆了她还是个小女孩时的奥斯卡维尔，还帮我弄清楚了克罗家族庞大复杂的谱系。亨利·D. 贝里（Henry D. Berry）与我分享了他的母亲露丝·乔丹给他讲述的关于 1912 年的故事，他和他的女儿苏珊·贝里·罗伯茨（Susan Berry Roberts）还告诉了我乔治和玛蒂·乔丹试图帮助他们的黑人邻居的事。简·斯通·埃尔南德斯（Jane Stone Hernandez）向我介绍了关于伊莎贝拉·哈里斯的一切；约翰·索尔特（John Salter）和康妮·彭德里（Connie Pendley）欢迎我加入福赛斯县历史学会（Historical Society of Forsyth County）；《皮肯斯县进步报》（*Pickens County Progress*）的凯瑟琳·汤普

251

森（Kathleen Thompson）帮助我追踪了那些通过为佐治亚大理石公司工作而获得安全保障的难民。最重要的是，我要感谢黛比·弗迈特（Debbie Vermaat），她慷慨而优雅地回答了我无穷无尽的问题。作为梅·克罗的甥孙女，黛比与这个故事有着独特的关系，我对她坚定不移的坦诚深表感激。

我还要感谢一些在我之前研究过相关问题的人。特洛伊·登普西（Troy Dempsey）和我分享了他关于大驱逐的研究成果，他还成了我一个值得信赖的朋友；埃利奥特·贾斯平写的关于强占黑人土地的文章对我有很大帮助；马可·威廉姆斯（Marco Williams）执导的电影《放逐》（Banished）让我想要去接触更多亲历者的后代。给我最多关于"过去的福赛斯"的指导的人是已故的唐·沙德伯恩，他给我讲了很多关于 20 世纪早期和中期的白人群体的情况。我和唐之间的互动非常微妙，当我寻找文件和信息时，我确信他拥有这些内容，但是有时他会自行决定不将某些内容公之于众。每次我去卡明，我们都会在史蒂文的乡村厨房（Steven's Country Kitchen）一起吃午饭。他经常带着一大堆地图、照片和快要散架的老旧登记簿前来，其中一些看起来完全值得被博物馆收藏，而不是扔在唐的汽车后备厢里。他总是友善而慷慨。我们对家乡历史的共有的但又完全不同的痴迷让我们建立起一种意想不到的友谊。唐从来没有让我付过一次账。

我还要特别感谢我的父母，比尔和南·菲利普斯（Bill and Nan Phillips）。虽然他们是在吉姆·克拉克（Jim Clark）、"公牛"康纳和乔治·华莱士当政时的亚拉巴马州长大的，但是他们在 20 世纪 50 年代和 60 年代参与了反对种族隔离的活动，甚至不惜为此与家人发生冲突。他们的勇敢始终激励着我。

252

感谢其他许多在这个或那个问题上帮助过我的朋友。他们可能不记得自己给我帮了多大忙，但我不会忘记。这些人是玛丽·安妮·安德烈（Mary Anne Andrei），乔尔·比尔（Joelle Biele），威尔·考克斯（Will Cox），马特·多诺万（Matt Donovan），杰西·杜克斯（Jesse Dukes），梅里尔·费特尔（Merrell Feitell），瑟奇·费兰诺斯基（Serge Filanovsky），戴维·格斯纳（David Gessner），珍妮弗·格罗茨（Jennifer Grotz），勒妮·莫里斯·汉德（Renee Morris Hand），雷切尔和杰夫·海登（Rachel and Jeff Hayden），切斯特·约翰逊（Chester Johnson），尼尔·利瓦伊（Neil Levi），乔·墨菲（Joe Murphy），汤姆·普拉托尼（Tom Platoni），詹姆斯和葆拉·菲利普斯（James and Paula Phillips），赫什·索尼（Hirsh Sawhney），德尔芬·施兰克（Delphine Schrank），汤姆·斯莱（Tom Sleigh），帕特里克和莉萨·惠切尔（Patrick and Lisa Whelchel）。另外，我还非常感谢蒂凡尼·雅尼克（Tiphanie Yanique）和摩西·杰里（Moses Djeli）的慷慨和宝贵的真知灼见。

阿兰·塞利尔诺·梅森（Alane Salierno Mason）是一位出色的编辑，成为她的作者之一是一个令人愉快且能够学到很多东西的经历。借用华莱士·斯特格纳（Wallace Stegner）的话来说就是：和那些擅长自己工作的人共事是一大幸事！我也很感谢她在诺顿的所有同事，尤其是玛丽·潘托哈（Marie Pantojan）对我孜孜不倦的帮助。我还要感谢我出色的文字编辑邦妮·汤普森（Bonnie Thompson），她在很多方面改进了这本书。

这个项目始于我在看到一张福赛斯县囚犯的照片时感到的

震惊和敬畏。每当我发现一张新图片，我的精神也会得到提升。
我希望有更多关于福赛斯县非洲裔美国人群体的照片，但大多
数雇农唯一的记录就是标记了一个"X"的姓名，因为这个县
的穷人很少有机会站在镜头前。在我搜索仅有的那些图像碎片
时，我很幸运地与许多摄影师和收藏家取得了联系。我非常感
谢乔·托马索夫斯基（Joe Tomasovsky），莫莉·里德·吴
（Molly Read Woo），詹姆斯·迈克尔（James Michael），鲍勃·
拉姆塞克（Bob Ramsak），杰夫·斯莱特（Jeff Slate），本·查
普尼克（Ben Chapnick）代表的查尔斯·穆尔（Charles Moore）
和"蜘蛛"马丁（Spider Martin）。感谢加里·多斯特（Gary
Doster）的卡明复古明信片，以及美联社的梅利莎·蒙特罗
（Melissa Montero）。

当我们都还住在佐治亚州的时候，我并不认识约翰·威瑟
斯庞（John Witherspoon），但他也偶然参加了1987年1月的三
K党庆祝活动——当时我还是个高中低年级学生，但他却是一
名拥有高速盒式磁带录像机的亚特兰大年轻人。30年后，和他
一起看他当时拍下的画面真是太神奇了，我们还意识到，当时
也许我们就并肩站在一起，看着弗兰克·雪利拿着麦克风在卡
明广场上高喊"白人势力！"多亏了约翰和他的视频，我对那
天的很多记忆都得到了确认。

没有档案专家和图书馆员的帮助，我的研究是不可能实现
的。正是他们默默无声地为我们所有人保留住了过往的痕迹，
他们的工作是高尚的。在此我要特别感谢佐治亚州档案馆的斯
蒂芬·恩格兰德（Stephen Engerrand）和艾莉森·赫金斯
（Allison Hudgins）；莫罗国家档案馆的内森·乔丹（Nathan
Jordan）；马丁·路德·金中心档案馆的辛西娅·刘易斯

（Cynthia Lewis）；亚特兰大历史中心（Atlanta History Center）的杰达·哈里斯（Jada Harris）；哈格里特珍本书和手稿图书馆（Hargrett Rare Book and Manuscript Library）的查克·巴伯（Chuck Barber）；佐治亚大学佐治亚州报纸项目（the Georgia Newspaper Project）；北佐治亚大学图书馆；纽约公共图书馆；德鲁大学玫瑰图书馆（the Rose Library）；普拉特艺术学院图书馆（Pratt Institute Library）和纽约大学博斯特图书馆（Bobst Library）。感谢纽约大学英语系的约翰·吉勒里（John Guillory）和欧内斯特·吉尔曼（Ernest Gilman），他们教会了我获得这些逐渐褪色的文物后如何使用。

最后，埃伦·布雷热（Ellen Brazier）、西德·菲利普斯（Sid Phillips）和卡姆·菲利普斯（Cam Phillips）是给予这个项目最多希望、鼓励和耐心的人。对这最重要的三个人我要说：爱，爱，爱。我对你们的爱无法用言语表达。

注　释

引言　一地之法

1. 露丝·梅·乔丹·贝里（Ruth Mae Jordan Berry）在 1980 年 11 月手写的情况描述，由亨利·丹·贝里提供。

2. "White Protestors Disrupt 'Walk for Brotherhood' in Georgia Town," *New York Times*, January 18, 1987.

3. "Girl Murdered by Negro at Cumming," *Augusta Chronicle*, September 10, 1912; "Confessed His Deed," *Atlanta Constitution*, October 4, 1912.

4. 关于美国 20 世纪种族清洗运动的概况，参见 James W. Loewens's *Sundown Towns: A Hidden Dimension of American Racism*（New York: New Press, 2013）。

1. 尖叫

1. "Two Companies of Militia Prevent a Serious Race Riot," *Macon Telegraph*, September 8, 1912.

2. "Troops Rushed to Cumming in Autos to Check Race Riot," *Atlanta Journal*, September 7, 1912.

3. Don Shadburn, *The Cottonpatch Chronicles*（Cumming, GA: Pioneer - Cherokee Heritage Series, 2003）, Appendix H, 478 - 79.

4. 1880 U. S. Census, Vickerys Creek, Forsyth, Georgia; roll 147; p. 402C; Enumeration District 075; image 0085; FHL microfilm 1254147.

5. Forsyth County Heritage Book Committee, *Forsyth County, Georgia Heritage*, 1832 - 2011（Waynesville, NC: County Heritage, Inc., 2011）, 222.

6. 1910 U. S. Census, Settendown, Forsyth, Georgia; roll T624_ 188; p. 10B; Enumeration District 0043; FHL microfilm 1374201.

7. "County Candidates," *Macon Telegraph*, June 21, 1912.

8. "More Trouble at Cumming," *Augusta Chronicle*, September 12, 1912.

9. 1910 U. S. Census, Big Creek, Forsyth, Georgia; roll T624_ 188; p. 18A; Enumeration District 0036; FHL microfilm 1374201; Returns of Colored

Taxpayers, 1912, Big Creek, Forsyth County, Georgia Archives, Morrow GA.

10. "Two Companies of Militia Prevent a Serious Race Riot," *Macon Telegraph*, September 8, 1912.

11. Roberto Franzosi, Gianluca De Fazio, and Stefania Vicari, "Ways of Measuring Agency: An Application of Quantitative Narrative Analysis to Lynchings in Georgia (1875 – 1930)," *Sociological Methodology* 42 (2012), 1 – 42.

12. "Threatened Lynching at Cumming Averted," *Atlanta Georgian*, September 7, 1912, home edition.

13. Ibid.

14. "Threatened Lynching at Cumming," *Atlanta Georgian*, September 7, 1912, final edition.

15. C. Vann Woodward, *The Strange Career of Jim Crow* (New York: Oxford University Press, 2002), 85.

16. 1880 U. S. Census, Little River, Cherokee, Georgia; roll 140; FHL microfilm 1254140; p. 254B; Enumeration District 026; image 0089.

17. 1910 U. S. Census, Big Creek, Forsyth, Georgia; roll T624_ 188; p. 16B; Enumeration District 0036; FHL microfilm 1374201.

18. "Two Companies of Militia Prevent a Serious Race Riot," *Macon Telegraph*, September 8, 1912.

19. "State Troopers Rescue Negroes at Cumming, Ga.," *Atlanta Constitution*, September 8, 1912.

20. "Troops Rushed to Cumming in Autos to Check Race Riot," *Atlanta Journal*, September 7, 1912.

21. "Militia Prevents Clash of Races at Cumming," *Columbus Enquirer – Sun*, September 8, 1912.

22. "Alumni Personals," *Delta of Sigma Nu Fraternity*, 26. 3 (1909), 988.

23. *Register of the University of Georgia* (Athens, 1906), 112.

24. "Railroad Meeting at Cumming, Georgia," *Atlanta Constitution*, March 11, 1871.

25. *Carroll County Times*, January 12, 1872.

26. "They Want a Railroad," *Atlanta Constitution*, August 29, 1891.

27. "Petition for Charter," *Marietta Journal*, July 9, 1908.

28. "Trolley for North Georgia," *Atlanta Constitution*, January 9, 1910.

29. 关于人们对于新世纪发生的变化感到焦虑的更多内容，参见 Steven Hahn, *The Roots of Southern Populism* (New York: Oxford University Press, 2006), 37。

30. Forsyth County Return for Colored Taxpayers, 1912, Big Creek

District, Georgia Archives, Morrow, GA.

31. "Sheriff Sales," *Baptist Leader*, January 19, 1893.

32. Garland C. Bagley, *History of Forsyth County*, vol. 2 (Milledgeville, GA: Boyd Publishing, 1990), 691.

33. Ibid. , 812.

34. "Trouble at Cumming Prevented by Militia," *Atlanta Journal*, September 8, 1912.

35. Ibid.

36. "Race Riot, Sheriff Shot," *Macon Telegraph*, July 28, 1912.

37. "Race Riot Ends, Order Reigns in Plainville," *Macon Telegraph*, July 29, 1912.

38. "Race War: Whites Clash with Negroes Near Calhoun," *Atlanta Constitution*, July 28, 1912.

39. "Plainville Quiet After Two Days of Excitement," *Macon Telegraph*, July 30, 1912.

40. "Shot in Race Riot," *New York Times*, July 29, 1912.

2. 暴动、暴乱、骚乱

1. 1987 年 1 月 28 日，伊莎贝拉·D. 哈里斯写给马克思·吉尔斯特拉普（Max Gilstrap）的书信，附言 p. 5 - 6。由 Hargrett Rare Book and Manuscript Library / University of Georgia Libraries, ms2687（m）提供。

2. "Threatened Lynching at Cumming Averted," *Atlanta Georgian*, September 7, 1912, final edition.

3. "Troops Rushed to Cumming in Autos to Check Race Riot," *Atlanta Journal*, September 7, 1912.

4. "Terror in Cumming, Race Riot Feared," *Atlanta Georgian*, September 11, 1912, home edition.

5. "Threatened Lynching at Cumming Averted," *Atlanta Georgian*, September 7, 1912, final edition.

6. *Columbus Enquirer*, September 8, 1912.

7. 1987 年 1 月 18 日，伊莎贝拉·D. 哈里斯写给马克思·吉尔斯特拉普的书信，附言 p. 1。

8. "Riders Burn 4 Churches," *Washington Post*, February 1, 1910, p. 4.

9. "Terror Reign in Georgia," *Washington Post*, December 16, 1910.

10. *Chicago Defender*, January 28, 1911.

11. *The Code of the State of Georgia*, *Adopted August 15th*, 1910 (Atlanta: Foot & Davies), 1912, article 2, § 6480. § 141 - 42; *Acts of* 1912.

12. "Hitch in the Law," *Augusta Chronicle*, September 14, 1912, 2.

13. 更多关于在 20 世出现的欺压和重新奴役非洲裔美国人劳动者的例子，参见 Douglas Blackmon, *Slavery By Another Name* (New York: Anchor, 2009)。

14. "Threatened Lynching at Cumming Averted," *Atlanta Georgian*, September 7, 1912, final edition.

15. "Troops Rushed to Cumming in Autos," *Atlanta Journal*, September 7, 1912.

16. "Soldiers Who Shot Augustans Acquitted," *News Herald* (Lawrenceville, GA), September 24, 1912.

17. *Railway Age and Railway Review* 55. 2 (1913), 52.

18. *Report of the Adjutant General of the State of Georgia*, 1911 – 1912 (Atlanta: Charles P. Byrd), 1912, appendix 2, p. 12.

19. "Trouble at Cumming Prevented by Militia," *Atlanta Journal*, September 8, 1912.

20. "State Troops Rescue Negroes at Cumming," *Atlanta Constitution*, September 8, 1912.

21. Ida B. Wells – Barnett, *Southern Horrors* (pamphlet, 1892), reprinted in Ida B. Wells – Barnett, *On Lynchings* (Amherst, NY: Humanity Books, 2002), 31.

22. "Threatened Lynching at Cumming Averted," *Atlanta Georgian*, September 7, 1912, final edition.

23. "Cumming Girl, Throat Cut, Found in Woods," *Atlanta Georgian*, September 9, 1912.

24. 出自梅·克罗的妹妹埃斯塔·盖伊·克罗·韦瑟福德 (Esta Gay Crow Wetherford) 于 2000 年 12 月 5 日写在梅的肖像背后的内容。由黛比·弗迈特提供。

25. 露丝·梅·乔丹·贝里在 1980 年 11 月手写的情况描述，由亨利·丹·贝里提供。

26. "Girl, 18, Throat Cut, Found Unconscious in Woods Near Cumming," *Atlanta Georgian*, September 9, 1912, home edition.

27. Ibid.

28. "Cumming Negro Caught by Posse," *Atlanta Georgian*, September 10, 1912, home edition.

29. "Two Negroes to Hang October 25th," *Atlanta Georgian*, October 4, 1912.

3. 失踪的女孩

1. Shadburn, *Cottonpatch Chronicles*, 247, n. 1.

2. "Cumming Ga. Girl, Throat Cut, Found in Woods," *Atlanta Georgian*, September 9, 1912, final edition.

3. Muster Roll of Company L, 38th Regiment, CSA (ancestry. com); 1860 U. S. Census, Population Schedule. NARA microfilm publication M653, 1, 438 rolls. Washington, DC: National Archives and Records. See especiallyForsyth County, Georgia, roll M653_ 121; p. 491; Selected U. S. Federal Census Non – Population Schedules, 1850 – 1880, CensusYear: 1870; Chestatee, Forsyth County, Georgia.

4. 1880 U. S. Census, Chestatee, Forsyth, Georgia; roll 147; FHL microflm 1254147; p. 444B; Enumeration District 078; image 0170. 1900 U. S. Census, Chestatee, Forsyth, Georgia; roll 197; p. 1A; Enumeration District 0033; FHL microfilm 1240197.

5. Indigent Pension Application, Isaac Crow, Forsyth County, 1904, Confederate Pension Applications, RG 58 – 1 – 1, Georgia Archives, Morrow, GA.

6. "The Mortgaging of Farm Lands," *Atlanta Constitution*, December 9, 1888, 18.

7. 更多和克罗家一样迅速衰败的地产所有者的例子, 参见 William F. Holmes, "The Southern Farmer's Alliance: The Georgia Experience," *Georgia Historical Quarterly* 72. 4 (1988), 628; and C. Van Woodward, *Origins of the New South, 1877 – 1933* (Baton Rouge: Louisiana State University Press, 1951), 175 – 204。

8. Alan Candler and Clement Evans, eds. , *Georgia: Sketches, Counties, Towns, Events, Institutions & People*, vol. 2 (Atlanta: State Historical Association, 1906), 47.

9. *Georgia Tax Digests* [1875], Forsyth County, Georgia Archives, Morrow, GA.

10. *Georgia Tax Digests* [1890], Forsyth County, Georgia Archives, Morrow, GA.

11. 1900 U. S. Census, Wilsons, Hall, Georgia; roll 202; p. 13B; Enumeration District 0077; FHL microfilm 1240202.

12. 露丝·梅·乔丹·贝里在 1980 年 11 月手写的情况描述。

13. Ibid.

14. 1910 U. S. Census, Chattahoochee, Forsyth, Georgia; roll T624_ 188; p. 7A; Enumeration District 0041; FHL microfilm 1374201.

15. 露丝·梅·乔丹·贝里在 1980 年 11 月手写的情况描述。

16. "Cumming, Ga. , Girl, Throat Cut, Found in the Woods," *Atlanta Georgian*, September 9, 1912, final edition.

17. "Negro Is Rushed in Fast Machine to Fulton Tower," *Atlanta Constitution*, September 10, 1912.

18. 露丝·梅·乔丹·贝里在 1980 年 11 月手写的情况描述。

19. "Mock Lynching Extorts Truth," *News Tribune* (Duluth, MN), October 1, 1912, 12.

20. "Troops on Guard," *Atlanta Constitution*, October 4, 1912.

21. "Cumming Ga. Girl, Throat Cut, Found in Woods," *Atlanta Georgian*, September 9, 1912, final edition.

22. "Rapist Brought Here," *Gainesville News*, September 11, 1912.

23. 1998 年，佐治亚州议会通过了一项法律，依此创设的新的贝尔 - 福赛斯巡回法院就是以海勒姆·帕克斯·贝尔命名的。2004 年，福赛斯历史学会将其新的所在地命名为海勒姆·帕克斯·贝尔中心 (Hiram Parks Bell Research Center)。

24. *Biographical Directory of the United States Congress*, 1774 - 2005, House Document 108 - 222.

25. Hiram Parks Bell, *Men and Things* (Atlanta: Foote and Davies, 1907), 135 - 36.

26. "Negro Is Rushed in Fast Machine to Fulton Tower," *Atlanta Constitution*, September 10, 1912.

27. "Rapist Brought Here," *Gainesville News*, September 11, 1912.

28. Ibid.

29. "Negro Is Rushed in Fast Machine to Fulton Tower," *Atlanta Constitution*, September 10, 1912.

30. Ibid.

31. Ibid.

4. 暴民群体乘胜追击

1. 露丝·梅·乔丹·贝里在 1980 年 11 月手写的情况描述。

2. "Mob Batters Down Jail Door at Cumming," *Atlanta Georgian*, September 10, 1912, final edition.

3. Ibid.

4. "Cumming Jail Stormed," *Atlanta Journal*, September 10, 1912.

5. "Mob Lynches Negro," *Watchman and Southron*, September 14, 1912.

6. "Mob Batters Down Jail Door at Cumming," *Atlanta Georgian*, September 10, 1912, final edition.

7. Shadburn, *Cottonpatch Chronicles*, Appendix H, 478.

8. *Daily Constitutionalist*, June 11, 1862, 3.

9. "Outrages in Georgia," *Chicago Tribune*, July 8, 1870, 3.

10. "Wanted to Lynch Him," *Atlanta Constitution*, August 28, 1886, 8.

11. "Twenty Year Term," *Macon Telegraph*, December 25, 1897.

12. "Mob Batters Down Jail Door at Cumming," *Atlanta Georgian*, September 10, 1912, final edition.

13. Ibid.

14. "Mob Batters Down Door at Cumming," *Atlanta Georgian*, September 10, 1912, final edition, one star.

15. "Mob Batters Down Door at Cumming," *Atlanta Georgian*, September 10, 1912, final edition, two stars.

16. Ibid.

17. "Negro Lynched by Mob at Cumming," *Marietta Journal*, September 13, 1912.

18. "Negroes Is Rushed in Fast Machine to Fulton Tower," *Atlanta Constitution*, September 11, 1912.

19. "Mob Batters Down Door at Cumming," *Atlanta Georgian*, September 10, 1912, final edition, two stars.

20. "Dr. Ansel Strickland Scores Daily Papers," *North Georgian*, November 22, 1912.

21. "Mob Batters Down Door at Cumming," *Atlanta Georgian*, September 10, 1912 final edition, two stars.

22. Shadburn, *Cottonpatch Chronicles*, 209.

23. "Editorial," *Cherokee Advance*, October 4, 1912.

24. "Cumming Jail Stormed," *Atlanta Journal*, September 11, 1912.

25. "Editorial," *Gainesville Times*, September 11, 1912.

5. 旋风中的一根稻草

1. "Bloodhounds on Trail of Cumming Firebug," *Atlanta Georgian*, September 11, 1912, extra edition.

2. "Terror in Cumming," *Atlanta Georgian*, September 11, 1912.

3. "Mother and Son Lynched," *Clinton Mirror* (Clinton, IA), May 27, 1911.

4. Philip Dray, *At the Hands of Persons Unknown* (New York: Modern Library, 2003), 246.

5. "Sheriff Saves Three Negroes," *Atlanta Constitution*, September 12, 1912.

6. "Quiet Reigns in Cumming," *Atlanta Georgian*, September 12, 1912,

home edition.

7. "Mob Batters Down Jail Door at Cumming," *Atlanta Georgian*, September 10, 1912, final edition, one star.

8. "Quiet Reigns in Cumming," *Atlanta Georgian*, September 12, 1912, home edition.

9. "Trouble Over at Cumming," *Atlanta Georgian*, September 12, 1912, extra edition.

10. "Sheriff Saves Three Negroes," *Atlanta Constitution*, September 12, 1912.

11. W. E. B. Du Bois, *The Souls of Black Folk* (Oxford: Oxford University Press, 2007), 178.

12. "Forsyth People Ask for Troops," *Augusta Chronicle*, October 19, 1912.

13. *Atlanta Constitution*, October 13, 1912; "Enraged White People Are Driving Blacks from County," *New York Times*, December 26, 1912

14. "Forsyth People Ask for Troops," *Augusta Chronicle*, October 19, 1912.

15. Du Bois, *Souls of Black Folk*, 92.

16. Garland Bagley, *History of Forsyth County*, vol. 2, 845; Sheltonville Historical Society, "A Report of the Records Committee on the History of Sheltonville and the Sheltonville Community," April 20, 1962.

17. "Girl Murdered by Negro at Cumming," *Augusta Chronicle*, September 9, 1912.

18. "Second Outrage Shocks Cumming," *Macon Telegraph*, September 10, 1912.

19. "Negro Is Rushed in Fast Machine to Fulton Tower," *Atlanta Constitution*, September 10, 1912.

20. "Martial Law in Cumming," *Atlanta Georgian*, October 2, 1912.

21. *Gainesville News*, September 9, 1912.

22. "Letter from Mr. and Mrs. L. A. Crow," *North Georgian*, October 1914, 转引自 Shadburn, *Cottonpatch Chronicles*, 235 – 36。

23. 露丝·梅·乔丹·贝里在 1980 年 11 月手写的情况描述。

24. 2016 年 1 月 6 日,作者采访露丝·乔丹的孙女,苏珊·贝里·罗伯茨。

25. Forsyth County, *Returns of Colored Taxpayers*, 1912, New Bridge District, Georgia Archives, Morrow, GA.

26. 2016 年 1 月 6 日,作者采访苏珊·贝里·罗伯茨。

27. Ibid. 有记录证实加勒特·库克在 1912 年 10 月 11 日以 200 美元的

价格将土地卖给了一个名叫乔治·奥利维特（George Olivet）的白人。Deed Book 2, p. 101, Forsyth County Courthouse.

28. 露丝·梅·乔丹·贝里在 1980 年 11 月手写的情况描述。

29. 2016 年 1 月 8 日，作者采访露丝·乔丹的儿子，亨利·丹·贝里。

30. 1987 年 1 月 24 日，伊莎贝拉·哈里斯写给马克思·吉尔斯特拉普的书信。

31. 转引自 Shadburn, *Cottonpatch Chronicles*, 230。

6. 撒旦的骑兵

1. "Cumming Blacks to Waive Trial," *Atlanta Constitution*, September 9, 1912.

2. "Six Blacks Threatened with Lynching," *Atlanta Constitution*, September 8, 1912.

3. "Leaders in Georgia County Say Outsiders to Blame for Violence," *Wilmington Morning Star*, January 19, 1987, p. 10A

4. David M. Chalmers, *Hooded Americanism: The History of the Ku Klux Klan* (Durham, NC: Duke University Press, 1981), 18 – 19.

5. Sir Walter Scott, *The Lady of the Lake*, "Canto III: The Gathering," lines 1 – 18.

6. London Melvin Stokes, *D. W. Griffith's "The Birth of a Nation"* (Cambridge: Cambridge University Press, 2007), 111.

7. D. W. Griffith, *The Birth of a Nation*, 1915, at 2: 48: 48.

8. 露丝·梅·乔丹·贝里在 1980 年 11 月手写的情况描述。

9. 1987 年 1 月 24 日，伊莎贝拉·哈里斯写给马克思·吉尔斯特拉普的书信。

10. Francis Paul Prucha, *The Great Father: The United States Government and the American Indian* (Lincoln: University of Nebraska Press, 1995), 235 – 42.

11. 更多关于执行《印第安人迁移法案》之前在福赛斯县生活的切罗基家庭的内容，参见 Don Shadburn, *Unhallowed Intrusion: A History of Cherokee Families in Forsyth County, Georgia* (Cumming, GA: Pioneer – Cherokee Heritage Series, 1993)。

12. "A Georgia Jaunt," *Atlanta Constitution*, July 15, 1894, 2.

13. "New Echota," *Cherokee Phoenix*, May 27, 1829, 2

14. "Atrocious Injustice," *Cherokee Phoenix*, May 18, 1833, 3.

15. *Two of the largest Cherokee removal forts*: Shadburn, *Cottonpatch Chronicles*, 5.

16. David A. Harris, *Stories My Grandmother Told Me*, (Unpublished

manuscript in the collection of the Historical Society of Forsyth County, 1964），14.

17. Diary of John G. Burnett, 转引自 James C. Cobb, *Georgia Odyssey* (Athens: University of Georgia Press, 1997), 5。

18. Prucha, *The Great Father*, 235 – 42.

19. Shadburn, *Cottonpatch Chronicles*, 192（emphasis added）.

20. Selected U. S. Federal Census Non – Population Schedules, 1850 – 1880, Census Years: 1850 and 1860; District 31, Forsyth, Georgia［database online］. Provo, UT: Ancestry. com, 2010.

21. Stephen A. West, *From Yeoman to Redneck in the South Carolina Upcountry*, 1850 – 1915（Charlottesville: University of Virginia, 2008）, 204.

22. 1840, 1850, and 1860 U. S. Census—Slave Schedules［database online］. Provo, UT: Ancestry. com, 2004.

23. 2014 年 10 月 25 日，作者采访戴德丽·布朗－斯图尔特和勒罗伊·布朗（Leroy Brown）。

24. "Ex – Slave Interview: Aunt Carrie Mason, Milledgeville, Georgia," in *The American Slave: A Composite Biography*, ed. George Rawick（Greenwood, 1972）, vol. 13, p. 112.

25. Hiram Parks Bell, *Men and Things*（Atlanta: Foote and Davies, 1907）, 51.

26. Gladys – Marie Fry, *Night Riders in Black Folk History*（Knoxville: University of Tennessee Press, 1975）, 82 – 109.

27. Rawick, *The American Slave*, 3.

28. 2014 年 4 月 2 日，作者采访安东尼·尼尔。

7. 法律的威严

1. *Norris v. Alabama*, 294 U. S. 587（1935）.

2. "Martial Law Will Be Declared in Forsyth," *Atlanta Constitution*, September 28, 1912.

3. "Lawyers Appointed to Defend Negroes," *Atlanta Georgian*, October 1, 1912, 2.

4. *Railway Review*, 48（1908）, 733.

5. "Cumming Is Quiet on Eve of Trial," *Atlanta Constitution*, October 3, 1912.

6. "Troops on Guard," *Atlanta Constitution*, October 4, 1912.

7. "Cumming Is Quiet on Eve of Trial," *Atlanta Constitution*, October 3, 1912.

8. A. M. Light 后来提交了一份要求报销"给军队提供到卡明的马车的费用"的申请；Alice Mashburn 因为"为执行任务的军队提供食物"而收到了 28.75 美元的补偿；比福德的 Merchant's Hotel 的所有者要求政府支付军队的全部餐费，共计 65.50 美元。见于 1912 年 10 月民兵指挥官办公室通信记录，Georgia Archives, Morrow, GA。

9. "Cumming Is Quiet on Eve of Trial," *Atlanta Constitution*, October 3, 1912.

10. "Troops Off to Cumming with Six Negroes," *Atlanta Georgian*, October 2, 1912, extra edition.

11. "Cumming Is Quiet on Eve of Trial," *Atlanta Constitution*, October 3, 1912.

12. "*a fourteen – karat son of a bitch*": Steve Oney, *And the Dead Shall Rise* (New York: Vintage, 2004), 522.

13. "Letter to the Editor" by Ansel Strickland, *North Georgian*, November 22, 1912.

14. "Trials at Cumming," *Gainesville Times*, October 2, 1912.

15. Royal Freeman Nash, "The Cherokee Fires," *The Crisis* 11.1 (1915), 266.

16. "Bayonets Guard Blacks as Trial at Cumming Begins," *Atlanta Journal*, October 3, 1912.

17. "Martial Law in Cumming as Blacks Are Tried," *Atlanta Georgian*, October 2, 1912, extra edition.

18. "Martial Law in Cumming as Blacks Are Tried," *Atlanta Georgian*, October 2, 1912.

19. "Troops Uphold Law," *Atlanta Constitution*, October 2, 1912.

20. "Troops Guard Negroes' Trial at Cumming," *Atlanta Georgian*, October 3, 1912, home edition, 5.

21. Ibid.

22. Shadburn, *Cottonpatch Chronicles*, 478 – 79.

23. "Troops Guard Negroes' Trial at Cumming," *Atlanta Georgian*, October 3, 1912, home edition, 5.

24. "Troops on Guard as Two Rapists Are Convicted," *Atlanta Constitution*, October 4, 1912.

25. "Troops Guard Negroes' Trial at Cumming," *Atlanta Georgian*, October 3, 1912, home edition, 5.

26. "Troops on Guard as Two Rapists Are Convicted," *Atlanta Constitution*, October 4, 1912.

8. 系紧套索

1. "Troops Guard Negroes' Trial at Cumming," *Atlanta Georgian*, October 3, 1912, home edition, 5.

2. Ibid.

3. "Troops on Guard," *Atlanta Constitution*, October 4, 1912.

4. "Troops Guard Negroes' Trial at Cumming," *Atlanta Georgian*, October 3, 1912, home edition, 5.

5. Ibid.

6. "Contracts to Let," *Steam Shovel and Dredge*, 12 (1908), 764.

7. "Bayonets Guard Blacks as Trial at Cumming Begin," *Atlanta Journal*, October 3, 1912.

8. Shadburn, *Cottonpatch Chronicles*, Appendix K, 489.

9. "Troops on Guard as Rapists Are Convicted," *Atlanta Constitution*, October 4, 1912.

10. Ibid.

11. Ibid.

12. "Letter to the Editor" by Ansel Strickland, *North Georgian*, November 22, 1912.

13. Shadburn, *Cottonpatch Chronicles*, 217.

14. "Troops on Guard," *Atlanta Constitution*, October 4, 1912.

15. Ibid.

16. Don Shadburn, *Cottonpatch Chronicles*, 217.

17. "Troops on Guard," *Atlanta Constitution*, October 4, 1914.

18. "Governor Is Pleased with Militia," *Atlanta Constitution*, October 6, 1912.

19. "Troops on Guard," *Atlanta Constitution*, October 4, 1914.

20. "Troops Return from Forsyth," *Atlanta Constitution*, October 5, 1912.

21. Ibid.

22. "Two Negroes to Hang Oct. 25," *Atlanta Georgian*, October 4, 1912.

9. 我们谴责这种行为

1. "Georgia in Terror of Night Riders," *New York Times*, December 25, 1912.

2. "Tears Flowed Years After Forced Exodus," *Gainesville Times*, January

22, 1987.

3. Ibid.

4. "Georgia in Terror of Night Riders," *New York Times*, December 25, 1912.

5. "Cumming Negroes to Hang Oct. 25th," *Cherokee Advance*, October 11, 1912.

6. "Gainesville Invaded by Negroes," *Savannah Tribune*, October 19, 1912.

7. A. J. 朱利安在 1913 年 2 月 22 日写给约瑟夫·麦基·布朗的书信。Joseph Mackey Brown Papers, MSS41, box 4, folder 3, Atlanta History Center.

8. 约瑟夫·麦基·布朗在 1913 年 2 月 25 日写给 A. J. 朱利安的书信。Joseph Mackey Brown Papers, MSS41, box 4, folder 3, Atlanta History Center.

9. Royal Freeman Nash, "The Cherokee Fires," *The Crisis* 11.1 (1915), 268.

10. "Resolution Adopted by Mass Meeting of the Citizens of the Town of Cumming at Court House of Forsyth County, Wednesday, October 16, 1912." 约瑟夫·麦基·布朗州长的通信记录, Georgia Archives, Morrow, GA。

11. "To His Excellency, Joseph M. Brown, Governor," letter from Charles L. Harris, October 17, 1912. 约瑟夫·麦基·布朗州长的通信记录, Georgia Archives, Morrow, GA。

12. "Resolution Adopted by Mass Meeting of the Citizens of the Town of Cumming at Court House of Forsyth County, Wednesday, October 16, 1912." 约瑟夫·麦基·布朗州长的通信记录, Georgia Archives, Morrow, GA。

13. Ibid.

14. "Ask Aid to End Crime in Forsyth," *Atlanta Constitution*, October 18, 1912.

15. "Mssrs. C. L. Harris & J. F. Echols," October 21, 1912, 约瑟夫·麦基·布朗州长的通信记录, Georgia Archives, Morrow, GA。

16. David M. Fahey, "Temperance Movement," *New Georgia Encyclopedia*; http://www.georgiaencyclopedia.org/articles/history – archaeology/ temperance – movement, accessed October 1, 2015.

17. Minute Book of the United States Court, Northern District, Judge William T. Newman, 1912 – 1913. National Archives, Morrow, Georgia.

18. Royal Freeman Nash, "The Cherokee Fires" *The Crisis* 11.1 (1915),

266.

19. *Dahlonega Nugget*, October 18, 1912.

10. 扼杀在摇篮中

1. "Trouble Brewing in Hill Country," *Atlanta Constitution*, October 14, 1912.

2. "Drove Negroes Off Gaines Building," *Gainesville Times*, October 16, 1912.

3. "Trouble Brewing in Hill Country," *Atlanta Constitution*, October 14, 1912.

4. Ibid.

5. Ibid.

6. "Nightriders Arrested That Shot Up House Near Flowery Branch," *Gainesville News*, October 16, 1912.

7. Ibid.

8. "Arrest Is Made in Race Trouble," *Atlanta Constitution*, January 31, 1921, 9.

9. "Five Men Arrested for Running Negroes Off Gaines Building Last Thursday," *Gainesville Times*, October 16, 1912.

10. Royal Freeman Nash, "The Cherokee Fires," *The Crisis* 11.1 (1915), 267.

11. Ibid. , 268.

11. 绞刑架

1. "Letter to the Editor" by Ansel Strickland, *North Georgian*, November 22, 1912.

2. Minute Book of the Forsyth County Superior Court, October 4, 1912. Forsyth County Courthouse.

3. "Reform in Legal Hangings," *Atlanta Constitution*, October 26, 1912.

4. "Thousands Cheer at Hanging," *Keowee Courier*, October 30, 1912.

5. *Report of the Adjutant General of the State of Georgia, 1911 – 1912* (Atlanta: Charles P. Byrd, 1912), Appendix 2, 22.

6. "Thousands Cheer at Hanging," *Keowee Courier*, October 30, 1912.

7. 2014 年 2 月 24 日，作者采访唐·沙德伯恩。

8. *Report of the Adjutant General*, Appendix 2, 20.

9. Ibid. , Appendix 2, 23.

10. Ibid. , Appendix 2, 21.

11. Ibid. , Appendix 2, 20 – 22.

12. "Knox and Daniel Hung Last Friday," *Forsyth County News*, October 31, 1912.

13. *Report of the Adjutant General*, Appendix 2, 21.

14. "*shortly before his death*": "Knox and Daniel Hung Last Friday," *Forsyth County News*, October 31, 1912.

15. "Fence Was Burned to See a Hanging," *Augusta Chronicle*, October 26, 1912.

16. 2015 年 1 月 20 日，作者采访黛比·弗迈特。

17. "Murderer Snell Dies on Gallows," *Atlanta Constitution*, June 30, 1900.

18. 对比 http://www. capitalpunishmentuk. org/hanging2. html。

19. "Knox and Daniel Hung Last Friday," *Forsyth County News*, October 31, 1912.

20. Ibid.

21. *Report of the Adjutant General*, Appendix 2, 23.

22. 更多关于 20 世纪早期绞刑程序的内容，参见 http://capitalpunishment. uk. org/hangings（accessed December 1, 2015）。

23. 露丝·梅·乔丹·贝里在 1980 年 11 月手写的情况描述。

24. 2014 年 2 月 24 日，作者采访唐·沙德伯恩。

25. *Report of the Adjutant General*, Appendix 2, 20 – 21.

26. Ibid. , Appendix 2, 23.

12. 当他们还是奴隶时

1. 2014 年 4 月 2 日，作者采访安东尼·尼尔。

2. Selected U. S. Federal Census Non –Population Schedules, 1850 – 1880, Census Year: 1870; District 31, Forsyth, Georgia [database online] . Provo, UT: Ancestry. com, 2010.

3. Georgia, Office of the Governor. *Returns of Qualified Voters Under the Reconstruction Act*, 1867. Georgia Archives, Morrow, GA.

4. Christopher C. Meyers, ed. , *The Empire State of the South: Georgia History in Documents and Essays* (Macon, GA: Mercer University Press, 2008), 172.

5. *Records of Marriages, Book D, 1868 – 1877*, 154. Forsyth County Courthouse.

6. H. R. Exec. Doc. 11, 39th Congress, 1st Session, 1865, 45 (Serial 1255); reprint Circular No. 5, May 30, 1865.

7. H. R. Exec. Doc. 1, 40th Cong. , 2nd sess. , 1867, 673 – 74 (Serial 1324）.

8. Order of Col. Caleb Sibley; W. J. Bryan, letter to O. O. Howard, Washington, DC. *Records of the Field Offices for the State of Georgia, Bureau of Refugees, Freedmen, and Abandoned Lands*, 1865 – 1872, Cumming Office section, National Archives at Washington, DC, M1903, roll 45.

9. 威廉·J. 布赖恩少校在 1868 年 5 月写给 Col. Caleb Sibley 的报告。W. J. Bryan, report to, May 1868. *Records of the Field Offices for the State of Georgia, Bureau of Refugees, Freedmen, and Abandoned Lands*, 1865 – 1872, Marietta Office section, National Archives at Washington, DC, M1903, roll 58.

10. Records of Binding Cases, Probate Court Records of the Forsyth County Courthouse, box 40, "Colored. "

11. Eric Foner, *A Short History of Reconstruction* (New York: Harper, 2014）, 59.

12. "Binding Agreement: H. W. Strickland and Thomas Strickland, Free Boy of Color," March 1866, Records of Binding Cases, Probate Court Records of the Forsyth County Courthouse, box 40, "Colored. "

13. *Records of the Field Offices for the State of Georgia, Bureau of Refugees, Freedmen, and Abandoned Lands*, 1865 – 1872, Cumming Office section, National Archives at Washington, DC, M1903, roll 45.

14. 转引自 Jonathan Dean Sarris, *A Separate Civil War* (Charlottesville: University of Virginia Press, 2012）, 148。

15. *Records of the Field Offices for the State of Georgia, Bureau of Refugees, Freedmen, and Abandoned Lands*, 1865 – 1872, Cumming Office section, National Archives at Washington, DC, M1903, roll 45, 112.

16. 威廉·J. 布赖恩少校在 1868 年 10 月 31 日写给 Major Mosebach 的书信, Marietta Office section, National Archives at Washington, DC, M1903, roll 58。

17. 威廉·J. 布赖恩少校在 1868 年 8 月 27 日写给 Major Mosebach 的书信, Marietta Office section, National Archives at Washington, DC, M1903, roll 58。

18. 关于佐治亚州的自由民局的权威研究, 参见 Paul A. Cimbala, *Under the Guardianship of the Nation: The Freedmen's Bureau and the Reconstruction of Georgia*, 1865 – 1870 (Athens: University of Georgia Press, 1997）, 以及 Sara Rappaport, "The Freedmen's Bureau as a Legal Agent for Black Men and Women in Georgia," *Georgia Historical Quarterly* 73. 1 (1989）, 26 – 53。

19. 乔治·哈里斯·贝尔的回忆, originally in the *Gainesville News*,

September 26, 1906。Excerpt reprinted in "Days of Long Ago," *Gainesville Times*, May 16, 1976.

20. Ibid.

21. 布克·T. 华盛顿于 1895 年 9 月 18 日在亚特兰大举行的棉花之州国际博览会（Cotton States and International Exposition）上发表的演讲。此处内容依据的是 1906 年制作的该演讲的录音，Columbia Gramophone Company, G. Robert Vincent Voice Library, Michigan State University, DB 191。

22. Booker T. Washington, *Up from Slavery* (New York: Doubleday, 1901), 202.

23. Selected U. S. Federal Census Non – Population Schedules, 1850 – 1880, Census Years: 1880; District 879, Forsyth, Georgia [database online]. Provo, UT: Ancestry. com, 2010.

24. *Georgia*, *Property Tax Digests*, *1793 – 1892*, Militia District 879, Post Office: Cumming, Year: 1890 [database online]. Provo, UT: Ancestry. com, 2011.

25. 1900 U. S. Census, Cumming, Forsyth, Georgia; roll197; p. 2B; Enumeration District 0036; FHL microfilm 1240197.

26. 1910 U. S. Census, Cumming, Forsyth, Georgia; roll T624_ 188; p. 6A; Enumeration District 0039; FHL microfilm 1374201.

13. 逼到灶台边

1. "Obear Censures Public Hanging," *Atlanta Constitution*, October 26, 1912.

2. "A Disgrace to Georgia," editorial, *Atlanta Constitution*, November 7, 1912.

3. "Assassins Wound Forsyth Farmer," *Atlanta Constitution*, October 30, 1912，但报纸上写明的发稿日期是 October 29, 1912.

4. Ibid.

5. Ann Short Chirhart, " ' Gardens of Education ': Beulah Rucker and African – American Culture in the Twentieth – Century Georgia Upcountry," *Georgia Historical Quarterly*, Winter 1998, 834.

6. "Trouble Brewing in Hill Country," *Atlanta Constitution*, October 14, 1912.

7. William L. Norton, Jr. , *Historic Gainesville and Hall County: An Illustrated History* (San Antonio, TX: Historic Publishing Network, 2001), 29 – 30.

8. 更 多 关 于 伯 德 · 奥 利 弗 和 比 拉 · 拉 克 · 奥 利 弗 的 内 容 , 参 见 Beulah Rucker Oliver, *The Rugged Pathway* (n. p. : 1953), 以 及 Ann Short Chirhart, " ' Gardens of Education ' : Beulah Rucker and African - American Culture in the Twentieth - Century Georgia Upcountry," *Georgia Historical Quarterly*, Winter 1998。

9. 霍 尔 县 1914 年 2 月 5 日 签 发 的 威 廉 · 巴 特 勒 和 简 · 丹 尼 尔 的 结 婚 证 书, *Georgia, Marriage Records from Select Counties*, 1828 - 1978 (ancestry. com); 1920 U. S. Census, Gainesville Ward 2, Hall, Georgia; roll T625_ 261; p. 5B。

10. Kathleen Thompson, "Racial Violence in North Georgia, 1900 - 1930," *Pickens County Progress*, October 13, 2011.

11. Forsyth County Return for Colored Tax Payers, 1912, Cumming District, Georgia Archives, Morrow, GA. 更 多 关 于 约 瑟 夫 · 凯 洛 格 的 土 地 交 易 的 内 容, 参 见 Elliot Jaspin, *Buried in the Bitter Waters* (New York: Basic Books, 2007), 135。

12. "A Bargain" (classified advertisement), *Atlanta Constitution*, March 22, 1914, A10.

13. "Georgia Negroes in Terror," *Keowee Courier*, December 25, 1912.

14. *Journal of the Senate of the State of Georgia*, Regular Session, June 15, 1913, 21.

15. "White Man Predominates in Culture of Cotton," *Atlanta Constitution*, December 8, 1914.

16. Thomas Stephens, *The Hard Case of the Distressed People* (London: 1742), 转 引 自 Jeffrey Robert Young, ed. , *Pro Slavery and Sectional Thought in the Early South*, 1740 - 1829 (Columbia: University of South Carolina Press, 2006), 63。

17. "White Man Predominates in Culture of Cotton," *Atlanta Constitution*, December 8, 1914.

18. "Dr. A. Strickland on the Wash Tub," undated letter to the editor, *North Georgian*, reproduced in Garland C. Bagley, *History of Forsyth County*, vol. 2 (Milledgeville, GA: Boyd), 1990, 622.

19. Emily R. Kilby, " The Demographics of the U. S. Equine Population," in *The State of the Animals IV* (Washington, DC: Humane Society Press, 2007), 176.

20. William White, "Economic History of Tractors in the United States," Economic History Association, March 26, 2008; https: //eh. net/encyclopedia/ economic - history - of - tractors - in - the - united - states, accessed October 1, 2015.

21. "At Princeton, Woodrow Wilson, a Heralded Alum, Is Recast as an Intolerant One," *New York Times*, November 22, 2015.

22. 转引自 Cleveland M. Green, "Prejudices and Empty Promises: Woodrow Wilson's Betrayal of the Negro, 1910 – 1919," *The Crisis* 87.9 (November 1980), 380。

23. "An Open Letter to Woodrow Wilson," *The Crisis* 5.5 (March 1913), 236 – 37.

24. "Mr. Trotter and Mr. Wilson," *The Crisis* 9.3 (January 1915), 119 – 20.

25. Ibid.

26. Woodrow Wilson, *A History of the American People*, vol. 9 (Harper & Brothers, 1918), 58.

27. 转引自 Cleveland M. Green, "Prejudices and Empty Promises: Woodrow Wilson's Betrayal of the Negro, 1910 – 1919," *The Crisis* 87.9 (November 1980), 383。

28. Don Shadburn, *Pioneer History of Forsyth County, Georgia* (Milledgeville, GA: Boyd), 1981, 287; 1910 U. S. Census, Cumming, Forsyth, Georgia; roll T624_ 188; p. 1A; Enumeration District 0039; FHL microfilm 1374201.

29. "Dynamite Exploded Under Negro Houses in Cumming," *Atlanta Constitution*, March 20, 1913.

30. "Dr. John H. Hockenhull," *Forsyth County News*, November 23, 1922.

31. "Negro Who Is Charged with Robbing Stores in Cumming Is Arrested," *Atlanta Constitution*, April 9, 1914.

32. *Georgia's Central Register of Convicts, 1817 – 1976*, Series 21/3/27. Georgia State Archives, Morrow, Georgia.

33. "Governor Harris Asks Return of Negro Now in Florida," *Atlanta Constitution*, October 19, 1915, 7.

14. 驱逐，1915—1920

1. "A County Without a Negro in It," *Daily Times – Enterprise* (Thomasville, GA), October 7, 1915, 4.

2. "County Bars Colored Men," *Appeal* (St. Paul, MN), September 14, 1915.

3. "Stoddard to Lead Tourists," *Atlanta Constitution*, September 3, 1915.

4. "Ms. Martin Insists Trouble Was Serious," *Macon Telegraph*, October 9, 1915.

5. "State Tourists Come To –night to Atlanta," *Atlanta Georgian*, October 5, 1915.

6. "Georgia Tourists Are Greeted with 'Irish Confetti,'" *Atlanta Constitution*, October 5, 1915.

7. Ibid.

8. "Ms. Martin Insists Trouble Was Serious," *Macon Telegraph*, October 9, 1915.

9. "Seeing Georgia Tourists Stoned," *Macon Telegraph*, October 5, 1915.

10. Ibid.

11. "Tourists Find Motoring in Georgia Like a Trip in Enchanted Land," *Atlanta Constitution*, October 4, 1915.

12. "Georgia Crackers Rock Negro Chauffeurs," *New York Age*, October 14, 1915; "Negro Chauffeurs Are Stoned by Georgia Mob," *Huntingdon Press* (IN), October 5, 1915.

13. *Railway Age Gazette*, 60 (1916), 377.

14. "Among Cordele Leaders Who Plan Section's Growth," *Macon Telegraph*, September 23, 1920.

15. *Forsyth County, Georgia Heritage 1832 – 2011* (Waynesville, NC: County Heritage, Inc., 2011), 222. 根据他孙女的说法，有一天拉默斯去了亚特兰大，"然后再也没回来……再没有人见到他"出现在福赛斯县。

16. 1920 U. S. Census, Atlanta Ward 6, Fulton, Georgia; roll T625_252; p. 3B; Enumeration District 114; image 1101.

15. 抹除痕迹，1920—1970

1. Elliot Jaspin, *Buried in the Bitter Waters* (New York: Basic Books, 2007), 136.

2. Ibid.

3. "Adverse Possession," Legal Information Institute, Cornell Law School, https: //www. law. cornell. edu/wex, accessed August 6, 2015.

4. *Park's Annotated Code of the State of Georgia, 1914, Embracing the Code of 1910* (Atlanta: Harrison Company, 1915), §4164 "Adverse Possession," 2341.

5. Jaspin, *Buried*, 136.

6. "Let's Stop Advertising," *Macon Telegraph*, January 28, 1921.

7. "Serious Race Trouble in North Georgia," *Norfolk Journal and Guide*, January 22, 1921.

8. "Forsyth Makes Advances," *Atlanta Constitution*, October 28, 1923.

9. 1920 U. S. Census, Big Creek, Forsyth, Georgia; Roll: T625_ 257; Page: 16B; Enumeration District: 49; Image: 592.

10. 1880 U. S. Census; Big Creek, Forsyth, Georgia; Roll: 147; FHL 1254147; Page: 408D; Enumeration District: 076; Image: 0098.

11. *But James Strickland stayed in Forsyth*: 1900 U. S. Census; Big Creek, Forsyth, Georgia; Roll: 197; Page: 11A; Enumeration District: 0030; FHL microflm: 1240197.

12. *signed his oath of allegiance*: Georgia, Office of the Governor. Returns of qualifed voters under the Reconstruction Act, 1867. Georgia Archives, Morrow, GA.

13. *1910 U. S. Census*; Big Creek, Forsyth, Georgia; Roll: T624_ 188; Page: 16B; Enumeration District: 0036; FHL microflm: 1374201. 詹姆斯·斯特里克兰拥有的 80 英亩土地的地号分别是 2 - 1 - 990 和 2 - 1 - 1000。Forsyth County Returns for Colored Taxpayers, 1912, Georgia Archives, Morrow, GA. 福赛斯县系谱学家 Donna Parrish 认为威尔·斯特里克兰的土地在 1943 年 2 月 5 日被他的继承人出售了。http: //www. donnaparrish. com/forsyth/1912/strickland_ james. html, accessed 8/14/2011.

14. World War I Draft Registration Cards, 1917 – 1918 [database online]. Provo, UT, USA: Ancestry. com, 2005. Registration State: Georgia; Registration County: Jackson; Roll: 1557077.

15. 1930 U. S. Census, Big Creek, Forsyth, Georgia; Roll: 357; Enumeration District: 0001; FHL microflm: 2340092.

16. 更多关于向北迁移的内容，参见 Isabel Wilkerson's *The Warmth of Other Suns: The Epic Story of America's Great Migration* (New York: Vintage, 2011)。

17. 2014 年 2 月 23 日，作者采访玛蒂·丹尼尔 (Mattie Daniel)，Directory of the City of Detroit, 1930, *U. S. City Directories*, 1821 – 1989, Ancestry. com, accessed November 13, 2015; 1940 U. S. Census, Detroit, Wayne, Michigan; roll T627_ 1839; p. 9B; Enumeration District 84 – 25。

18. Kenneth Stahl, "The Great Rebellion: A Socioeconomic Analysis of the 1967 Detroit Riot," http: //www. detroits – greatrebellion. com/The – Road – to – 67 – . html, accessed October 1, 2015.

19. Laura Arnold, 转引自 Glenda Elizabeth Gilmore, *Gender and Jim Crow: Women and the Politics of White Supremacy in North Carolina*, 1896 – 1920 (Chapel Hill: University of North Carolina Press, 1996), 132。

20. 2014 年 2 月 23 日，作者采访玛蒂·丹尼尔。

21. Campbell Gibson, *Population of the 100 Largest Cities and Other Urban Places in the United States: 1790 to 1990* (Washington: U. S. Bureau of the

Census, Population Division, Working Paper 27, 1998）.

22. "The 1943 Detroit Race Riots," *Detroit News* online, February 10, 1999, http：//blogs. detroitnews. com/history/1999/02/10/the－1943－detroit－race－riots/; accessed February 27, 2015.

23. Ibid.

24. Ibid.

25. Ibid.

26. Ibid.

27. Gilbert King, *Devil in the Grove* (Harper, 2013）, 262.

28. *Rome News－Tribune* (GA）, August 2, 1942.

29. 2010 年 5 月 28 日，杰茜·威尔克森（Jessie Wilkerson）采访海伦·马修斯·刘易斯（U－0490）。Southern Oral History Program Collection 4007, Southern Historical Collection, Wilson Library, University of North Carolina at Chapel Hill.

30. Ibid.

31. Ibid.

32. Ibid.

33. "Cumming Deplores Racial Harassment," *Atlanta Constitution*, May 8, 1968, 3.

34. Stephen Tuck, *Beyond Atlanta: The Struggle for Racial Equality in Georgia* (Athens: University of Georgia, 2003）, 242.

35. "Cumming Deplores Racial Harassment," *Atlanta Constitution*, May 8, 1968, 3.

36. Garland C. Bagley, *History of Forsyth County*, vol. 2 (Milledgeville, GA: Boyd Publishing, 1990）, 614.

37. 露丝·梅·乔丹·贝里在 1980 年 11 月手写的情况描述。

38. Bagley, *History*, 614.

16. 谋杀米格尔·马塞利未遂

1. 2014 年 10 月 25 日，作者采访戴德丽·布朗－斯图尔特。

2. "Gunshot Victim Returns for March," *Gainesville Times*, January 23, 1987, p. 10A.

3. "Trial Hears 2nd Witness in Forsyth," *Gainesville Times*, November 18, 1980, p. 12A.

4. "Forsyth Jury Convicts Crowe in Shooting Here," *Forsyth County News*, November 25, 1980.

5. "Forsyth Shooting Trial in Third Day," *Gainesville Times*, November

19, 1980, p. 14A.

6. Ibid.

7. "Gunshot Victim Returns for March," *Gainesville Times*, January 23, 1987, p. 10A.

8. "Trial Hears 2nd Witness in Forsyth," *Gainesville Times*, November 18, 1980, p. 12A.

9. Ibid.

10. "Forsyth Shooting Trial in Third Day," *Gainesville Times*, November 19, 1980, p. 14A.

11. Ibid.

12. Ibid.

13. Ibid.

14. "Forsyth Jury Finds Man Guilty of Assaulting Black," *Gainesville Times*, November 20, 1980.

15. "Trial Hears 2nd Witness in Forsyth," *Gainesville Times*, November 18, 1980, p. 12A.

16. "A Myth Exploded in Forsyth County," *Gainesville Times*, November 21, 1980, p. 4A.

17. "Lily – White Forsyth Looks Ahead—Racial Change Is Blowing in the Wind," *Atlanta Journal*, November 8, 1977.

17. 兄弟会游行，1987

1. "A Racial Attack That, Years Later, Is Still Being Felt," *New York Times*, December 18, 2011.

2. "March," *Gainesville Times*, January 15, 1987, 10A.

3. "Proposed 'Walk for Brotherhood' Is Cancelled," *Forsyth County News*, January 11, 1987.

4. "Couple Hopes to Revive March," *Forsyth County News*, January 14, 1987.

5. "Racist Threats Fail to Break Efforts for a Freedom March", *New York Times*, January 11, 1987.

6. "Proposed 'Walk for Brotherhood' Is Cancelled," *Forsyth County News*, January 11, 1987.

7. "Racist Threats Fail to Break Efforts for a Freedom March", *New York Times*, January 11, 1987.

8. "Racists Rout Brotherhood March," *Bangor News*, January 19, 1987, 11.

9. "Let' s Get on to Better Things," *Forsyth County News*, January 18, 1987.

10. "The Right to Demonstrate," *Gainesville Times*, January 16, 1987.

11. Plaintiff' s Exhibit 61, *Hosea Williams v. Southern White Nights of the Ku Klux Klan*, District Court of the Northern Division of Georgia, March 24, 1987.

12. "Mob of 2, 500 Racists Attacks 75 Marchers," *Gainesville Times*, January 18, 1987.

13. "Klan Supporters Hold Own ' March,'" *Forsyth County News*, January 18, 1987, 3

14. "White Protestors Disrupt ' Walk for Brotherhood ' in Georgia Town," *New York Times*, January 18, 1987, 24.

15. Diane McWhorter, *Carry Me Home: Birmingham, Alabama; The Climactic Battle of the Civil Rights Revolution* (New York: Simon & Schuster, 2001), 133 – 35.

16. "Klan Supporters Hold Own ' March,'" *Forsyth County News*, January 18, 1987.

17. "Klan Supporters Hold Own ' March,'" *Forsyth County News*, January 18, 1987.

18. "Terror in Forsyth," *Gainesville Times*, January 18, 1987, 2B.

19. "Walk," *Forsyth County News*, January 18, 1987, 3A.

20. *Hosea William v. Southern White Nights of the Ku Klux Klan*, District Court of the Northern Division of Georgia, March 24, 1987, Civil Action C87 – 565A.

21. "Police Admit We Lost Control," *Gainesville Times*, January 18, 1987, 2B.

22. Peter Levy, ed. , *The Civil Rights Movement in America* (Santa Barbara: Greenwood / ABL – CLIO, 2015), 338.

23. Christopher M. Richardson and Ralph E. Luker, *Historical Dictionary of the Civil Rights Movement*, 495.

24. Taylor Branch, *Pillar of Fire: America in the King Years*, 1963 – 65 (New York: Simon & Schuster, 1998), 124.

25. "Civil Rights Veteran Hosea Williams Faces Battle to Keep His Credibility," *Los Angeles Times*, September 1, 1991.

26. Elliot Jaspin, *Buried in the Bitter Waters* (New York: Basic Books, 2007), 142.

27. "Walk," *Forsyth County News*, January 18, 1987, 3A.

28. " White Protestors Disrupt ' Walk for Brotherhood ' in Georgia

Town," *New York Times*, January 18, 1987, 24.

29. "Second 'Freedom March' Set for Saturday," *Forsyth County News*, January 21, 2012.

30. "County Leaders Denounce Violence," *Forsyth County News*, January 18, 1987, 2A.

31. "Georgia County Haunted by 1912 Incident," *Gainesville Sun*, January 23, 1987.

32. "Police Admit: 'We Lost Control,'" *Gainesville Times*, January 18, 1987, 2B.

33. "Rights Groups May Pursue Effort in White County," *New York Times*, January 19, 1987, A15.

34. "Police Admit: 'We Lost Control,'" *Gainesville Times*, January 18, 1987, 2B.

35. 乔·弗兰克·哈里斯州长的通信记录, Forsyth County Folder, March 5, 1987. Georgia Archives, Morrow, GA。

36. Ibid., January 28, 1987.

37. Ibid., January 29, 1987.

18. 沉默即认可

1. "Carter Vows Return to Forsyth," *Gainesville Times*, January 19, 1987.

2. "Williams: March Birth of a New Struggle," *Gainesville Times*, January 23, 1987, 9A.

3. John McKay, *It Happened in Atlanta* (Globe Pequot, 2011), 151.

4. "Forsyth at a Glance," *Gainesville Times*, January 22, 1987, 7A.

5. "Black Man Shot in Forsyth Plans to Return," Associated Press, January 24, 1987.

6. Tyler Bridges, *The Rise of David Duke* (Jackson: University Press of Mississippi, 1994), 128.

7. "Calm and Quiet Returns to Cumming," *Gainesville Times*, February 1, 1987, 11A.

8. "Leave Forsyth Like It Is Now," *Gainesville Times*, January 18, 1987, 4A.

9. "Forsyth Has Too Much Class," *Gainesville Times*, February 1, 1987, 2F.

10. 霍齐亚·威廉姆斯和其他游行领导者为该节目拒绝黑人观众入场而聚集在场外，结果被福赛斯县治安官韦斯利·沃尔拉夫以"非法集会"

为名逮捕。奥普拉告诉记者她为有人被逮捕感到"非常非常抱歉",还说"我对霍齐亚·威廉姆斯充满尊敬"。"Talk Show Pickets Busted in Georgia," *Hour* (Norwalk, CT), January 10, 1987, 2.

11. "Talk Show Pickets Busted in Georgia," *Hour* (Norwalk, CT), February 10, 1987, 2.

12. 1987 年 1 月 30 日,霍齐亚·威廉姆斯写给罗杰·克罗的书信。Historical Society of Forsyth County, Cumming, GA.

13. Ibid.

14. 1987 年 2 月 2 日,卡明市长 H. Ford Gravitt 等写给霍齐亚·威廉姆斯的书信。Historical Society of Forsyth County, Cumming, GA.

15. 1987 年 2 月 4 日,霍齐亚·威廉姆斯写给罗杰·克罗的书信。Historical Society of Forsyth County, Cumming, GA.

16. *Report of the Cumming/Forsyth County Biracial Committee*, December 22, 1987, 2.5 – 2.6. Hargrett Rare Book and Manuscript Library, University of Georgia.

17. P. B. Haney, W. J. Lewis, and W. R. Lambert, "Cotton Production and the Boll Weevil in Georgia: History, Cost of Control, and Benefits of Eradication," *Georgia Agricultural Experiment Stations Research Bulletin*, March 2009, 2.

18. Elliot Jaspin, *Buried in the Bitter Waters* (New York: Basic Books, 2007), 135 – 36.

19. *Report of the Cumming/Forsyth County Biracial Committee*, December 22, 1987, Hargrett Rare Book and Manuscript Library, University of Georgia, 2.8.

20. American Community Survey, U.S. Census Bureau; http://www.census.gov/programs – surveys/acs/data/summary – file.html, accessed August 5, 2015.

21. *Report of the Cumming/Forsyth County Biracial Committee*, December 22, 1987, Hargrett Rare Book and Manuscript Library, University of Georgia, 2.9; 2.23; 2.1.

22. Ibid., 2.23.

23. Ibid., 3.17.

24. Ibid., 3.21.

25. "Georgia, It's a Diverse State," *USA Today*, August 31, 1987, 11A.

26. "Anniversary March Peaceful in Forsyth," *Item* (Sumter, SC), January 17, 1988, 6A.

27. *McKinney v. Southern White Knights, et al.*, United States District Court for the Northern District, Civil Action Number 1: 87 – cv – 565 – CAM, October 25, 1988.

28. "Many See Their Future in County with a Past," *New York Times*, April 8, 1999, A18.

29. Ibid.

30. U. S. Census Bureau. Population data for Forsyth County, Georgia. Prepared by Social Explorer (accessed February 20, 2014).

31. "Forsyth County Overcomes Racist Reputation with Population Boom," *Savannah Morning News*, March 14, 1999, 11A.

32. "Painful Past, Prosperous Future," *Gainesville Times*, January 17, 2007.

33. "Georgia County Draws Minorities," Bloomberg Business, March 18, 2011.

尾声　一群野狗

1. Hiram Parks Bell, *Men and Things* (Atlanta: Foote and Davies, 1907), 135 – 36.

2. Forsyth County Return for Colored Tax Payers, 1912, Cumming District, Georgia Archives, Morrow, GA.

3. 凯瑟琳·安德森 1987 年接受采访的录音。Forsyth County Box, King Center Archives, Atlanta, GA.

4. Ibid.

5. Ibid.

图片来源

引言第 8 页：Photo ©Molly Read Woo.

引言第 13 页："Militia Guards Negroes During Trial," Atlanta Constitution, October 4, 1912.

正文第 4 页：Photo by C. W. Motes, Atlanta, Georgia.

正文第 5 页：Photo by C. W. Motes, Atlanta, Georgia.

正文第 12 页：From the Marietta Journal, May, 17, 1912.

正文第 14 页：Photo courtesy of Bonnie Rateree.

正文第 21 页：Library of Congress, Prints and Photographs Division, photograph by Harris & Ewing, LC – DIG – hec – 01046.

正文第 25 页：Photo published by Alfred Selidge Postcard Co., St. Louis, Missouri.

正文第 31 页：Photo courtesy of Debbie Vermaat.

正文第 32 页：1910 U. S. Census, New Bridge, Forsyth, Georgia; roll T624_ 188; page 11B; Enumeration District：0041; FHL microfilm：1374201.

正文第 38 页：From "Troops on Guard as Two Rapists Are Convicted," Atlanta Constitution, October 4, 1912.

正文第 43 页：Library of Congress Prints and Photographs Division. Brady – Handy Photograph Collection：LC – BH832 – 158.

正文第 55 页：Photo courtesy of the Georgia Archives,

COB831 – 82.

正文第 57 页：Postcard published by the Cumming Drugstore, courtesy of Gary Doster.

正文第 60 页：Postcard published by G. H. Farnum, 1911.

正文第 91 页：From the Atlanta Georgian, October 2, 1912.

正文第 93 页：From the Atlanta Constitution, October 4, 1912.

正文第 96 页：Photo courtesy of the Atlanta History Center, Kenneth G. Rogers Collection.

正文第 98 页：Postcard published by the Cumming Drugstore, courtesy of Gary Doster.

正文第 101 页：From the Atlanta Georgian, October 2, 1912.

正文第 115 页：Photo courtesy of the Beulah Rucker Museum, Gainesville, Georgia.

正文第 120 页：Photo Courtesy of Charles Grogan. Nancy (Greenlee) Brown was the granddaughter of Reverend Levi Greenlee Sr.

正文第 136 页：From "Soldiers Guard Gallows—Sheriff Springs Trap," Atlanta Georgian, October 25, 1912.

正文第 141 页：Photo courtesy of Debbie Vermaat.

正文第 147 页：Photo courtesy of Jimmy Anderson.

正文第 149 页：Photo courtesy of Jimmy Anderson.

正文第 183 页：From the Atlanta Constitution, October 10, 1915, 6.

正文第 199 页：Library of Congress, Prints and Photographs Division, FSA/OWI Collection, LC – USW3 – 016549 – C.

正文第 201 页：Associated Press. ©IC photo

正文第 219 页：Steve Deal/AP.

正文第 226 页：Photo courtesy of Southline Press, Kenan Research Center at the Atlanta History Center.

正文第 228 页：Black Star/Charles Moore.

正文第 229 页：AP Photo/Gene Blythe. ©IC Photo

正文第 239 页：Photo courtesy of Joe Tomasovsky.

正文第 240 页：Photo courtesy of Joe Tomasovsky.

正文第 241 页：Photo courtesy of Joe Tomasovsky.

索 引

（以下页码为原书页码，即本书边码）

Page numbers in *italics* refer to figures and illustrations.

图书在版编目（CIP）数据

根部之血：美国的一次种族清洗／（美）帕特里克·菲利普斯（Patrick Phillips）著；冯璇译. －－北京：社会科学文献出版社，2021.3

书名原文：Blood at the Root：A Racial Cleansing in America

ISBN 978 - 7 - 5201 - 7625 - 5

Ⅰ.①根… Ⅱ.①帕… ②冯… Ⅲ.①种族主义 - 历史 - 研究 - 美国 Ⅳ.①D771.262

中国版本图书馆 CIP 数据核字（2020）第 230767 号

根部之血
—— 美国的一次种族清洗

著　　者／〔美〕帕特里克·菲利普斯（Patrick Phillips）
译　　者／冯　璇

出 版 人／王利民
组稿编辑／董风云
责任编辑／李　洋

出　　版／社会科学文献出版社·甲骨文工作室（分社）（010）59366527
　　　　　　地址：北京市北三环中路甲 29 号院华龙大厦　邮编：100029
　　　　　　网址：www.ssap.com.cn
发　　行／市场营销中心（010）59367081　59367083
印　　装／三河市东方印刷有限公司

规　　格／开　本：889mm×1194mm　1/32
　　　　　　印　张：10.5　字　数：244 千字
版　　次／2021 年 3 月第 1 版　2021 年 3 月第 1 次印刷
书　　号／ISBN 978 - 7 - 5201 - 7625 - 5
著作权合同
登 记 号／图字 01 - 2017 - 7153 号
定　　价／69.00 元